4차 산업혁명 그 이후
미래의 지배자들

2030 기술 변곡점의 시대가 온다

4차 산업혁명 그 이후

미래의
지배자들

최은수 지음

비즈니스북스

4차 산업혁명 그 이후 미래의 지배자들

1판 1쇄 발행   2018년 3월 23일
1판 12쇄 발행   2022년 7월 19일

지은이 | 최은수
발행인 | 홍영태
발행처 | (주)비즈니스북스
등 록 | 제2000-000225호(2000년 2월 28일)
주 소 | 03991 서울시 마포구 월드컵북로6길 3 이노베이스빌딩 7층
전 화 | (02)338-9449
팩 스 | (02)338-6543
대표메일 | bb@businessbooks.co.kr
홈페이지 | http://www.businessbooks.co.kr
블로그 | http://blog.naver.com/biz_books
페이스북 | thebizbooks
ISBN 979-11-6254-007-7   03320

미래 시장을 이끌어갈
뉴챔피언은 바로 당신이다!

패러다임의 대변화가 전 세계를 강타하고 있다. 250년 전부터 거듭된 1~3차 산업혁명은 패러다임을 전환하고 인류의 역사를 진화시켜왔다. 1차 산업혁명은 농업 사회를 기계화 사회로, 2차 산업혁명은 기계화 사회를 산업화 사회로, 3차 산업혁명은 산업화 사회를 정보화 사회로 탈바꿈시켰다. 그리고 이제 새로운 변화가 우리 앞에 펼쳐지고 있다. 이른바 4차 산업혁명의 시대가 도래한 것이다. 이 혁명은 충격적이고 파괴적인 변화를 가져올 것이다. 대한민국은 물론 전 세계가 이 새로운 경제 전쟁에서 승리하기 위해 들썩이고 있다.

4차 산업혁명은 사물인터넷, 클라우드, 빅데이터, 모바일, 인공지능, 가상현실·증강현실, 블록체인, 핀테크 등의 신기술을 활용한 기업과 국가의 혁신 활동을 일컫는다. 이 새로운 디지털 기술들은 1~3차 산업혁명으로 이뤄졌던 기존의 혁신과는 차원이 다른 제4의 혁신을 촉발하고 있다. 그리고 인류가 지금까지 한번도 경험해보지 못한 충격과 대변혁을 예고하고 있다. 인공지능 알파고가 인간과의 대결에서 승리한 사건은 지극히 부분적인 충격에 불과하다. 비트코인 등 가상화폐가 일으킨 광풍 또한 제4의 혁신이 가져다줄 새로운 세계의 전주곡에도 미치지 못한다. 제4의 혁신이 일으킬 충격은 그만큼 파괴적이다.

지능화 사회로의 이동이 시작됐다

4차 산업혁명 기술로 이루어질 제4의 혁신은 과연 어떤 미래를 만들까? 그 종착점은 지능화 사회의 탄생이라고 전문가들이 입을 모아 말한다. 현재의 정보화 사회가 지능화 사회로 한 단계 더 진화한다는 뜻이다. 한 단계 더 진화한 세상이란 바로 초지능 사회, 초연결 사회, 초산업 사회를 가리킨다. 텔레비전 같은 가전제품은 물론 기계, 장비, 로봇, 자동차, 건물 등 모든 사물이 사람 말을 알아듣고 대화로 작동이 가능하다(초지능). 이 모든 사물은 무선으로 사람과 연결될 뿐만 아니라 사물끼리도 연결된다(초연결). 거실에서 TV를 보다 안방으로 이동해서 TV를 켜면 보던 장면 그대로 나타나는, 즉 연결성과 지능성이 결합하는 양상을 띠기도 한다. 이에 따라 유통업, 서비스업, 제조업이라는 전통적인 산업의 경계는 무의미해진다(초산업). 그 결과 경쟁의 기본 개념이 달라지고 지금까지의 비즈니스 모델은 무용지물이 된다. 산업화 시대에 맹주 역할을 했던 글로벌 기업들은 설 자리를 잃고 혜성처럼 나타나 제4의 혁신을 이끈 기업들이 기업가치 1조 원의 유니콘 기업으로 도약한다.

제4의 혁신은 수백 년간 당연시되어온 경제의 원칙을 송두리째 무너뜨리고 있다. 어떤 미래가 펼쳐질지도 예측 불허다. 기존 경제 이론으로 설명할 수 없는 비즈니스 모델들이 속출하고 있으며, 이에 따라 경제 교과서마저 다시 쓰이기 시작했다. 4차 산업혁명이 몰고 오는 변화는 속도도 규모도 엄청나다.

그리고 다가올 변화의 특징은 한마디로 하이퍼월드hyper world, 즉 초월의 세상이다. 지금까지 우리가 생각해온 차원을 뛰어넘는 세상, 공상과학 속 상상이 현실이 되는 세상, 영화 속 이야기가 실제가 되는 세상, 불가능했던 일들이 가능으로 바뀌는 세상, 아이디어로 벼락부자가 될 수 있는 세상, 부富의 창조 방정식이 완전히 바뀌는 세상, 경제성장 모델이 달라지는 세상이 시작된 것이다.

패자로 사라질 것인가, 승자로 시장을 지배할 것인가

우리는 4차 산업혁명을 새로운 승자, 즉 뉴챔피언이 될 기회로 활용해야 한다. 산업화 시대의 성장 방식으로는 4차 산업혁명 시대에 승리할 수 없다. 지금까지와는 전혀 다른 새로운 접근법으로 비즈니스 모델을 짜야 승자가 될 수 있다. 세상을 바꿀 제4의 혁신에 당장 뛰어들어야 한다.

그럼에도 불구하고 개인은 물론 기업, 조직의 구성원들은 아직 4차 산업혁명에 대한 이해가 부족한 것이 현실이다. 4차 산업혁명은 모든 산업, 모든 이에게 직접 영향을 끼치므로 이 시대를 살아가는 사람이라면 누구나 4차 산업혁명이 가져올 미래를 알아야 한다.

이 책은 전 세계에서 벌어지고 있는 4차 산업혁명 전쟁에서 새로운 기회를 잡지 못하면 생존 자체를 위협받게 된다는 절박감에서 탄생했다. 수많은 전문가와 책의 홍수 속에서 방황하는 독자들이 4차 산업혁명을 가장 쉽게 이해할 수 있도록 4차 산업혁명의 모든 것을 다룬다. 특히 책에 등장하는 주요 키워드와 경제 모델은 미국 스탠퍼드 대학의 연구 결과를 비롯해 세계은행, OECD, 세계경제포럼wEF, IMF, 영국 옥스퍼드 대학 등 세계의 주요 싱크탱크의 연구 결과를 집대성한 것이다. 어느 하나의 키워드에 함몰되지 않고 4차 산업혁명이라는 커다란 테두리 안에서 어떤 변화가 진행 중인지를 키워드를 중심으로 다루고 있다.

나아가 몇 시간만 읽어도 4차 산업혁명의 모든 것을 이해할 수 있는 '4차 산업혁명 교과서'가 될 수 있도록 했다. 누구나 쉽게 이해할 수 있도록 다양한 사례를 제시했다. 이 책 한 권만으로도 4차 산업혁명을 정확히 이해해 새로운 비즈니스 모델을 만들고, 혁신을 통해 미래를 준비하는 데 손색이 없을 것이다.

4차 산업혁명이 무엇인지, 4차 산업혁명이 우리 삶과 산업을 어떻게 바꿔놓을지, 기업들은 어떤 혁신을 시작했는지, 경제는 물론 비즈니스 모델이 어떻게 바뀌는지, 새로운 부를 창출할 기회를 어떻게 잡을지, 어떤 사업을 하면 부자가 될 수 있을지, 지금 어떤 혁신적인 비즈니스 모델이 등장하고 있는지 등 4차 산업혁명이 가져다줄 미래를 지금부터 탐험해보자.

| 차례 |

제2장 | 비즈니스 혁명이 일어나는 초월의 세상이 온다

제3장 | 시장을 지배하는 뉴챔피언이 온다

제5장 ｜ 앞으로 10년, 새로운 비즈니스 모델이 탄생한다

제1장

제4의 혁신은
어떻게
진행되는가

세상은 어떤 혁신을 요구할까?

4차 산업혁명의 물결이 거세게 밀어닥치고 있다. 200여 년 전에도 인류는 똑같은 충격을 받아야 했다. 1차 산업혁명이 엄습했고 일자리를 빼앗길 것을 우려한 공장 노동자들은 대대적인 기계 파괴 운동을 벌이며 변화를 거부했다. 그 결과 이들은 역사의 패자로 기록되었다. 반면 제1의 혁신을 일으킨 철도왕 밴더빌트, 석유왕 록펠러, 철강왕 카네기는 뉴챔피언이 되었다. 전기의 등장으로 일어난 2차 산업혁명에서도 발명왕 에디슨과 자동차왕 포드가 제2의 혁신을 일으키며 새로운 챔피언으로 부상했다. 컴퓨터와 인터넷이 등장하며 3차 산업혁명이 일어났고 변화의 물결에 올라탄 디지털 제왕 빌 게이츠, 혁신왕 스티브 잡스, 온라인쇼핑 황제 제프 베조스와 마윈이 제3의 혁신을 일으키며 챔피언 타이틀을 거머쥐었다.

이제 세상은 인공지능을 앞세운 4차 산업혁명을 맞이하고 있다. 누가 과연 제4의 혁신을 일으켜 뉴챔피언이 될 것인가? 그에 앞서 4차 산업혁명은 무엇이고, 제4의 혁신은 어떻게 일어나는 것일까?

01

세상을 바꾼 역사적 혁신들

혁신의 선구자들, 역사를 바꾸다

역사는 말하고 있다. 역사의 변곡점變曲點에는 언제나 세상을 바꾸는 혁신이 일어났으며 그 혁신은 새로운 승자를 탄생시켰다고 말이다. 변곡점은 수학 미적분학에서 사용하는 용어다. 위로 볼록인 상태에서 아래로 오목인 상태로 또는 아래로 오목인 상태에서 위로 볼록인 상태로 바뀌는 전환점을 가리킨다. 역사적으로 과학기술의 진화는 새로운 기술을 등장시켰고, 영웅들은 이 신기술을 활용해 혁신을 일으키며 변화를 선도했다. 나아가 이들은 놀라운 비즈니스 모델로 막대한 부를 창출했으며, 그 결과로 세상을 한 단계 더 진화시켰다.

세상을 바꿀 새로운 변화가 4차 산업혁명과 함께 우리 곁으로 다가오고 있다는 것은 달리 말하면 우리는 승자가 되느냐 패자가 되느냐를 결정하는 변곡점 위에 서 있다는 것이다. 그리고 이 변곡점에서 혁신을 일으키는 사람만이 뉴챔피언으로 등극할 수 있다.

인류의 욕망을 충족시키는 움직임

19세기 이후 등장한 네 차례 기술 혁신으로 인류는 발전을 거듭해왔다. 1, 2차 산업혁명은 현실 세계에서 물질 혁명을 일으켰다. 1차 산업혁명으로 석탄, 철광 등을 이용하는 증기기관이 등장하자 수공업 시대는 몰락하기 시작했다. 기계화 혁명이라는 제1의 혁신이 일어나 기계로 무장한 공장이 새로운 부를 창출하는 원동력으로 등장했다.

인류는 석탄에 이어 전기라는 에너지원을 발명했다. 여기에 제철, 석유화학 등이 가세해 철도와 자동차가 새로운 산업으로 등장했다. 전기의 발명은 2차 산업혁명을 촉발했으며 공장 자동화라는 제2의 혁신을 일으켰다. 컨베이어벨트로 무장한 공장은 분업화라는 혁신을 통해 생산성 혁명을 일으키며 대량 생산 시대를 열었다.

다음으로 등장한 반도체는 3차 산업혁명을 몰고 왔다. 반도체의 등장은 1, 2차 산업혁명과는 차원이 달랐다. 이른바 디지털 혁명, 인터넷 연결 혁명이라는 혁신을 촉발했다. 즉 반도체가 등장함으로써 전자산업, 컴퓨터, 정보통신 분야에서 제3의 혁신이 일어났다.

컴퓨터는 이어 등장한 인터넷과 결합해 정보통신기술ICT 천국이라는 새로운 혁신을 불러일으켰다. 인류는 컴퓨터와 인터넷을 통해 필요한 지식과 정보를 교환하고 축적하며 새로운 혁신을 배가하는 정보화혁명에 동참했다.

그 정점에서 일어난 혁신이 스마트폰의 개발이다. 스마트폰은 언제 어디서나 인터넷에 접속할 수 있는 유비쿼터스 시대를 본격화함으로써 인간을 1인 미디어 세계로 이끌었고, 소셜네트워크서비스SNS를 통해 사회를 열린 세상으로 바꾸는 기폭제 역할을 했다. 트위터, 인스타그램, 페이스북, 카카오톡, 밴드, 위챗 등이 위력을 발휘하는 새로운 세상이 열렸다.

제4의 혁신, 새로운 미래를 만들다

앞선 혁신에 이어 이제 새로운 제4의 혁신이 펼쳐지고 있다. 인류는 이제 4차 산업혁명으로 일컬어지는 또 다른 산업혁명을 일으키고 있는 것이다. 글로벌 리더들은 이 혁신이 지금까지 인류가 경험해보지 못한 새로운 차원의 충격적인 미래를 열 것이라고 전망한다.

제4의 혁신은 지금까지 등장한 모든 기술을 융합해 생물학적, 물리적 경계, 산업 간 경계를 무너뜨리고 있다. 현실 세계와 가상세계의 경계 또한 허물어 하나로 연결되고 융합되는 세상을 만들고 있다. 즉 제4의 혁신은 현실 속의 물리적인 세계physical system와 인터넷의 가상공간을 뜻하는 사이버 세계cyber system가 하나의 네트워크로 연결되는 사이버 물리시스템Cyber-Physical System, CPS 그리고 이를 더욱 가속화하는 흐름을 가리킨다. 현실과 가상을 융합함으로써 과거에는 상상조차 불가능했던 일들이 가능해진다. 융합의 결과로 가상세계가 현실에 구현되고 가상세계가 아날로그화하는 새로운 세상이 열린다.

　제4의 혁신 한가운데에는 ICBMA라는 혁신 기술이 자리 잡고 있다. 사물인터넷IoT, 구름 속에 데이터를 저장하는 클라우드Cloud, 현실 세계의 모든 정보를 온라인 상의 데이터로 만들어 자원화하는 빅데이터Big Data, 세상을 선 없이 연결하는 무선 혁명의 모바일Mobile, 기계가 사람보다 더 똑똑해지는 인공지능Artificial Intelligence, AI, 현실 속에 가상현실을 덧입힌 증강현실Augmented Reality, AR과 현실과 똑같은 가상현실Virtual Reality, VR이 바로 그 핵심적인 혁신 기술이다.

　그렇다면 과거의 역사적인 변곡점에서 인류는 어떤 혁신으로 승리의 역사를 이끌었을까?

02

제1의 혁신,
기계화 혁명이 시작되다

기계, 공장 시대를 열다

제임스 와트라는 혁신가가 등장함으로써 영국이라는 한 국가의 운명이
바뀌었다. 증기기관은 실린더 안의 수증기가 압축, 팽창함에 따라 피스
톤이 왕복운동을 하면서 기계를 작동시킨다. 와트는 이 증기기관을 발
명해 1769년 1월 특허를 획득했다. 증기기관은 증기의 열에너지를 기
계 동력으로 바꿔주는 혁명적인 도구였다. 이로써 다양한 기술 혁신이
가능해졌다. 석탄 채굴 현장에서는 증기기관을 활용해 채굴량이 폭발
적으로 증가하는 생산성 혁신이 일어났다. 증기기관으로 열차가 탄생
했고, 이 열차는 광산에서 먼 곳까지 광물을 운반하는 철도 운송 시대를

열었다. 석탄이라는 에너지원을 영국 전역에서 사용할 수 있게 되자 증기기관을 이용한 방적기가 만들어졌고, 방적기로 면사(솜에서 자아낸 실)를 대량 생산하는 시대가 열렸다.

영국은 산업혁명의 진원지로 탈바꿈했다. 공장은 증기기관을 사용함으로써 기계화되었고, 수력에 의지할 때는 수시로 가동이 중단되었지만 이제 1년 내내 기계를 돌릴 수 있게 되었다. 대량 생산과 대량 운송은 규모의 경제를 낳았고 생산 방식의 대전환으로 이어졌다. 제1의 혁신으로 1차 산업혁명을 일으킨 영국은 세계 최대 공업국의 지위를 구축할 수 있었다.

영국에서 제1의 혁신, 즉 기계화를 확산한 주인공은 리처드 아크라이트였다. 가난한 집안의 7형제 중 막내로 태어난 아크라이트는 1769년 물레방아의 힘으로 실을 잣는 수력 방직기를 개발했다. 이전까지의 면방직 산업이 오두막 수준이었다면 그는 이 혁신적인 기계를 앞세워 세계 최초로 공장factory이라는 개념을 만들고, 대량 고용과 대량 생산을 시작했다. 처음으로 제대로 된 면 날실warp을 생산함으로써 순면 제품의 생산이 가능해졌다.

이전까지는 실을 뽑아내기 위해 다축 정방기를 능수능란하게 다룰 수 있는 노련한 기술자가 필요했다. 아크라이트가 개발한 방적기는 팔다리를 움직일 수 있는 사람이라면 누구든 기계를 돌리고 실을 뽑을 수 있었다. 그가 일으킨 혁신은 그를 뉴챔피언의 자리에 올려놓았다. 혁신은 꼬리에 꼬리를 물고 이어졌다. 다축 방적기가 개발되어 가늘고 질긴 실을 사용할 수 있게 됐고, 뮬 정방기, 역직기 등 다양한 기계가 속속 개발되었다. 다양한 방직기가 개발됨으로써 영국은 모직물에서 면 공업 중심 국가로 탈바꿈했고 17세기 말부터 동인도 무역으로 들여온 인도산 캘리코Calico(면직물)를 활용한 면제품 의류 혁명을 일으켰다.

직업을 잃을까 두려워한 노동자들은 러드N. Lud의 주도로 1779년경 양말 짜는 기계를 파괴하는 러다이트 폭동Luddite riots을 일으켰다. 1811~1812년과 1816년에도 노동력을 절약할 수 있는 기계를 파괴하는 폭동이 발생했다. 하지만 우려와 달리 기계화의 도움으로 사람들은 일자리를 진화시켰고 일자리는 오히려 더 늘어났다.

기계 개발 도미노를 일으키다

증기기관이 등장하자 이를 활용해 새로운 기계를 개발하는 혁신 활동이 광범위하게 일어났다. 동시에 석탄 수송 문제를 해결하기 위해 도로를 개수하고, 운하를 건설하는 등 사회간접자본을 확충해 사회와 도시를 발전시키는 토대를 만들었다.

혁신은 사회 지배 계층도 바꿨다. 땅을 가진 지주나 전통적인 직물업자의 세상이 저물고 주로 공장을 만든 기업이나 상인이 부를 축적해 뉴챔피언 세력으로 등장했다.

제1의 혁신으로 영국은 달콤함을 맛보았다. 단숨에 세계 최대의 공업국이 된 영국은 해가 지지 않는 나라 대영제국의 전성기를 누렸다. 이때에는 책과 신문이 중요한 지식 전달과 소통의 수단으로 등장했다.

자본가 시대의 시작

수력 방적기를 개발한 아크라이트는 제데디아 스트럿, 새뮤얼 니드와 함께 니드 스트럿 앤드 아크라이트 상회를 창업했다. 증기기관을 발명한 와트는 당시 영국 최고 부호였던 매튜 볼튼과 손잡고 볼튼 앤드 와트 상회를 창업했다. 상인들이 실을 판매해 큰돈을 버는 챔피언 세력으로 입지를 강화하게 된 것이다.

철도의 아버지라 불리는 조지 스티븐슨은 증기기관차와 철도 운송 시스템의 원형을 만들었다. 그는 리처드 트레비식이 개발한 최초의 증기기관차를 개선해 기관차의 성능을 획기적으로 향상시켰다.

철도가 등장해 사람들의 이동이 용이해지자 도시가 형성되기 시작했고, 상거래용 물건의 이동이 원활해지면서 상업과 기업이 성장하는 토대가 만들어졌다. 동시에 자본을 투자하는 투자자가 이러한 기술 혁신을 바탕으로 등장했다.

03

제2의 혁신,
산업화 시대를 열다

증기와 수력을 에너지로 이용하던 인류는 1870년 상업용 발전기를 발명하며 전기를 대량 생산하는 시대를 열었다. 특히 발명왕 에디슨이 1879년 백열등을 개발하면서 세상은 본격적으로 전기의 시대를 맞았다. 전기의 등장은 놀라운 혁명이었다. 낮에만 일하던 세상에서 밤에도 일하는 세상이 되자 생산성이 급격히 향상되었다. 이 때문에 1차 산업혁명을 기계 혁명, 2차 산업혁명을 전기 혁명이라 부른다.

　미국에서 시작된 제2의 혁신은 독일, 프랑스 등 전 세계로 확산되면서 화학, 전기, 석유, 철강 분야의 기술 혁신으로 이어졌다. 새로운 에너지원으로 부상한 전기와 석유는 증기력을 대체하기 시작했고 합성수지, 유기화학, 자동장치, 정밀기기 등의 산업을 탄생시켰다.

1870년 미국 신시내티의 한 도축장에 최초로 컨베이어벨트가 등장하면서 전기와 분업화에 의한 대량 생산 체계가 구축되었다. 전기의 힘으로 미국은 생산 효율을 높이면서 세계 최강대국의 지위를 굳혀나갔다. 미국과 독일은 나란히 2차 산업혁명을 주도하며 철강, 자동차, 전기, 화학 등의 분야에서 영국을 앞서기 시작했다.

중화학 공업의 시대

제2의 혁신은 산업사회의 기초 기술을 탄생시킨 데 이어 식음료·의류 등의 제조업, 운송 수단의 혁신, 영화·라디오·축음기 등의 개발을 촉진했다. 특히 19세기 초 두루마리 제지 기계가 발명됨으로써 지식을 널리 확산시키는 혁신이 일어났다.

내연기관이 실용화되자 자동차의 연료는 석탄과 가스에서 석유로 바뀌었다. 헨리 포드는 조립라인을 분업화하고 생산성을 높이면서 내연기관 자동차를 대량 생산해 막대한 돈을 벌기 시작했다. 독일은 영국을 모방해 산업화의 토대를 구축함으로써 제조업 강국의 기반을 만들 수 있었다.

제1의 혁신이 경공업 부문에 머물렀던 것과 달리 제2의 혁신은 제철, 화학, 자동차, 석유·전기 등 중화학 공업의 발전을 이끌었다. 동시에 2차 산업혁명 시대에 일어난 두 차례 세계 대전의 영향으로 놀라운 혁신이 거듭 등장했고 이로써 과학기술은 비약적인 발전을 달성했다.

이 시기에는 전화선, 라디오, 텔레비전이 등장해 광범위한 커뮤니케이션이 가능해졌다.

거대 기업들의 탄생

제2의 혁신은 현대식 거대 기업을 탄생시켰다. 필라멘트 전구를 발명한 발명왕 에디슨은 J. P. 모건의 투자를 받아 에디슨종합전기회사를 창업했다. 이 회사는 오늘날 세계적인 기업 제너럴일렉트릭GE으로 발전했다. 미국의 헨리 포드는 1903년 자동차 회사 포드를 창업해 자동차왕이 됐다. 석유왕 록펠러는 1870년 오하이오스탠더드 석유회사를 창업해 역대 세계 최고 부자의 반열에 올랐다. 이 회사는 현재 세계 최대 석유 기업인 엑슨모빌의 모태가 됐다. 앤드루 카네기는 1872년 톰슨 제철공장을 설립해 세계를 주름잡는 철강왕이 됐다. 미국 최초의 근대 자본가로 손꼽히는 그는 특히 자신의 돈은 한 푼도 들이지 않고 부자들을 끌어들여 사업을 시작하고 확장하는 남다른 재주를 선보였다.

이들 모두는 변곡점에서 혁신을 일으켜 자기 분야에서 챔피언 자리에 올랐고 막대한 부를 축적했다.

제3의 혁신,
지식정보화로 재편되다

반도체가 세상을 바꾸다

제3의 혁신을 촉발한 발명품은 반도체다. 반도체는 3차 산업혁명, 즉 디지털 혁명을 일으켰다. 1969년 반도체 소자를 이용해 프로그램 제어가 가능한 프로그램 로직 컨트롤러PLC가 명실공히 자동화 시대를 열었다. 특히 컴퓨터의 등장은 사람들의 직무 대전환을 촉발했다.

자동화의 핵심으로 전자공학과 IT기술이 등장해 텔레비전, 냉장고, 세탁기, 에어컨 등 가전제품 전성시대를 열었고 인터넷이 등장함으로써 정보화 혁명이 일어났다. 이후 스마트폰은 언제 어디서나 원하는 정보를 온라인 상에서 찾아내고 누구와도 통화나 전송이 가능한 커뮤니케이션 시대를 열었다. 스마트폰의 등장과 함께 SNS 혁명이 일어났고 트위터, 인스타그램, 카카오톡, 페이스북 등을 통한 전 세계 소통 시대가 열렸다.

e비즈니스 시대를 열다

반도체로부터 촉발된 제3의 혁신은 개인과 기업, 국가를 e비즈니스 시대로 이끌었다. 인터넷을 기반으로 전자상거래, 인터넷쇼핑몰, 검색서비스 등 제2의 혁신에서는 볼 수 없었던 새로운 온라인 경제 활동을 창출했다. B2B(기업 대 기업), B2C(기업 대 소비자) 등 e마켓플레이스가 등장하고 생산자와 소비자가 인터넷으로 직접 만날 수 있게 됐다. 소비자가 다양한 상품 정보를 인터넷으로 얻게 되자 디지털 상품과 서비스의 비중이 갈수록 증가했다.

이 같은 변화는 아날로그 경제에서의 생산자-소비자 간 역학 관계를 바꿔놓았다. 소비자가 기업 비즈니스의 중심으로 등장했고 소비자 우위의 세상이 시작된 것이다. 한편으로는 소비자이면서 동시에 생산자가 되는 프로슈머prosumer라는 개념이 등장했고, 소프트웨어의 중요성이 대두되면서 정보통신산업이라는 새로운 산업군이 생겨났다.

디지털 기술이 발달하자 세계가 하나의 경제 네트워크로 연결되기 시작했고, 시간과 공간을 뛰어넘어 생산과 소비, 유통 질서가 재편된 새로운 경제 패러다임이 구축되었다.

세상을 놀라게 한 IT기업 전성시대

제3의 혁신은 아마존, 애플, 페이스북, 구글, 마이크로소프트, IBM, AT&T, 텐센트, 알리바바 등 IT기업 전성시대를 열었다.

구글은 무엇이든 답해주는 놀라운 검색엔진을 개발해 전 세계 검색 시장을 제패했다. 지금은 클라우드컴퓨팅, 인공지능 영역에도 진입해 막강한 디지털 권력자의 지위에 올라섰다. 페이스북은 전 세계인 누구나 친구가 될 수 있는 세상을 열었다. 관심 분야가 비슷한 사람은 누구나 쉽게 소통하고 교류할 수 있는 고속도로와도 같은 역할을 하고 있다. 전 세계에서 가장 큰 온라인 장터를 만든 아마존은 공룡 기업의 길을 걷고 있고, 스마트폰을 대중화한 애플은 오랫동안 제3의 혁신을 이끈 혁신의 아이콘 역할을 했다. 마이크로소프트는 윈도우라는 컴퓨터 운영체제os를 앞세워 세계 최대의 소프트웨어 개발 회사로 등극했다.

05

제4의 혁신,
사물이 지능을 갖다

사람의 개입이 없어도 되는 완전 자동화 시대

4차 산업혁명을 이끌고 있는 제4의 혁신은 기술 융합을 통한 혁신으로 요약할 수 있다. 디지털 세계와 현실 세계의 생물학적·물리적 영역 간 경계가 허물어지는 기술 융합을 말한다.

이 기술 융합의 핵심에 사이버물리시스템CPS이 있다. 디지털 기술을 활용해 사이버 시스템(가상)과 물리적 시스템(현실)을 결합하는 것이다. 사람은 물론 로봇, 의료기기, 산업 장비 등 물리적인 현실 세계와 인터넷 가상공간의 사이버 세계를 하나의 네트워크로 연결하면 집적된 데이터를 분석하고 활용해 사물을 자동으로 제어할 수 있다. 이렇게 되면 물리 시스템이 사이버 시스템처럼 움직인다. 즉 사람의 의도적인 명령이나 명시적인 개입이 없어도 기계, 설비, 부품 들이 스스로 상호작용해 원하는 결과를 만들어낸다.

내비게이션을 예로 들어보자. 탑승자가 목적지를 지정하면 사물인터넷이 교통 상황 빅데이터를 수집해 이를 클라우드서버에 저장한다. 그러면 사이버 세계의 인공지능이 정보를 분석해 최적의 운행 경로를 찾아 알려준다. 내비게이션 속 가상도로처럼 최적화된 사이버 세계와 차량이 실제 이동하는 현실 세계의 도로 상황이라는 물리적 시스템을 하나로 결합하는 혁신이 바로 제4의 지능 혁신, CPS라고 할 수 있다.

따라서 거의 모든 현실 세계의 사물은 지능을 갖춘 사물인터넷으로 진화하고 이들 사물끼리 연결되어 제품 생산과 서비스가 전자동으로 이루어지는 새로운 산업 시대를 맞이하게 된다. 지능을 갖게 된 현실 세계의 아날로그형 사물들이 가상세계와 연결되어 생산과 서비스의 완전 자동화가 가능해지는 새로운 산업 사회가 도래하는 것이다.

ICBMA 혁명을 일으킨다

제4의 혁신을 일으킬 6대 핵심 기술은 ICBMA, 즉 사물인터넷, 클라우드컴퓨팅, 빅데이터, 모바일, 인공지능, 증강·가상현실이다. 이런 정보통신 융·복합 기술은 산업 구조를 재편하고 단순 노무직은 물론 변호사, 의사 등 전문직의 실업까지 야기하는 등 노동시장 전반에 영향을 끼친다. 반면 사물인터넷, 인공지능, 빅데이터, 가상현실, 3D프린팅, 드론(무인기), 생명과학, 정보 보안, 응용소프트웨어 개발, 로봇공학 등 여러 분야에서 새로운 산업과 일자리가 창출된다.

예를 들어 사물인터넷을 적용할 수 있는 분야는 무궁무진하다. 의료·건설·제조업·금융 등 업종을 일일이 나열하는 게 무의미할 정도다. 이 가운데 의료는 사물인터넷이 가장 각광받는 분야다. 2016년 의료 관련 사물인터넷 시장 규모는 225억 달러를 기록했다. 2021년까지 연평균 20퍼센트 이상 급성장이 기대된다. 막대한 시장성을 바탕으로 사물 간 연결, 서비스 기획, 수집 정보를 휴대용 기기 등에 전송하는 일을 하는 전문 인력은 수요가 많아질 수밖에 없다.

한편 4차 산업혁명은 데이터 혁명이라고도 불린다. 산업화 시대의 원동력이 원유였다면 새 시대의 원천은 데이터다. 사물인터넷으로 수집된 빅데이터를 필요에 맞게 가공·분석하는 능력이 개인과 기업, 나아가 공공 조직의 핵심 역량으로 부상하게 된다. 그리고 증강현실과 가상현실은 지금까지 불가능했던 3D영상을 구현해 새로운 콘텐츠 시장을 열 것이다.

06

제4의 혁신을 가져온
ICBMA 기술

사물인터넷, 모든 물건이 연결되어 대화한다

제4의 혁신은 사물인터넷 만능 시대를 연다. 사물인터넷이란 말 그대로 사물, 즉 텔레비전, 냉장고, 세탁기, 책상, 자동차, 기계 등 일반적인 물건things이 인터넷과 연결되는 기능을 가지는 것을 말한다. 어떻게 하면 물건이 인터넷 기능을 가지게 될까. 일반적으로 카메라 기능을 갖춘 센서를 사물에 부착하면 센서로 실시간으로 취득한 정보, 즉 데이터가 인터넷에 저장된다. 이 정보는 빅데이터를 만들고 다시 사람 또는 사물과 연결되어 유용한 정보를 사람에게 제공한다.

그런데 제4의 혁신은 단순히 정보를 제공하는 일만을 말하는 것이 아니다. 여기에 인공지능이 가세하면 인터넷으로 연결된 기기들이 서로 정보를 주고받으며 인간의 조작 없이도 작동한다. 사물끼리 정보를 주고받는 '사물 대화' 시대가 열리는 것이다. 이렇게 되면 모든 기계와 대화가 가능하고, 현재처럼 각 기계를 리모컨으로 작동시키는 방식이 아니라 사람 목소리를 알아듣는 '음성비서'에게만 말하면 모든 기계를 작동할 수 있다. 음성비서에게 잠들기 전에 "내일 아침 일곱 시에 깨워 줘"라고 말하면 알람이 작동하고, 역시 텔레비전 대신 음성비서에게 "지난주 내가 재밌게 본 드라마 다시 틀어줘"라고 말만 하면 텔레비전이 인터넷 속에 숨어 있는 정보를 찾아 사용자가 원하는 프로그램을 틀어준다.

이 같은 제4의 혁신을 이끄는 기술은 선으로 연결하지 않고도 사물을 작동시키는 무선 혁명의 선구자인 블루투스, 근거리무선통신NFC, 센서데이터, 네트워크 등이 대표적이다.

세상을 하나로 연결하는 기술

사물인터넷은 세상을 어떻게 연결시킬까. 갑자기 눈이 내리고 기온이 영하로 떨어진다. 창을 열어두고 나온 것 같은데 집에는 아무도 없다. 집 주인은 스마트폰에 대고 "18도로 집 안 온도를 맞춰줘"라고 말만 하면 된다. 열려 있는 창문이 닫히고 보일러가 작동한다. 집에 도착하면 문이 자동으로 열리고 집 안 전등이 일제히 켜진다. 집에 들어오자마자 자동으로 원하는 TV 채널이 켜지고, 때 맞춰 커피포트가 물을 끓인다.

서울 잠실에 사는 사람이 광화문에서 저녁 약속이 있다. 지하 주차장에 있는 자율주행차로부터 길이 막히고 있으니 예정보다 30분 더 일찍 출발해야 한다는 메시지가 도착한다. 차량 주인이 차에 타자마자 친구에게서 스마트폰으로 문자메시지가 온다. 차량 탑승 중에 문자메시지가 오면 스마트폰의 작은 모니터가 아니라 차량 모니터에 메시지가 뜬다. 차량 주인은 모니터에 대고 "20분 뒤에 도착하니까, 기다리지 말고 먼저 식사해"라고 말만 하면 인공지능이 사람 말을 그대로 문자로 옮겨 상대에게 전송한다. 이처럼 공상영화에 등장할 것 같은 일들을 가능하게 해주는 초연결 기술이 바로 사물인터넷이다.

클라우드, 모든 정보를 '구름' 속에 저장한다

제4의 혁신이 가져올 가장 큰 변화 중 하나는 유비쿼터스 세상이다. 유비쿼터스란 라틴어로 '언제나 있다'는 뜻이다. 시간과 장소에 구애되지 않고 언제나 어떤 기기로나 정보통신 서비스를 활용할 수 있는 환경을 유비쿼터스 컴퓨팅이라고 한다. 컴퓨터 같은 스마트 기기만 있으면 언제 어디서든 원하는 데이터를 각종 사물과 연결해 사용할 수 있다. USB나 하드웨어를 따로 들고 다닐 필요가 없고 기업은 전용 서버를 구축할 필요가 없다. 인터넷과 연결된 초대형 고성능 중앙컴퓨터(데이터센터)에 소프트웨어와 콘텐츠를 저장해두고 언제든 필요할 때 꺼내 사용하면 된다.

클라우드서버라고 불리는 이 중앙컴퓨터는 개개인이 사용하는 컴퓨터 내부에 있는 공간이 아니라 특별한 저장 공간, 즉 인터넷 네트워크 속에 있기 때문에 영어로 '구름'을 뜻하는 '클라우드'라고 부른다. 여러 장소에서 동일한 구름을 관찰할 수 있듯이 클라우드 패스워드만 알고 있으면 언제 어디서나 필요한 자료를 사용할 수 있다.

동영상, 사진, 문서 등의 파일을 클라우드서버에 무한대로 저장할 수 있고 누구든 꺼내 사용할 수 있기 때문에 공유가 가능하다. 예를 들어 회사에서 회의 시간에 발표해야 할 자료를 클라우드에 올려 공유하면 누구든지 이 자료를 내려받아 볼 수 있다. 한국 사무실에서 자료를 올리고 미국 컨퍼런스에서 클라우드에 접속해 데이터를 열어 발표할 수도 있다.

빅데이터, 4차 산업혁명 시대 원유가 된다

빅데이터란 말 그대로 대용량 데이터를 말한다. 개인들이 스마트폰과 컴퓨터를 활용해 제품과 서비스를 구매하면서 만들어진 정보, 고객 데이터, 문자, 사진, 영상 자료에 담긴 정보를 분석해 미래를 예측하는 도구로 사용된다. 사물인터넷으로 수집된 수많은 데이터는 클라우드서버에 관리된다. 이렇게 쌓인 대용량 데이터를 분석하면 일종의 통계를 산출해 매우 유용한 정보를 추출할 수 있다.

예를 들어 사고가 많이 발생하는 지역에 센서를 설치하면 교통사고 관련 빅데이터를 만들 수 있고, 이 데이터를 분석하면 어떤 도로, 어떤 시간, 어떤 상황, 어떤 속도에서 사고가 발생하는지를 추출해 이를 토대로 사고 없는 도로를 만들 수 있다.

전문가들은 빅데이터를 제4의 혁신의 기폭제, 인공지능의 식량이자 정보화 사회의 석유에 비유한다. 석유 없이 기계가 작동할 수 없듯이 빅데이터 없이 고부가가치의 제품을 만들지 못한다는 뜻이다. 그만큼 빅데이터는 4차 산업혁명 시대에 매우 중요한 자산으로 각광받고 있다.

빅데이터, 가치를 창출하는 열쇠가 된다

인터넷과 스마트폰은 개인의 족적을 기록하는 디지털 기록 장치와도 같은 역할을 한다. 스마트폰의 위치 정보 서비스를 켜놓으면 내가 2년 전 몇 시에 일어나 출근했는지, 휴가 때 어디에 다녀왔는지, 휴가지에서는 어떤 곳에 얼마나 머물렀는지 등 소름 끼칠 만한 정보가 고스란히 기록된다. 기업들은 이러한 위치 정보를 비롯한 구매자 정보, 센싱sensing 정보, SNS 등의 빅데이터를 분석해 다양한 부가가치를 창출할 수 있다.

미국 국세청은 페이스북이나 트위터 등 SNS에 있는 데이터에서 범죄자 관련 계좌, 주소 등을 분석해 세금 체납자를 찾아내는 통합형 탈세 및 사기범죄 방지 시스템을 운영하면서 연간 3,450억 달러에 달하는 탈세를 막고 있다. 세계 1위 유통기업 월마트는 슈퍼 스마트 검색 시스템 폴라리스Polaris로 고객이 사용하는 문구의 빈도와 맥락을 분석해 구매율을 10~15퍼센트 끌어올렸다.

모바일, 시공간을 초월한 세상을 만든다

제4의 혁신은 이동성이 기본 과제다. 스마트폰이나 태블릿PC처럼 이동 중에도 사용이 가능한 환경이 조성되어야 한다. 사람이 휴대하면서 사용할 수 있는 가볍고 작은 모바일 기기를 구현하는 것이 제4의 혁신의 중요한 과제다. 배터리 성능이 향상되고 휘어지는 모니터 같은 혁신 기술들이 개발됨에 따라 다양한 모바일 기기가 등장할 전망이다. 따라서 휴대폰으로 인터넷에 접속해 은행 업무를 보는 모바일 뱅킹(핀테크)이 가능해진다. 모바일 게임은 물론이고, 모바일 영화와 모바일 TV, 모바일 잡지 등 집이나 사무실의 컴퓨터, 텔레비전을 켜야 할 수 있는 일들, 영화관, PC방에 가야만 할 수 있는 일들이 모바일 기기만 있으면 가능하다. 바로 여기에서 혁신이 일어나고 여기에서 더 많은 가치가 발생한다. 자연스럽게 스마트폰으로 결제하는 모바일 페이, 현금이 아닌 바코드나 쿠폰 형태의 전자화폐, 가상화폐 등이 더 각광받는 세상이 열린다.

생일이나 명절에는 실물을 선물하는 것보다 전자 쿠폰이나 전자상품권 같은 모바일 선물이 더 인기를 끌게 된다. 마찬가지로 기업들은 단순 온라인 마케팅보다 모바일 마케팅에 주력하게 된다. 기업과 지자체, 정부는 모바일 홈페이지를 구축해 고객과 국민이 손쉽게 다가올 수 있도록 해야 한다.

모바일이 촉발한 제4의 혁신은 생활 문화를 바꾸는 것이다. 식당에 가든, 회의를 시작하든, 친구와의 약속을 기다리든, 전철을 타고 가든, 현대인들은 스마트폰에 빠져서 생활한다.

이 같은 소비자의 특성 속에 부를 창조하는 방정식이 숨어 있다. 모바일에서 시작해서 모바일로 끝나는 새로운 관습과 문화가 이미 생성되었다. 문자와 전화를 통한 소통, 콘텐츠 저장과 관리, 제품 정보 습득, 구매 결정, 자금 결제, 동영상·사진·문서 송수신, 게임, 텔레비전·영화 시청 등 우리 모든 삶이 모바일로 이루어지고 있다. 스마트폰이 일으킨 혁명이라고 할 수 있다.

기업과 정부는 스마트폰이 가진 정보 검색, 게임 등의 멀티미디어 기능, 애플리케이션(앱) 기능, 책·영화·텔레비전 등의 새로운 문화 콘텐츠로서의 기능, 가상현실·증강현실 기기로의 진화 등 다양한 혁신 속에서 새로운 기회를 모색해야 한다.

인공지능, 제4의 혁신을 불러온 핵심

인공지능이란 기계가 사람의 두뇌와 같은 지능을 갖추도록 설계된 '인공 두뇌'를 일컫는다. 사람이 만들었지만, 인간처럼 생각하고 학습할 뿐만 아니라 자기계발을 할 수 있는 기능이 탑재되면서 점점 인간의 능력을 뛰어넘는 위력을 발휘하고 있다.

AI라고 불리는 인공지능은 1956년 미국의 존 매카시가 창시한 용어다. '인간의 지적 능력을 기계에 인공적으로 구현한 것'을 가리키는 말로, 제4의 혁신은 이 인공지능을 통해 기계를 학습시켜 인간의 일을 대신하도록 하는 데 초점이 맞춰지고 있다.

인간의 언어를 기계적으로 분석해 컴퓨터가 이해할 수 있도록 하는 자연어 처리 기술, 컴퓨터가 스스로 학습하는 머신러닝machine learning, 지식을 효율적으로 표현하고 추론으로 논리적 결론을 도출하는 기술, 기계가 대상을 알아보는 패턴 인식 기술, 인공지능을 이용해 서비스를 기획하는 기술 등이 인공지능을 구현하는 기술로 각광을 받고 있다.

현재는 사람이 알려주지 않은 데이터의 특징까지 스스로 분석해 응용하는 딥러닝deep learning 수준까지 인공지능의 학습 능력이 발전했다. 구글 딥마인드가 개발한 알파제로는 백지상태에서 딥러닝 방식으로 장기를 두 시간, 체스를 네 시간 만에 마스터했다. 바둑 인공지능 가운데 가장 강력한 알파고 제로도 24시간 만에 인간 수준까지 따라잡는 데 성공했고, 40일 만에 3,000년간 축적된 인간의 지식을 스스로 익혀 세상을 놀라게 했다.

인공지능은 우리 생활 속 깊숙이 침투해 다양한 제4의 혁신을 일으킨다. 자율주행차에는 사람의 말을 알아듣는 음성비서가 탑재되어 말만 하면 원하는 목적지로 사람을 정확히 데려다준다. 특히 감성엔진이 탑재되어 탑승자의 생각과 감정까지 분석해 승객의 기분까지 나아지게 한다.

인공지능은 로봇 속으로도 들어온다. 로봇은 달리기, 춤추기, 걷기, 물건 운반, 통역, 가정교사, 도우미 등 그 기능이 무한대로 확장 가능하다. 스마트 공장에서 노동자를 대신해 물건을 생산하는 것은 물론이고 콜센터도 대신한다. 인공지능 챗봇이 사람을 대신해 상담을 받고 소비자가 원하는 것을 추천해준다.

즉 인공지능은 인간을 대신한다. 로봇 변호사는 물론 로봇 의사, 로봇 약사, 로봇 회계사, 로봇 어드바이저가 이미 일부 영역에서 사람보다 더 뛰어난 역량을 발휘하고 있다. 로봇 통역사는 언어라는 장벽을 허물고 있다.

가상현실과 증강현실, 가상과 현실을 결합한다

증강현실은 현실의 이미지나 배경에 3차원 가상 이미지를 겹쳐서 하나의 영상으로 보여주는 기술이다. 예를 들어 스마트폰으로 어느 식당을 비추면 그 식당의 메뉴와 가격이 모니터에 뜬다거나, 아파트를 비추면 매물이나 전·월세 정보가 뜨는 것이 증강현실 기술이다. 가구를 사기 전에 어떤 가구가 더 어울리는지 3D로, 360도로 보며 배치했을 때의 모습을 미리 입체적으로 살펴볼 수도 있다.

이와 달리 가상현실은 컴퓨터그래픽 기술 등을 활용해 현재 사용자가 위치한 시공간이 아닌 가상의 세계를 눈앞에 구현하는 기술이다. 포탄이 떨어지는 전쟁 현장을 경험하거나 우주 공간, 항공기 운전을 체험할 수 있도록 시뮬레이션을 만들어 가상 체험을 할 수 있도록 고안한 데서 발전한 기술이다. 스키 고글 같은 헤드셋만 쓰면 실제 항공기를 운항하는 상황과 같은 가상현실에서 비행 훈련을 할 수 있다. 실제 시신보다 더 정교한 가상현실 영상을 띄워놓고 해부학 수술 실습을 할 수도 있다. 아직 완공되지 않은 주택과 아파트를 미리 볼 수도 있다. 가상현실 기기를 머리에 쓰면 3차원으로 구현된 가상의 아파트 내부 모습을 볼 수 있는 서비스가 이미 분양 현장에 도입됐다. 이용자는 양손으로 컨트롤러를 작동해 취향에 따라 바닥과 벽면의 색을 마음대로 바꿀 수 있다. 가구 배치뿐만 아니라 식탁 의자의 재질도 바꿔서 볼 수 있다.

가상현실이 놀라운 것은 보고 듣고 냄새 맡는 사람의 모든 감각에 착오를 일으켜 실제로는 존재하지 않는 현상을 실제처럼 느끼게 한다는 점이다. 컴퓨터가 만든 가짜 현실 세계가 생기는 것이다. 이 기술을 활용하면 가상 쇼핑몰을 구현할 수 있고 지능형 쇼핑몰도 구축할 수 있다. 컴퓨터 앞에 서서 입고 싶은 옷을 마음대로 골라 입어볼 수도 있고, 얼굴을 인식한 컴퓨터로부터 맞춤형 상품을 추천 받을 수도 있다.

새로운 콘텐츠 시장을 만든다

얼마 전 위치 기반 증강현실 게임 포켓몬고Pockemon Go가 선풍적인 인기를 끌었다. 이를 개발한 나이앤틱은 뒤이어 새로운 증강현실 게임 해리포터: 위저드 유나이트를 발표했다. 이용자가 전설적인 야수들을 물리치고 싸우기 위해 주문을 익히고 다른 사람들과 팀을 이뤄 도시를 탐험하는 내용이다.

증강현실·가상현실 기술은 이전까지 없던 새로운 시장을 탄생시켰다. 시장조사업체 이마케터에 따르면 2017년 미국에서만 약 4,000만 명이 소셜 앱이나 유틸리티 앱을 통해 증강현실 게임을 즐겼다. 게임 아이템 시장이 생겨났고 아이템을 사고팔 수 있는 가상현금이 새로운 화폐로 각광을 받게 됐다. 3D영상, 증강현실 게임, 증강현실 안경 개발 등이 신사업으로 부상하고 있다. 포켓몬고가 만든 가상현금 포켓코인은 1,100원(100포켓코인)에서 11만 원(1만 4,500포켓코인)에 이르기까지 다양하다.

글로벌 시장조사업체 카운터포인트리서치에 따르면 증강현실 시장 규모는 2021년 600억 달러에 달할 전망이다. 골드만삭스는 가상현실의 세계 시장 규모가 2025년 800억 달러로 급성장할 것이라고 예견했다. 새로운 부를 창조하는 모델로 증강현실과 가상현실이 부상하자 애플, 페이스북, 텐센트 등 글로벌 IT기업들이 속속 이 시장으로 뛰어들고 있다. 구글의 데이드림, 페이스북의 오큘러스 리프트, 삼성전자의 기어 VR, 소니의 플레이스테이션VR 등이 시장을 개척 중이다. 이뿐 아니라 게임, 스포츠, 방송, 영화, 테마파크, 교육, e커머스, 헬스케어 등 다양한 분야에서 제4의 혁신을 준비하고 있다.

4차 산업혁명
그 이후
미래의 지배자들

제2장

비즈니스 혁명이
일어나는
초월의 세상이 온다

어떤 세상이 열릴까?

세계적인 석학들은 다가올 세상은 초월 세상, 즉 하이퍼월드가 된다고 단언한다. 이른바 제4의 혁신이 초지능, 초연결, 초산업 사회를 탄생시킨다. 현재의 지능 수준과 산업의 경계를 뛰어넘고 모든 사람과 사물이 연결된 세상을 말한다. 이같이 변화될 세상의 중심에 인공지능, 블록체인, 사물인터넷, 3D프린팅, 빅데이터, 증강현실·가상현실 등 첨단 디지털 기술이 자리 잡고 있다. 이들 기술은 기존 산업 혹은 다양한 분야의 신기술과 융합해 우리 사회와 경제에 지각 변동을 일으킬 것이다.

제4의 혁신의 결과물로 모든 기계와 대화가 가능한 음성 혁명이 일어나고 있으며 100개국 언어 장벽이 허물어지는 언어 혁명이 진행 중이다. 로봇은 지치지 않고 24시간 물건을 생산하는 기계 혁명을 일으킨다. 자율주행차는 모든 사물과 연결되고 도시 전체가 연결되는 스마트시티, 즉 초효율 지능 사회의 도시 혁명이 일어난다. 로봇이 주문 받은 상품을 드론이 배달하는 유통 혁명이 일어나고, 무인 점포와 가상화폐가 일상화되는 거래 혁명이 일어난다.

산업 간 경계가 무너지며 산업의 개념이 송두리째 바뀐다. 제4의 혁신이 바꿔놓을 세상은 어떤 모습일까?

장벽이 사라지는
하이퍼월드가 온다

제4의 혁신, 초월의 세상을 열다

4차 산업혁명은 우리의 미래를 어떻게 바꿔놓을까. 글로벌 석학들은 인공지능, 사물인터넷, 3D프린팅, 빅데이터 등 첨단 디지털 기술이 기존 산업 혹은 다양한 분야의 신기술과 융합해 우리 경제와 사회에 지각변동을 일으킬 것이라고 예견한다.

대변혁의 끝은 산업화 시대의 현상을 초월하는 세상, 즉 하이퍼월드가 될 전망이다. 모든 사물이 연결되는 초연결 사회, 인공지능으로 무장한 초지능 사회, 모든 산업의 경계가 무너지는 초산업 사회가 바로 하이퍼월드다. 이를 하나씩 간략하게 살펴보자.

첫째, 제4의 혁신은 초지능 사회를 만든다. 알파고 쇼크 이후 1년. 인공지능은 무서운 속도로 진화해 사전 데이터 없이도 스스로 바둑의 원리를 깨쳐 세상에 없던 창의적인 수를 두는 경지에 이르렀다. 모든 기계와 대화가 가능한 음성 혁명이 일어나고 있고, 100개국 언어 장벽이 허물어지는 언어 혁명이 진행 중이다. 로봇은 사람을 대체해 24시간 지치지 않고 물건을 생산하는 기계 혁명 또한 일어나고 있다. 이 같은 혁명의 한가운데는 인간의 뇌처럼 학습하면서 문제를 해결하는 인공지능이 자리 잡고 있다.

둘째, 제4의 혁신은 초연결 사회를 만든다. 4차 산업혁명의 꽃이라고 불리는 자율주행차는 초연결 기술의 집약체로서 이동 혁명을 이끌고 있다. 사물인터넷과 빅데이터, 5G 기술이 융합되어 자동차는 단순한 이동 수단이 아닌 모든 사물과 연결된 사물 통신이자 생활 공간으로 진화하고 있다. 캐나다 토론토는 도시 인프라 전체가 연결되는 세계 최초의 인터넷 기반 도시 혁명, 즉 스마트시티로 변모하고 있다.

셋째, 제4의 혁신은 초산업 사회를 만든다. 모든 산업의 경계가 무너지는 제조 혁명이 지구촌 곳곳에서 일어나고 있다. 전기전자업체 지멘스는 불량률을 0.001퍼센트로 낮추는 가상·현실 통합 시스템을 개발해 제조회사에서 서비스 기반 기업으로 변신하고 있다. 제조업뿐만 아니다. 드론을 이용한 택배, 증강현실을 이용한 쇼핑, 가상화폐를 통한 결제 시스템이 거래 혁명을 일으키고 있다. 그야말로 제4의 혁신이 모든 산업계와 우리 삶의 방식을 송두리째 바꾸고 있다.

200년 만에 반복되는 혁신의 충격

제4의 혁신이 몰고 올 변화는 인류 역사상 어느 때보다 빠른 속도로 진행 중이며 인류에게 예측할 수 없는 엄청난 충격을 가할 것이다. 이 충격은 200년 전에도 있었다. 1차 산업혁명 당시 영국의 공장 지대에서는 기계 파괴 운동이 벌어질 정도로 영국인들에게 산업혁명은 공포 그 자체였다. 하지만 이후 계속된 기술 혁신 속에서 인간은 변화된 산업 환경에 맞는 역할을 찾아 새로운 부를 창출해왔다.

그런데 지금 우리는 또다시 찾아온 거대한 변화의 물결 앞에서 이제까지와는 다른 혁신적인 대응을 요구 받고 있다. 구글이 선정한 최고의 미래학자 토머스 프레이는 "2030년까지 20억 개의 일자리가 사라진다"고 경고한다. 전기자동차 제조회사 테슬라의 창업자 일론 머스크는 "인공지능 연구는 악마를 소환하는 일과 같다"고 인공지능의 위력을 예견한다.

개인, 기업, 국가는 제4의 혁신이 가져다줄 초지능, 초연결, 초산업 사회를 대비해 지금까지와는 전혀 다른 새로운 승자의 전략을 짜야 한다. 그래야만 고도로 지능화된 기계와의 전쟁에서 살아남을 수 있다.

일자리에 대변화가 시작된다

"제4의 실업이 모든 노동자들에게 충격을 줄 것이다."

〈MBN〉 일자리보고서팀이 집필한 《제4의 실업》에 따르면 인류 역사는 지금까지 세 번의 실업 위기를 맞았다. 1차 산업혁명은 '수공업자'들의 몰락이라는 제1의 실업을 몰고 왔고, 이어 진행된 기계화는 '공장노동자'를 위기로 내몰았다. 컴퓨터의 등장과 함께 3차 산업혁명은 '사무직 노동자'들의 직무 대전환을 촉발했다.

1차에서 3차까지, 이들 혁명은 부분적인 충격에 불과했다. 1차 산업혁명에서 3차 산업혁명을 거치면서 특정 직군별로 부분적인 대량 실업의 충격을 받으며 일자리를 진화시켜왔다. 그러나 4차 산업혁명은 상황이 다르다. 이 책은 4차 산업혁명은 모든 노동자의 일자리를 송두리째 위기로 몰아넣을 만큼 충격적인 '제4의 실업'을 몰고 온다고 진단한다. 모든 국민, 모든 노동자가 충격을 받게 되는 것, 이것이 바로 제4의 실업이다.

가장 먼저 단순직unskilled job이 직격탄을 맞는다. 골드만삭스는 자율주행차가 상용화되면 미국에서만 약 30만 명의 운전기사가 일자리를 잃게 된다고 경고한다. 가상점포, 무인 결제가 등장하면서 계산원은 설 자리를 잃는다. 한국에만 45만 명이 계산원으로 일하고 있다.

제조 현장은 더 심각하다. 로봇을 도입한 독일 아디다스 공장에서는 600명이 하던 일을 단 열 명이 대신하고 있다. 국제노동기구ILO는 20년 내에 동남아시아 5개국 전체 공장 노동자의 56퍼센트, 1억 3,700만 명이 일자리를 잃게 된다고 경고하고 있다.

숙련직skilled job도 예외가 아니다. 100개국 언어를 실시간 동시통역해주는 인공지능 통역사가 등장하자 통·번역 지망생이 줄고, 입시학원들이 문을 닫기 시작했다. 3D프린터가 곧 치기공사보다 더 정교한 치아를 만들 것이다. 1만 개 이상의 요리법을 터득한 로봇 요리사가 사람보다 더 맛있는 음식을 만들고 있다.

고숙련 전문직high-skilled job도 안전하지 않다. 미국의 한 투자은행은 인공지능 켄쇼를 투자 분석에 도입해 직원 두 명만 남기고 600명을 해고했다. 이 로봇은 애널리스트 열다섯 명이 4주 동안 해야 하는 일을 단 5분 만에 처리한다. 이미 미국, 영국에는 파산 전문 로봇 변호사가 활동 중이고, 선망의 직업이던 의사, 약사, 회계사까지 제4의 실업의 충격을 받고 있다.

직업별 위기의 강도는 어떨까? 〈블룸버그〉가 내놓은 자료를 보면 재봉사, 텔레마케터, 화물 운송 종사자 일자리의 99퍼센트를 기계가 대체한다. 연봉이 꽤 높은 신용분석가, 법률비서까지 일자리의 98퍼센트를 인공지능이 대신한다. 개인 투자자문가의 58퍼센트, 치위생사의 68퍼센트가 향후에 사라질 것이다.

대체율이 낮은 직업도 있다. 바로 CEO로 대체율이 1.5퍼센트에 불과하다. 이처럼 대부분의 일자리는 제4의 실업 위기에서 자유롭지 못하다. 지금 우리는 낙오자가 되느냐, 미래의 승자가 되느냐의 변곡점 위에 서 있다. 해법은 분명하다. 국가는 미래 산업을 육성해 일자리를 창출하는 데 사활을 걸어야 한다.

4차 산업혁명이 승자와 패자를 가른다

4차 산업혁명이 가져올 결과를 놓고 논란이 거세다. 긍정론과 부정론이 맞서고 있지만, 대체로 부정적이다. 옥스퍼드 대학교의 '고용의 미래 보고서'는 "자동화와 기술 발전으로 20년 내에 현재 직업의 47퍼센트가 사라질 가능성이 높다"고 경고한다. 다보스포럼으로 유명한 세계경제포럼의 '미래고용보고서'는 "2020년까지 전 세계 710만 개 직업이 사라지고 대신 210만 개의 새로운 직업이 생겨난다"고 전망한다.

세계경제포럼의 창립자로 4차 산업혁명이라는 화두를 던진 클라우스 슈밥은 "4차 산업혁명은 지금까지 인류가 경험했던 산업혁명보다 그 규모와 범위, 복잡성이 가장 크다"며 "지금까지 경험해지 못했던 일들이 펼쳐질 것이다"라고 예견한다.

이와 달리 미래학자 제러미 리프킨은 "4차 산업혁명은 아직 도래하지 않은 상태"라며 "지금 일어나고 있는 현상은 3차 산업혁명의 연장선으로 봐야 한다"고 강조한다.

《사피엔스》의 저자인 세계적인 역사학자 유발 하라리는 "인공지능으로 인해 인류는 역사상 가장 불평등한 사회를 맞게 될 것이다", "4차 산업혁명은 인류 스스로 종말을 가져올 것이다"라며 디스토피아를 경고한다.

미래학지 토머스 프레이는 "앞으로 15년 후까지 대학의 절반가량이 문을 닫을 것이다"라고 경고하고 있고 세계경제포럼은 "현재 초등학생이 갖게 될 일자리의 65퍼센트가 현재는 존재하지 않는 전혀 새로운 일자리가 될 것이다"고 전망한다.

어쨌든 4차 산업혁명이 가져올 혁신적인 변화가 생사의 기로에 가까운 절체절명의 선택지를 들이밀고 있는 것만은 분명하다.

인류의 역사는 개개인의 욕구를 충족시켜온 일련의 과정이다. 과학기술이 등장하면서 이 개개인의 욕구를 충족시켜 부를 창출하는 비즈니스 모델이 형성되었다. 맥킨지의 생산성 측면에서 본 '성장의 미래'라는 보고서에 따르면 1차 산업혁명은 생존의 욕구, 즉 의식주를 충족시키기 위한 산업을 성장시켰다. 의식주의 욕구를 충족한 인류는 이어 안정에 대한 욕구를 희망했다. 전기 혁명으로 시작된 2차 산업혁명은 인류의 사회적 안정에 대한 욕구를 충족시켰다. 정보 혁명은 인류의 사회적 연결의 욕망을 충족시키는 제3의 혁신을 요구했다. 그 결과 SNS, 컴퓨터, 인터넷, 스마트폰이 사회적 연결의 중요한 도구로 부상했다.

지금 인류는 어떤 것을 요구하고 있을까. 자기표현과 자아실현에 대한 욕구가 바로 그 답이다. 전 세계적으로 일어나고 있는 초지능·초연결·초산업 물결이 인류가 원하는 최상위 단계의 욕구, 현실과 가상의 융합, 즉 사이버물리시스템의 혁신을 가져올 전망이다. 카이스트 이민화 교수는 이를 "세상의 진화에 따라 기술과 욕망이 함께 진화하는 인간의 욕망과 기술의 공진화"라고 규정한다.

02

사물이 스스로 생각하는
초지능 사회

제4의 혁신은 현재 우리가 살고 있는 세상을 완전히 다른 세상으로 바꿔놓는다. 영화 속에서나 등장했던 꿈같은 이야기가 현실이 되는 것이다. 기계가 사람보다 더 똑똑해지면서 사람의 설 자리를 빼앗는 상황이 벌어진다. 그 핵심에 인간의 두뇌 역할을 하는 인공지능이 있다. 기계가 스스로 학습하고 수많은 빅데이터를 토대로 최상의 솔루션을 제공하는 '만물박사' 역할을 하게 되면, 사람이 하는 일 대부분은 인공지능 로봇으로 대체가 가능하다. 그렇다면 인공지능이 우리의 미래를 어떻게 바꿔놓을까?

누구에게나 비서가 생기는 음성비서 혁명

초지능, 대화형 기계 시대를 연다

"자비스, 뮤직 큐." "자비스, 내 슈트 줘." "자비스, 전화 바꿔줘." "자비스, 열을 추적해서 끝장내버려."

영화 〈아이언맨〉의 주인공 토니 스타크가 영화에서 가장 많이 부르는 이름이 바로 자비스다. 언제나 스타크의 곁에 있는 든든한 조력자로서 집사 역할을 하는 자비스는 인공지능이 탄생시킨 가상 개인비서 Virtual Personal Assistant, VPA다. 자비스는 적의 신상을 분석하는 일부터 무기를 준비하고 신체 검사를 하는 일까지 아이언맨의 요구를 도맡아 처리하고 잡다한 부탁도 들어준다. 스타크의 몸 상태를 점검하고 농담까지 주고받는 그야말로 만능 비서다.

"주인님, 아이언맨 슈트에 손상을 줄 수 있는 결빙 현상이 일어나고 있습니다. 심각하게 위험한 상황이 다가오고 있습니다."

앞으로는 일반인들에게도 음성비서가 이러한 개인비서 역할을 하게 된다. 제4의 혁신이 탄생시킬 기계와 장비는 현재의 제품과는 차원이 다르다. 단순한 기계장비가 아니라 사람의 말을 알아듣는 대화형 기계가 된다. 나아가 사람처럼 판단하고 의사결정을 내리는 '기계인간'처럼 행동한다. 가장 큰 혁신 중 하나가 자비스 같은 대화형 기계의 출현이다.

"일주일 뒤 아내 생일이야. 그때 잊지 않도록 해줘."

스마트폰에 대고 음성비서에게 이렇게 요청만 하면 해당 날짜에 정확히 알려준다. 단순한 기계가 아니라 '진짜' 비서 역할을 하는 것이다.

삼성전자는 스마트폰 갤럭시S8에 인공지능 음성비서 빅스비를, 애플은 아이폰에 시리를 탑재했다. 스마트폰이 사람 말을 알아듣고 작동하는 새로운 시대를 연 것이다. 그런데 빅스비와 시리는 사용할수록 똑똑해지고 진화한다. 사용자의 언어 특색은 물론 사투리, 발음의 특성까지 파악해 원하는 명령어를 척척 실행한다.

스마트폰과 구글·네이버·카카오 같은 포털에서 내놓은 스피커 모양의 음성비서는 전화를 걸어주고 문자, 카카오톡을 보내준다. 인터넷으로 원하는 정보를 척척 검색까지 해준다. 모닝콜은 물론 뉴스와 정보 검색, 쇼핑과 자금 결제, 내비게이션 검색까지 도와준다. 스마트폰에 탑재된 음성비서는 자동으로 전화를 받아주고 전화를 건 사람이 누구인지를 알려준다.

앞으로 등장할 음성비서의 기능은 무궁무진하다. 사람이 묻는 질문은 무엇이든지 답해주고 기능을 실행한다. 네이버와 구글, 카카오 등의 모든 포털은 이미 음성검색 서비스를 제공하고 있다. 굳이 문자를 입력해서 검색할 필요가 없다. 마이크 부분을 누르고 말만 하면 된다. "미국 대통령 이름이 뭐야?", "오늘 1달러는 원화로 얼마야?", "요새 가장 인기 있는 팝송 틀어줘" 말만 하면 원하는 일을 대신 처리해준다.

음성비서, 제4의 혁신에 어떻게 응용될까

IBM왓슨 총괄사장 데이비드 케니는 "2018년에는 인류의 절반이 인공지능을 활용한 로봇이나 컴퓨터와 대화하는 세상이 올 것이다"라고 전망한다. 음성비서는 앞으로 텔레비전, 에어컨, 세탁기, 냉장고 등 거의 모든 전자제품에 탑재된다. 기기를 작동시키기 위해 굳이 사용설명서를 읽고 숙지할 필요가 없다. 원하는 사항을 기기에 말만 하면 된다. 수많은 텔레비전 채널에서 어떤 방송이 나오고 있는지 굳이 검색할 필요가 사라진다. "가장 많이 보고 있는 뉴스 틀어줘", "내가 좋아하는 스타일의 드라마 틀어줘"라고 주문만 하면 된다. 에어컨을 향해 "평균 온도 23도로 맞춰줘"라고 말만 하면 되고 극장에 가 영화를 보고 싶을 때는 "인기 영화 순서대로 보여줘"라고 말한 뒤 원하는 영화가 나타나면 "오후 세 시로 예약해줘"라고 요청만 하면 된다.

자율주행차와 결합되면 집에서 출발 전에 "차에 시동 걸어줘. 추우니까 18도로 맞춰"라고 하면 정확히 그 기능을 실행한다. 쇼핑몰에 방문해서 "성능 대비 가격이 가장 싼 노트북 리스트 보여줘"라고 말만 하면 원하는 제품을 보여준다. 음성비서에게 한국어로 단어를 물어보면 영어나 일본어로 알려줘 어학 공부도 가능하다. 한국어로 말만 하면 통역까지 해준다. 이 서비스는 이미 구글 번역에서 제공하고 있다. 한국어로 "안녕하세요"라고 말하면 스마트폰에서 103개 국어의 문자와 음성으로 통·번역을 해준다.

음성비서 선발 주자는 애플이다. 2011년 10월 아이폰 4S를 출시하면서 음성비서 시리를 탑재했다. 이에 맞서 구글은 2012년 7월 구글나우(현재 구글어시스턴트)를 내놓았고, 마이크로소프트가 뒤이어 2014년 4월 코타나를 선보였다. 아마존도 2014년 11월 음성비서 알렉사를 내장한 스피커를 출시했다. 이에 뒤질세라 페이스북도 2015년 8월 'M'이라는 대화형 비서를 개발해 서비스를 시작했다. 중국도 가세해 바이두

가 인공지능 개인비서 듀어Duer를 개발해 음성 인식 정확도 96퍼센트
를 실현했다.

소통의 장벽을 뛰어넘는 언어 혁명

마이크로소프트가 개발한 스카이프 트랜스레이터는 실시간 동시통역
시대를 열었다. 예를 들어 미국인과 러시아인이 스마트폰으로 통화하
면서 상대방이 외국어로 말해도 스카이프 트랜스레이터를 거치면 자동
으로 자국어로 들리도록 하는 마법을 발휘한다. 스카이프의 가장 큰 특
징은 말하는 동시에 글로 표시하고 이를 다시 음성으로 통역해줌으로
써 스마트폰이 인간 통역사와 같은 기능을 한다는 점이다.

네이버 스마트보드는 외국인과 채팅할 때 한글로 메시지를 작성하
면 네이버 번역엔진이 이를 자동으로 원하는 언어로 번역해 전송해준
다. 상대방도 자국어로 문자를 입력하면 받는 사람에게는 한국어로 보
인다. 이제 외국어를 몰라도 외국인과 실시간 채팅까지도 가능한 세상
이 된 것이다.

구글은 2007년 1월 최초로 독자 번역엔진 구글 번역기를 선보였다.
전 세계 언어의 99퍼센트를 차지하는 무려 103개 언어에 대해 자동 통
역 서비스를 제공하고 있다. 구글 번역기의 특징은 이미지 인식과 실시
간 채팅 기능이다. 구글의 실시간 번역 앱 워드렌즈Word Lens 는 머신러
닝을 통해 작동한다. 스마트폰 카메라에 이미지를 비추면 이미지 속에

서 문자만을 찾아 31개 언어를 번역해준다. 이 기능은 인공지능 카메라 구글렌즈Google Lens와 결합해 사물 식별 기능과 번역 기능을 함께 제공한다. 예를 들어 꽃 사진을 촬영하기만 해도 그 꽃의 이름을 알려주고 관련 정보를 제공한다. 더 놀라운 일은 스마트폰 카메라를 일본어 간판에 갖다 대면 영어로 번역해준다. 앞으로 해외여행 중에 중국어 간판이나 메뉴판에 스마트폰 카메라만 비추면 자신이 원하는 언어로 메뉴판을 볼 수 있는 것이다. 음식점 간판을 구글렌즈에 담으면 이를 자동으로 번역해 알려줄 뿐 아니라 음식 메뉴, 가격, 결제 정보까지 알려준다. 유명 아티스트의 그림을 카메라 렌즈로 비추기만 해도 아티스트가 누군지 어느 작품인지도 알려준다.

한글, 전 세계 언어로 통·번역이 가능해진다

상대적으로 그동안 통·번역 언어에서 소외되어온 한글의 자동 통·번역도 빠른 시간에 궤도에 올라왔으며 이제는 다양한 서비스가 등장하고 있다.

한국전자통신연구원ETRI과 네이버가 인공지능 기술을 바탕으로 한국어, 일본어, 중국어, 영어 등 4개 언어를 자동으로 통역해주는 파파고 Papago를 내놓았다. 파파고는 텍스트를 입력하면 원하는 외국어로 번역해준다. 버튼을 누르면 남성·여성 음성으로 번역된 텍스트를 읽어주고, 텍스트 입력이 불편하면 스마트폰에 대고 직접 말을 해도 통·번역이 가능하다. 간판이나 잡지 사진을 찍어 특정 글자 부위를 문지르면 그 부분에 해당하는 문자를 인식해 번역해준다.

한국전자통신연구원은 한컴인터프리와 함께 자동 통역 앱 지니톡도 선보였다. 한국어, 영어, 중국어, 일본어, 스페인어, 프랑스어, 러시아어, 독일어, 아랍어까지 9개 언어 통역 서비스를 무료로 제공한다. 말을 하면 즉시 해당 언어 문자로 변환해주고 손 글씨, 이미지 등에서도 문자를 인식해 바로 번역해준다. 삼성전자 갤럭시S8의 빅스비 비전은 해외여행 중 외국어로 된 교통표지판, 식당 메뉴판을 카메라로 비추면 한국어로 번역해 스마트폰 화면으로 보여준다.

한국 기업인 CSLi는 세계 통·번역 1위 기업 프랑스 시스트란을 인수해 135개 언어 번역 서비스를 제공하고 있다.

인공지능 로봇 혁명, 인간과 기계의 공존이 시작되다

최적의 투자 기회를 찾아주는 로봇 트레이더

금융 분야에 인공지능 로봇 트레이더 LOXM이 등장했다. 세계 최대 투자은행 JP모건은 인공지능 투자 로봇을 현장에 투입해 이익을 극대화하고 있다. 이 인공지능은 주식 매매의 최적 타이밍을 찾아준다. 수십억 건에 달하는 실제 거래 사례를 토대로 주식을 사고파는 시점을 자문해주고, 뉴스를 분석해 호재와 악재가 주가에 미칠 영향까지 분석해준다. 이 로봇 트레이더의 장점은 방대한 양의 데이터를 인간보다 더 빨리, 더 정교하게 분석해 매수·매도 주문을 체결한다는 점이다.

엄청난 데이터를 저장한 슈퍼 의사의 등장

불치병 치료를 인간 의사에게 맡길 것인가, 로봇 의사에게 맡길 것인가? 현재 수많은 환자가 인공지능 로봇 의사에게 목숨을 맡기고 있다. IBM이 개발한 왓슨 포 온콜로지Watson for Oncology, 일명 왓슨이라는 슈퍼 의사가 인간 의사의 자리를 갈수록 밀어내고 있다. 그도 그럴 것이 로봇 의사는 290여 종의 의학 저널과 전문 문헌, 200종의 교과서는 물론 1,200만 쪽에 달하는 전문 자료, 수천만 건의 임상치료법을 머릿속에 담고 있다. 잊어먹지도 않는다.

환자의 나이·몸무게·증세, 기존 치료법, 조직·혈액·유전자 검사 결과 같은 정보를 왓슨에 입력하면 단 10초 만에 최적의 치료법을 제시한다. 인간 의사는 환자의 증세를 왓슨에 입력한 뒤 재발 방지를 위한 치료법을 알려달라고 질문만 하면 된다. 로봇 의사는 2012년부터 세계 최고 수준의 암 진료기관인 미국 메모리얼슬론 케터링 암센터MSKCC에서 일종의 레지던트 생활을 시작한 후 지금까지 암 환자 진료 경험을 축적하고 있다. 한국의 인천길병원을 비롯해 전 세계 병원들이 이 왓슨 의사를 도입해 협업 진료를 하고 있다.

파산 전문가로 활동하는 로봇 변호사

100년 역사를 자랑하는 미국 뉴욕의 대형 로펌 베이커앤드호스테틀러는 인공지능 변호사 로스ROSS를 고용했다. 이 '천재 변호사'는 최대 10억 장에 달하는 법률 문서를 분석해 인간 변호사에게 문제의 해법을 제시해주는 세계 첫 인공지능 로봇 변호사다. 무려 240년간의 판례를 꿰고 있고, 수임한 사건의 처리 과정을 24시간 내내 모니터링한다. 새로운 판례와 법률, 질문과 답변을 계속 학습하기 때문에 시간이 갈수록 더욱 똑똑해진다.

로스는 1초에 80조 번 연산을 하고 책 100만 권 분량의 빅데이터를 분석하며, 지속적인 자체 학습을 통해 정확한 법률 근거를 제시한다. 부분적인 지식에 의존하는 인간 변호사와는 지식의 양에 큰 차이가 있다. 로스의 도움으로 인간은 법조문과 판례를 찾는 시간을 줄일 수 있고 최적의 대응 전략을 강구할 수 있다. 나중에 변호사에게 일을 맡겨야 한다면 완벽한 법률 지식으로 무장한 로봇 변호사에 맡길 것인가, 인간 변호사에 맡길 것인가? 참 고민스러워지는 일이다.

일본에서는 인공지능을 사용해 분식회계를 단 몇 초 만에 잡아내는 인공지능 회계사를 개발 중이다. 신일본감사법인은 2~3년 안에 인공지능 회계사를 실용화할 계획이다.

인공지능이 판결을 내리는 시대

미국 위스콘신주 대법원은 인공지능 알고리즘으로 설계된 인공지능 로봇 판사 컴퍼스compas의 도움을 받아 형사재판 피고인에게 중형을 선고한 지방법원의 판결이 '타당하다'는 결론을 내렸다. 미국 법원은 그동안 재판의 일관성과 효율성을 위해 암묵적으로 인공지능 기기를 재판에 활용해왔는데, 이 같은 재판이 합법이라는 판결을 처음으로 내린 것이다. 그리고 머지않아 인공지능 로봇 판사 시대가 열리게 되리라는 사실을 예고하고 있는 것이다.

실제로 인공지능은 현재 미국에서 판결문을 다듬고 보석금을 설정하고 심지어 유·무죄 결정에까지 관여하는 등 여러 주의 사법 시스템에서 중요한 역할을 하고 있다. 존 로버츠 연방대법원장도 "인공지능이 제어하는 스마트 기기가 법정에서 사실관계 확인, 나아가 법관의 판결에 도움을 주는 날이 올 것이다"라고 예견했다. 전문가들은 5~10년 안에 법정에서 인공지능 변호사를 활용해 소송을 진행하고 로봇 재판장이 판결을 내리는 시대가 올 수 있다고 전망한다.

로봇 기사와 로봇 항해사가 온다

자율주행차가 상용화가 될 2020년이면 인공지능 로봇 기사가 차를 몰게 된다. 로봇 기사는 사람의 명령에 따라 일을 한다. 주차 걱정도 없다. 예를 들어 목적지에 도착한 뒤 로봇 기사에게 "주차금지 구역이 아닌 적당한 곳에 대기하다 밤 열 시까지 데리러 와"라고 명령하면 로봇 기사는 정확히 임무를 수행한다. 인간 기사라면 밤늦게까지 일을 시켜서 미안할 일이지만, 로봇 기사에게는 그럴 필요가 없다. 더욱이 사생활 침해도 없고, 임금 논란도 발생할 염려가 없다.

바다를 누비는 선박과 군함, 정비정 등도 인공지능 로봇 항해사가 임무를 맡게 된다. '바다 위의 테슬라'라는 별명을 가진 자율주행 선박이 등장하기 때문이다. 좌표와 용무를 지시하면 선박이 알아서 그대로 이행한다.

미국 방위고등연구계획국DARPA과 해군연구소NRL는 잠수함을 지속적으로 추적하는 무인 정찰선 드론십 시험 운항에 성공했다. 놀라운 일은 기존 구축함으로 이 임무를 수행하는 데는 8억 원가량이 드는데 이 드론 십은 같은 일을 단 2,000만 원으로 처리할 수 있다는 점이다. 따라서 무인 선박은 인력과 비용 감축 면에서 혁명을 일으킬 전망이다. 한편 항공사인 보잉은 현재 무인 잠수정 에코보이저Echo Voyager를 개발 중이다.

스스로 학습하는 기계

공부하는 기계, 인간을 지배하기 시작했다

기계가 사람의 능력을 추월하기 시작한 것은 오래전 일이다. 1997년 러시아의 세계 체스 챔피언이 컴퓨터와 대결을 벌였다. 결과는 IBM이 만든 슈퍼컴퓨터 딥블루의 승리였다. 컴퓨터가 세계 최고의 체스 선수와 대결해 이긴 사건은 분명 충격적이었다. 2011년 2월 14일, 컴퓨터와 인간이 〈ABC〉 방송의 퀴즈쇼 '제퍼디'Jeopardy에 출연해 대결을 벌였다. IBM의 슈퍼컴퓨터 왓슨은 역대 가장 뛰어났던 인간 퀴즈왕 두 명을 물리치고 우승 상금 7만 7,000달러를 거머쥐었다. 2016년 1월 28일, 컴퓨터는 인간과 첫 바둑 대결을 벌였다. 구글 딥마인드가 개발한 컴퓨터 알파고는 유럽 바둑 챔피언이자 중국 프로 바둑기사인 판후이 2단을 다섯 차례나 맥없이 무너뜨렸다. 같은 해 3월에는 10년 넘게 바둑 세계 챔피언 자리를 지키고 있는 이세돌 9단과 상금 100만 달러를 놓고 세기의 바둑 대결을 벌였다. 결과는 인간의 참패였다.

인간과 기계의 대결에서 기계가 인간을 앞서는 일들이 속출하고 있다. 이는 학습하는 인공지능의 기능 때문이다. 인공지능은 사람의 말을 알아듣고 이해하는 차원을 넘어 스스로 학습하는 역량을 갖고 있다. 이른바 머신러닝 또는 딥러닝이라는 학습 기능을 통해 스스로 공부해서 더 똑똑한 기계로 진화한다. 예를 들어 인공지능 왓슨은 〈태양의 후예〉나 〈베테랑〉 같은 한국의 인기 드라마나 영화를 보면서 스스로 한국어를 공부한다.

인간의 의도를 스스로 파악해 움직이는 기계

미래는 왓슨, 알파고, 빅스비 등으로 불리는 인공지능이 인지컴퓨팅 cognitive computing, perceptual computing 시대를 열게 된다. 컴퓨팅이란 컴퓨터를 통해서 특정 목적의 활동을 하는 것을 뜻한다. 인지컴퓨팅 또는 지각컴퓨팅은 기계가 인간과 같은 감각을 가지고 사용자의 의도를 정확히 인식해 작동하도록 하는 새로운 영역이다.

기계가 사람처럼 데이터를 이해하고 추론, 학습해서 최상의 솔루션을 제공한다. 인공지능이 사람처럼 인지, 지각 능력을 갖게 되는 것이다. 나아가 인간의 사고 능력을 그대로 구현할 수 있다. 사람처럼 기계가 판단하고 결정하는 놀라운 미래가 열리는 것이다.

인간 고유의 영역으로 파고드는 인공지능

사람보다 노래 잘하는 로봇 가수가 온다

앞으로 사람들은 원하는 음악이 있으면 로봇 작곡가에게 작곡과 노래, 연주까지 모든 것을 부탁할 수 있다. 인간 고유의 영역이자 감성적인 영역인 예술 창작까지 로봇이 지배하는 놀라우면서도 무서운 세상이 다가오고 있는 것이다. 사람보다 더 노래를 잘하는 로봇 가수, 그림을 그려 전시회를 여는 로봇 화가, 유머를 구사하는 로봇 개그맨까지 등장하고 있다. 인공지능을 갖춘 로봇이 일상생활로 침투하면 어떤 일들이 벌어질까?

"친구, 신나는 노래 좀 불러줘!"

사람이 명령만 하면 로봇 가수가 주인이 원하는 노래를 부른다. "심심한데 바둑 한 판 두자, 2급 실력에 맞춰"라고 말하면 알파고와 같은 로봇이 주인과 바둑이나 체스를 자유자재로 상대해준다.

2003년 한국생산기술연구원은 세계 최초의 여성 안드로이드(완전 인간형) 로봇 가수 에버EveR를 선보였다. 에버는 '아담과 이브'의 이브Eve와 로봇Robot의 합성어로 키 165센티미터, 몸무게 50킬로그램의 완벽한 몸매를 구현했다. 한국어와 영어 대화는 물론 연극, 판소리 등 다양한 기능을 갖춘 로봇 연예인이 탄생한 것이다. 에버는 2009년 2월 인간과 판소리 '사랑가'를 협연하며 가수로서 첫 무대에 올랐다. 에버는 이후로 진화를 거듭해 관절 62개로 윙크는 물론 다양한 움직임이 가능해졌고, 기쁨과 슬픔 등 열두 가지 표정을 표현할 수 있다. 특히 사람의 목소리를 알아듣고 다양한 유머를 선보여 웃음을 선사했다.

일본 도쿄 대학 IRT연구소와 산업기술종합연구소는 아이돌과 똑같이 무대에서 춤을 추는 미소녀 로봇을 만들었다. 디바봇Divabot이라는 별명이 붙은 이 157센티미터의 HRP-4C 로봇은 인간 백댄서들과 무대에 올라 노래와 춤 실력을 완벽하게 뽐냈다. 2016년 7월 독일에서는 오페라의 주연 여가수인 프리마돈나를 독일 훔볼트 대학 연구진이 개발한 미온Myon이라는 로봇이 맡아 노래는 물론, 배우들과 호흡을 맞추며 연기력까지 뽐냈다. 미온은 한 살 아이 정도의 지능을 갖춘 학습 로봇으로, 완벽한 무대를 위해 2년간 지휘자의 지도를 받아 수준급 노래를 선보였다.

구글의 딥러닝 연구팀인 구글브레인은 2017년 6월 인공지능 예술가 마젠타Magenta가 작곡한 1분 20초 길이의 피아노곡을 선보였다. 마젠타는 네 개의 첫 음표가 주어진 상태에서 머신러닝 알고리즘을 이용해 작곡했고, 피아노 이외의 악기와 오케스트라 반주는 사람이 맡았다.

일본, 인공지능 로봇 저작권법 만든다

일본 정부는 인공지능이 만든 음악과 그림, 소설 등의 저작권을 보호하는 법까지 만든다. 현행 일본 저작권법은 '사람'이 창작한 작품만 저작권을 인정하고 있기 때문에 '로봇 저작권' 인정은 창작 세계의 획기적인 변화를 의미한다. 로봇의 사상, 감정까지 법적 권리를 인정받고 이를 사람이 침해할 경우 손해배상 청구 대상이 되기 때문이다. 인공지능 로봇이 창작한 그림과 소설, 음악은 저작권 침해 여부를 쉽게 판별할 수 있기 때문에 창작자들의 각별한 주의가 필요하다. 일본은 사람의 간단한 지시로 인공지능이 음악을 만드는 자동 작곡 시스템부터 이 법의 보호를 받도록 할 방침이다.

전시회 여는 로봇 화가

음악뿐 아니다. 미술의 영역에도 스스로 그림을 그리는 로봇이 속속 등장하고 있다. 2016년 3월 구글에서 만든 인공지능 로봇 화가 딥드림Deep Dream이 그린 작품 29점이 경매에 붙여졌다. 그림은 한 점당 2,200~9,000달러에 팔려 단 한 번의 전시회와 경매로 딥드림이 벌어들인 소득은 9만 7,600달러, 우리 돈으로 약 1억 1,600만 원이나 된다. 딥드림은 평범한 사진을 강아지, 달팽이, 눈알 등이 여기저기서 튀어나오는 사이키델릭한 꿈속 풍경으로 만들어준다. 그림 솜씨도 꽤 수준급이라는 평가를 받고 있다. 딥드림은 이미지 합성 알고리즘인 인셉셔니즘 inceptionism을 로봇에 입력시켜 사진 정보를 토대로 이미지를 재창조한

로봇 화가 딥드림이 그린 영화의 한 장면

로봇 화가 넥스트렘브란트가 구현해낸 렘브란트 풍의 작품들

다. 딥드림 웹사이트deepdreamgenerator.com에 원하는 사진을 업로드하면 누구나 딥드림이 그린 추상화를 만날 수 있다. 여기에는 인간의 신경망을 이미지화한 후 이를 빅데이터로 정보화하는 기술력이 숨어 있다.

마이크로소프트와 렘브란트 미술관, 네덜란드 과학자들은 렘브란트 풍의 그림을 그리는 로봇 화가 넥스트렘브란트The Next Rembrandt를 개발했다. 렘브란트의 작품 300점 이상을 안면 인식 기술로 분석해 확보한 데이터를 토대로 렘브란트 특유의 화풍을 3D프린팅으로 그대로 재현한다. 렘브란트가 자주 사용한 구도, 색채, 유화의 질감까지 그대로 살려 마치 렘브란트가 그린 그림이라는 착각이 들게 한다. 딥러닝 기능을 갖고 있어 다양한 그림을 그리면서 스스로 데이터를 쌓고 학습해 원하는 형태의 그림을 자유롭게 그린다.

영국 예일 대학 교수 헤럴드 코언은 로봇 화가 에런Aaron을 개발했다. 이 로봇 화가는 사람의 도움 없이 스스로 색과 형체를 선택해 캔버스 위에 그림을 그리는 인공지능 프로그램을 갖고 있다. 단순히 사진을 그대

로봇 화가 에런이 직관으로 그린 그림

로 복원하는 기술이 아니라 주입된 사물과 신체 정보를 토대로 색과 모양을 판단해 또 다른 형태의 그림을 그리는 것이 특징이다. 인간의 신체 구조에 대한 다양한 정보를 빅데이터로 확보해 색채가 강렬한 그림을 연출한다.

로봇 기술자이자 아티스트인 패트릭 트리셋은 카메라와 팔을 이용해 그림 그리는 로봇 폴과 e데이비드를 10년에 걸쳐 개발했다. 폴을 업그레이드해서 만든 e데이비드는 다섯 개의 각기 다른 붓을 잡을 수 있어 사람보다 더 섬세하게 작업할 수 있다. 다섯 개의 로봇 팔은 각 붓을 페인트 용기에 담가 최대 스물네 가지 색을 구현할 수 있다. 로봇 화가들이 그린 작품은 박물관, 갤러리, 아트페어 등에 비싼 값으로 팔려나가 돈을 버는 로봇이 되고 있다.

2016년 5월에는 학생들을 대상으로 세계 최초로 로봇 아트 콘테스트가 열려 7개국, 16개 팀이 참가했다. 1회 대회에서는 타이완 국립대학팀의 로봇 화가 타이다TAIDA가 아인슈타인 초상화를 그려 1위의 영예를,

e데이비드가 사람보다 섬세하게 표현한 새 작품

조지워싱턴 대학의 로봇 화가 클라우드페인터CloudPainter가 보니와 코린 사진을 그대로 그림으로 재현해 2위를 차지했다.

로봇, 인간의 예술 영역을 위협하다

인공지능으로 무장한 로봇 화가는 물론 로봇 가수, 로봇 작가, 로봇 연주자, 로봇 작곡가 등이 등장한다는 것은 그동안 인간 고유의 영역으로 여겨져온 예술 분야에 대한 도전이라는 점에서 위협적이다.

천재 화가 피카소나 렘브란트와 똑같이 그림을 그릴 수 있고 모차르트 뺨치는 음악을 만들 수 있다. 더 중요한 것은 로봇이 그린 그림인지 로봇이 만든 곡인지를 사람이 전혀 분간할 수 없고 사람들은 오히려 로봇이 만든 작품을 더 좋아할 수 있다는 점이다. 금속과 컴퓨터칩으로 만들어진 로봇과 인간이 경쟁해야 하는 숨 막히는 시대가 우리 곁에 이미 다가와 있다.

사람의 채용을 결정하는 인공지능 면접관

서류 전형에서 면접까지, 인공지능이 직원을 뽑는다

2017년 IBM에 입사 지원서를 낸 사람은 300만 명에 달했다. 면접관이 이 서류를 검토하려면 얼마나 많은 시간이 걸릴까? 1분씩만 잡아도 5만 시간이나 걸린다. 여섯 명이 24시간 쉬지 않고 1분에 한 장씩 본다고 가정할 때, 1년 가까이 입사 지원서만 봐야 한다. 그런데 인공지능 면접관은 단 15초 만에 300만 건의 지원서 중에서 회사가 원하는 1차 면접 대상자를 추려낼 수 있다. 회사는 원하는 스펙과 경력, 성격, 이직 가능성 등 몇 가지 정보만 입력하면 된다. 그뿐 아니다. 인공지능 채용관은 입사 지원서를 분석해 후보자를 골라낸 뒤, 회사의 요구에 따라 지원자가 페이스북·트위터·인스타그램 등 SNS 계정에 남긴 자료를 분석해 지원자의 성격과 친화력, 이직 확률, 스타일까지 분석한다. 기계가 사람을 평가하고 선발하는 무서운 세상이 된 것이다.

채용 과정에서 인공지능의 가장 큰 장점은 무엇일까? 지원자에게 아무 편견도 갖지 않는다는 점이다. 사람이라면 편견이 작용할 수 있고 지원자에 대한 일관성을 잃을 수도 있다. 인공지능은 수만 명의 지원서를 읽더라도 일관성 있는 잣대를 적용한다. 로비도 통하지 않는다. 학벌, 스펙, 용모도 따지지 않는다. 제공된 정보와 지원자가 SNS 등에 남긴 내용을 토대로 회사가 원하는 인재상과 가장 부합하는 사람을 추려낸다. 이렇게 합격 여부를 가리기 때문에 공정성에 대한 논란이 발생할 여지가 없다.

IBM은 인공지능 왓슨을 채용에 활용해 직원 채용에 걸리는 시간을 85일에서 45일로 절반 가까이 줄였다. 일본 소프트뱅크도 왓슨이 직원을 뽑고 있다. 왓슨은 이력서에 적힌 지원자의 자기소개, 지원 동기, 학생 시절 활동 등을 종합적으로 평가한 뒤 합격 여부를 가려 직접 지원자에게 통보한다. 사람은 인공지능이 골라준 후보자와 대면 면접만 하면 된다. 소프트뱅크는 왓슨을 도입한 뒤 서류 심사에 들이는 노력을 75퍼센트까지 줄였고 신입사원 서류 심사에 드는 시간을 680시간에서 170시간으로 줄였다. 소프트뱅크는 나아가 인간형 로봇 페퍼를 실제 면접관으로 투입하고 있다. 열한 개 항목을 질문해 구직자의 자질을 평가한 뒤 그 결과를 인사담당자에게 전달한다. 일본 항공업체 전일본공수ANA는 서류 심사와 별도로 인성검사를 인공지능에 맡겨 지원자의 성격을 진단한다.

구직 상담을 해주는 로봇도 있다. 미국 샌프란시스코의 마이어시스템즈는 구직자가 궁금해하는 내용을 상담해주는 최초의 인공지능 채팅봇 마이어챗을 개발했다. 마이어는 마이 어시스턴트my assistant를 뜻한다. 마이어챗은 구직자가 적합한 능력을 갖췄는지, 경력은 어떤지, 원하는 급여 수준은 얼마인지 등 지원자들과 인터뷰한 내용을 토대로 적합한 회사를 추천한다.

채용 담당자와 면접 일정을 잡고, 구글 지도로 면접 장소를 안내하는 역할도 한다. 복장 등 면접 팁을 제공하기도 한다. 만약 원하는 직무나 경력 등이 적합하지 않다고 판단되면 마이어챗은 구직자에게 더 적합한 다른 직무를 추천한다. 마이어챗의 특징은 인공지능으로 설계되어 있어 지원자가 사람과 대화한다는 생각이 들 정도로 만족스런 상담 결과를 제공한다는 점이다.

인공지능, 일자리와 인재를 찾아준다

구글이 개발한 인공지능 채용 플랫폼 클라우드잡스Cloud Jobs API(애플리케이션 프로그래밍 인터페이스)는 구글포잡Google for Jobs이라는 일자리 검색엔진으로 필요한 인재를 찾아 채용을 알선해준다. 채용 전문 사이트나 채용 게시판에 공개된 수많은 채용 정보를 인공지능이 취합해 중복된 내용을 정리해 종합적으로 볼 수 있도록 한다. 각종 채용 정보를 학습해 최적의 일자리를 구직자에게 추천하고, 반대로 기업에 필요한 적합한 인재를 찾아 추천하기도 한다. 단순 아르바이트에서 서비스직, 전문직까지 검색해 알려주고 직접 입사 지원까지 할 수 있도록 도와준다.

취업하고 싶은 기업의 위치, 직급, 풀타임 혹은 파트타임 등 다양한

일자리 검색엔진을 통해 일자리 알선과 채용을 돕는 앱

정보까지 조회할 수 있고 입사를 원하는 기업의 응시 버튼을 누르기만 하면 입사 지원서를 제출할 수도 있다. '내 주변 일자리'Jobs near me라고 입력하면 위치 정보를 바탕으로 인근의 일자리를 알려준다.

　미국의 엔텔로Entelo는 웹사이트와 소셜미디어에 올라온 개개인의 자료를 분석해 어떤 유형의 지원자인지, 지원자가 나중에 이직할 확률이 높은지를 기업에 알려준다. 이스라엘의 워키Workey는 인공지능을 이용해 기업과 전문 인력을 연결하는 절차를 간소화했다. 기업이 전문 인력 채용을 요청하면 워키는 인력 추천 시스템을 통해 최적의 인물을 추천한다. 미국 회사 하이어뷰Hirevue는 대면 면접이 아니라 컴퓨터 화상 면접을 한다. 구직자가 모니터에 뜨는 질문에 10여 분 동안 답변하면 모든 절차가 끝난다. 하이어뷰는 면접 영상 속 지원자의 단어 선택, 목소리, 몸짓 등을 보고 지원자가 정직하게 대답하는지를 판단해 기업에 알려준다.

장애와 질병을 극복하는 뇌과학과 뇌파 혁명

마비 환자가 걷고 글 쓰는 뇌과학 혁명이 온다

불의의 사고로 하반신이 마비된 환자가 다시 걸을 수 있을까? 척추가 마비돼 휠체어를 타는 장애인이 스스로 걷는 세상을 맞게 될까? 말을 못하는 사람이 생각만으로 글을 쓸 수 있게 될까? 그 불가능해 보이는 기적 같은 일들이 이제 가능해지고 있다.

2016년 8월, 하반신이 마비되어 재활 불가 판정을 받은 환자 여덟 명 중 일곱 명이 걸을 수 있게 되었다. 미국 듀크 대학 연구팀이 몸에 착용하는 외골격exoskeleton 로봇과 가상현실을 이용해 1년간 재활훈련을 한 끝에 이들이 다리의 감각을 되찾게 된 것이다. 연구팀은 브라질 상파울루 신경재활연구소에서 하반신 마비 환자에게 외골격 로봇을 착용하고 가상현실 장비로 풍경을 보며 걷는 상상을 반복하도록 했다. 이 훈련을 1년간 진행하자 신기하게도 환자의 두 다리에 감각이 돌아왔고, 운동 능력도 향상됐다. 이 중 한 명은 13년 동안 한번도 일어서지 못했던 사람이고, 다른 한 명은 이 재활훈련 덕분에 목발만으로도 걸을 수 있게 되었다.

이 연구팀이 이용한 기술은 뇌-기계 인터페이스Brain-Machine Interface, BMI다. 뇌와 기계를 연결해 생각하는 대로 사물을 움직이는 기술이다. 이 기술은 MMIMind-Machine Interface, BCIBrain-Computer Interface 등으로도 불린다. BMI 기술의 세계적인 권위자인 미겔 니코렐리스 교수는 사람이

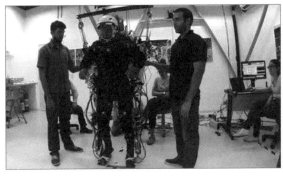

하반신 마비 환자가 외골격 로봇을 착용하고 걷는 모습

걷거나 서는 등 특정한 동작을 하려고 생각하면 일정한 뇌파가 나오는 원리를 활용했다. 뇌파를 읽는 모자를 쓴 환자가 반복적으로 걷는 상상을 하는(뇌파가 나오는) 동안 오큘러스리프트라는 가상현실 장비로 실제 걸어가는 것 같은 풍경을 보여주고 외골격 로봇을 생각(뇌파)으로 조종하는 연습도 병행했다. 이 과정에서 뇌가 신경세포를 자극해 하반신에 운동신호를 전달하는 기능이 다시 살아나게 된 것이다.

2014년 6월 브라질 월드컵 개막식에도 이 BMI 기술을 적용한 기적이 연출되었다. 교통사고로 하반신이 마비된 브라질의 29세 청년 리아누 피투가 로봇을 입고 등장해 뇌파를 이용한 로봇의 힘으로 힘차게 공을 찼다. 피투는 10년 동안 하반신 마비 환자로 지냈지만 BMI의 도움으로 '생각하는 힘'을 활용해 다리를 움직일 수 있게 되었고, 외골격 로봇만 있으면 이제 정상인처럼 활동할 수 있다.

2013년 보스턴 마라톤 테러 사고로 한쪽 다리를 잃은 무용수 아드리안 헤이즐럿-데이비스는 미국 MIT 연구팀 덕분에 다시 무대에 올라 무용수로 활동할 수 있게 됐다. 춤을 출 때 몸의 움직임과 작용하는 힘에 대한 정보를 내장한 생체공학 의족을 착용해 원하는 대로 움직일 수 있었다. 실제 신경계와 연결된 이 의족은 의도하는 동작을 정밀하게 계산해 자동으로 작동한다.

생각하는 것만으로 아바타를 움직인다

2016년 10월 스위스 취리히에서는 사이배슬론Cybathlon이라는 '사이보그 올림픽'이 최초로 열렸다. 장애인들이 로봇 보조기구를 착용하거나

다시 무대에 오른 아드리안 헤이즐럿-데이비스

이용해 기량을 겨루는 국제대회다. 이 대회에서 눈길을 끈 종목은 뇌로
제어하는 자동차 경주다. 장애인들이 다양한 장비를 머리에 착용하고
뇌파를 사용해 컴퓨터 안의 아바타를 제어함으로써 자동차 경주를 하
는 게임이다. 수많은 센서가 장착된 모자를 착용하면 이 센서가 사람의
뇌파를 읽어내고 그 생각대로 컴퓨터 속의 아바타가 움직인다. 회전하
려면 청록색 패드를, 점프하려면 빨간색 패드를, 슬라이드하려면 노란
색 패드를 뇌파로 내보내야 한다. 중요한 것은 눈이나 다른 근육으로 신
호를 보내는 것이 금지되어 있고 완전히 생각만으로 아바타를 움직여
야 한다는 점이다. 생각만으로 회전·슬라이드·점프 명령을 내려 빨리
결승선에 도착하면 승리한다. 현재 BMI 기술은 손상된 기능을 복원하
는 목적으로 사용되고 있다.

BMI, 뇌의 운명을 바꿀 제4의 혁신 기술이 되다

BMI가 인간의 기억을 관장하는 뇌의 운명을 바꿀 제4의 혁신 기술로 부상하면서 미국, 유럽, 일본 등 여러 국가가 뇌 질환 치료, 기술 개발에 집중하고 있다. 미국 바텔 연구소와 오하이오 주립대는 2014년 6월 환자의 생각을 감지해낼 수 있는 뉴로브리지Neurobridge 기술을 개발했다. 뇌특정 부위에 4밀리미터 크기의 칩을 삽입하면 척수 마비 환자나 신체일부의 마비를 겪는 뇌졸중 환자, 말 못하는 환자의 생각을 알아낼 수 있다. 2015년 12월 중국 텐진에 있는 난카이 대학은 뇌파로 운전하는 자동차를 개발했다. 운전자가 뇌파 헤드셋을 쓰면 여기에 장착된 열여섯 개 센서가 뇌파를 분석해 컴퓨터로 보내고 컴퓨터가 이 신호를 파악해 자동차를 조종한다.

미국 플로리다 대학은 2016년 4월 세계 최초로 뇌파만으로 드론을 조종하는 경기를 개최했다. 같은 해 7월 애리조나 주립대는 한 사람의 뇌파로 최대 네 대의 드론을 동시에 조종하는 기술을 선보이기도 했다. 뇌과학이 인간의 운명을 바꿀 날이 성큼성큼 다가오고 있다. 과학의 기적이 기대되는 이유다.

생각을 읽어 사물을 움직이는 뇌파 혁명

1999년 5월 개봉한 SF 영화 〈매트릭스〉는 인공지능이 인간을 지배해 인간이 양육되는 2199년의 세상을 묘사하고 있다. 인간들은 태어나자마자 인공지능에 의해 매트릭스라는 프로그램을 뇌세포에 입력당하고 그에 따라 철저히 통제를 받는다. 인간이 보고 느끼는 것들은 항상 인공지능의 검색엔진에 노출되어 있고, 인간의 기억 또한 인공지능에 의해 입력되고 삭제된다. 그런데 매트릭스에 구현된 이야기가 현실로 등장했다.

스위스 비스센터의 존 도노휴 소장은 브레인게이트BrainGate라는 시스템을 개발해 신체 장애인들이 생각만으로 로봇 팔을 조작하거나 컴퓨터 커서를 움직일 수 있도록 했다.

페이스북의 연구그룹 빌딩8은 뇌의 언어중추를 해독하는 프로젝트를 시작했다. 마크 저커버그는 생각하는 것만으로 스마트폰에 타이핑할 수 있는 이른바 '뇌로 하는 타이핑typing-by-brain 프로젝트'를 성공시켰다. 비침습noninvasive 방식의 웨어러블 기술을 활용한 것으로 뇌의 생각을 컴퓨터가 읽어 타이핑해준다. 이를 활용하면 손으로 할 때보다 다섯 배 정도 빠르게 타이핑할 수 있다. 타이핑 속도를 분당 100단어로 늘리는 것이 이 팀의 목표다. 미국 스탠퍼드 대학은 마비 환자를 컴퓨터와 연결해 생각하는 힘만으로 정확하게 타이핑할 수 있는 기술을 시연하는 데 성공했다.

빌딩8 연구팀은 이와 동시에 사람의 피부로 언어를 전달하는 하드웨어와 소프트웨어를 개발할 계획이다. 귓속의 달팽이관은 공기의 진동을 전기신호로 바꿔 뇌로 보내는 역할을 하는데, 이 연구팀은 달팽이관이 아닌 피부로 뼈를 진동하는 골전도 기술을 이용해 직접 뇌로 소리를 전송하는 기술을 구상하고 있다.

생각만으로 게임기를 작동하는 뇌파 인식 게임도 등장했다. 실리콘밸리의 뉴로스카이NeuroSky는 헤드셋을 쓰고 뇌파로 물건을 움직일 수 있는 기술을 개발했다. 이 기술을 활용하면 뇌파로 게임을 조종하고 장난감 또한 움직일 수 있다. 이를 집중력 훈련용으로 사용하면 치매나 뇌졸중 등의 치료에 도움이 된다. 뇌파를 활용해 IT기기나 자전거, 자동차를 작동시킬 수도 있다. 뉴로스카이가 독일 아우디와 2009년 기술 개발에 성공한 마인드웨이브라는 기술이다. 이 기술로 자동차 운전자는 마음, 즉 뇌의 생각 또는 뇌파로 기기의 속도, 방향 전환 등을 할 수 있다.

장애와 질병에 희망이 되는 뇌과학 기술

미국 듀크 대학 신경학과 연구진은 생각만으로 로봇 휠체어를 작동시킬 수 있는 새로운 기술도 개발했다. 놀라운 것은 뇌파 두피 전극이나 외부 컴퓨터에 선을 연결하지 않고 말 그대로 생각의 힘으로 휠체어를 조종할 수 있다는 점이다. 원숭이 뇌를 활용한 임상시험에도 성공했다. 어떻게 가능할까? 원숭이 뇌와 휠체어에 각각 머리카락처럼 가느다란 마이크로 필라멘트를 장착한다. 이 미세 섬유를 사용한 무선 BMI는 두 영역의 신경세포에서 수백 개의 신호를 동시에 내보낸다. 만일 원숭이가 목표 지점까지 가고 싶다고 생각하면, 컴퓨터는 원숭이의 뇌 활동을 휠체어 작동이라는 명령어로 바꿔 휠체어를 이동시킨다. 이 기술로 사지 마비나 루게릭병으로 근육을 움직일 수 없어 이동하기 어려운 장애인들은 새로운 세상을 만나게 된다.

이언 버크하트는 19세 때 다이빙 사고로 얼굴과 목을 제외한 전신이 마비되었다. 그는 24세가 된 2017년, 재활도구의 도움 없이 생각만으로 손가락과 손목을 들어 올리는 데 성공했다. 미국 오하이오 주립대학이 개발한 뇌 임플란트 기술의 공이 컸다. 그는 2014년 6월 뇌 임플란트 기술로 손을 들어 올리고 주먹을 폈다 쥐었다 하는 데까지는 성공했지만 손가락을 움직일 수는 없었다. 이후로도 비디오게임을 하면서 생각만으로 손가락을 움직이는 훈련을 거듭한 끝에 결국 손가락을 자유롭게 움직일 수 있게 됐다. 현재 그는 각 손가락을 따로 움직일 수 있고 손목과 손으로는 여섯 가지 동작(물컵 들기, 숟가락 집기, 수화기 귀에 대기, 컴퓨터 게임 등)을 할 수 있다.

신경먼지가 세포, 근육, 장기 상태를 모니터링한다

미국의 과학자들은 인간의 두뇌와 몸에 직접 무선 컴퓨터를 이식하는 신기술 또한 개발했다. UC버클리 연구팀은 근육과 말초신경계에 집어넣을 수 있을 만큼 작은 무선 센서 '신경먼지'neural dust를 만드는 데 성공했다. 신경먼지는 뇌는 물론 근육과 중추신경계, 말초신경계 등 신체 곳곳에 먼지티끌만 한 센서를 삽입해 실시간으로 그 활동을 관찰하는 기술이다. 무선 컴퓨터를 아무런 부작용 없이 몸속에 이식하는 신기술이다.

신경먼지는 어떤 역할을 하게 될까? 우선 신경세포, 근육, 장기의 상태를 모니터링할 수 있다. 센서가 부착된 부위에서 수집되는 전기신호를 이용해 운동량을 측정하거나, 뇌나 근육을 자극해 특정 장기가 제대로 작동하는지 실시간으로 확인할 수 있다. 또 센서로 신체에 전기적인 자극을 가하는 치료법으로도 활용할 수 있다. 즉 전자약electro-ceutical으로 활용이 가능해 뇌전증과 각종 염증을 치료하고 면역 기능을 강화시킨다. 센서가 이식된 부위의 신체 활동을 실시간으로 관찰해 데이터를 생성하기 때문에 의사는 가장 효율적인 치료법을 찾아낼 수 있다.

신경먼지는 초음파로 충전되고 초음파로 신호를 주고받기 때문에 배터리가 필요 없다. 앞으로는 근육이나 신경계뿐 아니라 신체의 어느 부위에든 신경먼지를 삽입할 수 있게 될 전망이다. 현재 개발된 신경먼지의 크기는 가로 3밀리미터, 너비 1밀리미터지만, 50마이크론(100만분의 1미터), 즉 머리카락 굵기의 절반 크기로 만들기 위한 연구가 진행 중이다.

뇌 기능 저하를 극복하는 기억 혁명

어느 날 갑자기 엄마, 아빠가 아들딸의 얼굴을 못 알아본다면 얼마나 황당할까? 또 내가 치매에 걸려 집 전화번호가 생각나지 않고 집에 찾아갈 수 없다면 얼마나 슬픈 현실이 될까? 치매는 사람을 가장 피폐하게 만드는 인지 기능 장애를 초래하는 질병이다. 대소변을 보는 방법을 잊어버려 아무 곳에서나 실례를 하고, 기억력을 상실해 사람도 제대로 알아보지 못한다. 게다가 말까지 어눌해져 의사소통이 힘들어지고 사소한 일에도 화를 내고 고집을 부리게 된다. 이러한 모든 것은 뇌신경이 파괴되어 뇌 기능이 저하되기 때문에 나타나는 현상이다. 이 같은 문제를 전자칩 하나가 해결해준다.

지금까지 전자칩은 로봇과 같은 기계의 전유물로 간주되어왔다. 하지만 제4의 혁신으로 전자칩을 사람에게 심는 다양한 연구가 가능해질 전망이다. 2048년을 전망한 SF영화 〈토탈리콜〉Total Recall처럼 머지않아 전자칩에 특정한 정보를 저장해 인간의 두뇌에 주입하거나 반대로 지우고 싶은 기억을 두뇌에서 제거할 수 있다. 동시에 영화 속 사람들처럼 손바닥 안에 내장된 칩으로 전화 통화를 할 수도 있다. 이 칩은 개인 정보 식별 등 다양한 바이오 정보까지 담고 있다.

나아가 영화 〈셀프리스〉Selfless처럼 다른 사람의 기억을 이식해 다른 사람의 인생을 사는 시대도 가능해진다. 최첨단 실험실에서 배양된 젊고 건강한 몸(샘플)에 자신의 기억이 담긴 전자칩을 이식하면 새로운 몸으로 영원한 삶을 누리는 일도 가능해지는 것이다. 타인의 몸에 자신의 기억만 이식하는 셀프리스, 즉 신체는 남의 것이고 기억만 내 것으로 사는 미래가 열리게 된다.

기억을 심거나, 제거하거나

뇌에서 기억을 어떻게 분리할 수 있을까? 사람의 기억은 뇌에 있는 해마가 담당하는데 이 해마를 전자칩으로 교체하는 것이다. 이처럼 뇌에 전자칩을 이식하는 기술을 뇌 임플란트라고 한다. '기억 이식'이라고 할 수 있다. 이 기술을 활용하면 뇌의 특정 기능이 손상됐을 때 인공지능 전자칩을 삽입해 망가진 기억 능력을 복원할 수 있다. 그동안 신의 영역으로 간주되어온 인간의 뇌 기능을 전자칩으로 저장하고, 기능을 강화할 수 있게 되는 것이다. 또 이 기술을 활용하면 생각하는 힘만으로도 사물과 신체를 통제할 수 있게 된다. 나아가 이 기술이 상용화되면, 교통사고나 뇌출혈로 뇌 기능이 손상되거나 상실되었을 때 또는 알츠하이머·파킨슨·루게릭·헌팅턴(손발이 무의식적으로 움직이는 유전병) 등 4대 퇴행성 신경 질환으로 뇌 기능에 이상이 생겨 신체 움직임에 장애가 생겼을 때 이를 극복할 수 있다.

인간의 기억을 전자칩에 분리 저장할 수 있게 되면 인간은 불멸의 영생 시대를 맞게 된다. 남의 신체에 자기 '기억'만 이식하면 되기 때문이다. 이렇게 되면 남자는 여자의 신체를 빌려, 여자는 남자의 신체를 빌려 서로 다른 삶을 경험할 수도 있다. 심지어 로봇의 몸을 빌려 기억을 저장해 '로봇 인간'으로 영생의 삶을 살 수도 있다. 송중기나 전지현, 송혜교 얼굴을 닮은 사람의 몸을 빌려 기억만 심어 유명 연예인의 이미지로 살 수도 있다. 노인은 젊은이의 신체로, 아이는 어른의 신체로 갈아탈 수도 있다. 참 황당하면서도 흥미로운 이야기다. 하지만 이 같은 과학기술이 우리 곁으로 다가오고 있다.

일론 머스크는 뉴럴링크Neuralink Corp라는 회사를 설립했다. 인간 뇌에 초소형 칩을 삽입해 뇌 활동을 모니터링하는 기술을 연구하는 회사다. 뇌수술 없이 혈류를 통해 뇌 속에 신경먼지나 메시 전극mesh electrode 같은 소형 부품을 넣어 인지 능력을 향상시킬 꿈을 꾸고 있다. 뉴럴링크는 사람의 생각을 읽고 저장할 뿐 아니라, 다른 사람의 뇌로 기억을 전송할 수 있는 놀라운 제품을 구상 중이다.

뉴럴레이스Neural Lace로 불리는 IT기술을 활용해 뇌와 컴퓨터를 연결하는 놀라운 시도도 이루어지고 있다. 초소형 인공지능 칩을 인간 뇌의 겉 부분인 대뇌 피질에 이식한 뒤, 이 칩을 이용해 인간의 생각을 업로드, 다운로드할 수 있는 첨단 기술이다. 이 기술이 성공하면 심각한 뇌 손상도 치료할 수 있다. 알츠하이머나 치매, 뇌졸중 등으로 기억 능력이 저하된 사람도 인지 능력을 향상할 수 있다. 나아가 지능까지 향상시키는 미래가 열리게 된다. 개인의 연령대별 기억을 별도의 칩에 저장해 관리할 수 있고 이 칩을 다른 사람 몸에 삽입하면 다른 사람의 신체로 새로운 삶을 살 수도 있는, 놀라운 미래가 열리게 된다. 서던캘리포니아 대학 시어도어 버거 교수는 10년 넘게 인공해마를 연구하고 있다. 인간의 기억을 인공해마로 대체해 치매 환자를 치료하겠다는 구상이다. 물론 윤리적 논란은 뜨거울 전망이다.

인간을 위협하는 킬러로봇

로봇, 사람을 살해하다

2015년 7월 독일 바우나탈에 있는 폭스바겐 자동차 생산공장에서는 로봇이 사람을 살해하는 최초의 '로봇 살인 사건'이 발생했다. 공장에 고정식 로봇을 설치하던 중 로봇이 22세의 기술자를 갑자기 붙들어 금속 철판에 처박아버리는 끔찍한 일이 발생한 것이다. 이 사건으로 기술자는 가슴에 심한 타박상을 입고 병원으로 옮겨졌으나 결국 숨졌다. 당시 언론은 로봇 살인이 현실로 등장했다고 보도했다. 회사는 사고 원인을 로봇의 결함보다는 작업자의 실수로 판단하고 있다고 주장했다. 기술자는 안전 케이스 안에 있었지만, 안전 케이스 밖에 있던 다른 직원들은 안전했다는 것이다.

이 사건이 우발적인 것이라면 아예 '킬러로봇'을 활용해 인간을 살상하는 일은 이미 비일비재하다. 킬러로봇은 사람의 간섭 없이 공격이 가능한 완전 자율 살상무기를 일컫는다. 전장에서 적군을 살상하거나 경찰을 도와 범인 살해를 담당하는 인공지능 로봇이다. 감정 없이 인간이 설정한 프로그램에 따라 기계적 판단으로 수류탄을 던지거나 총을 쏴 적군이나 범인을 살상한다.

2016년 7월 미국 텍사스주 댈러스 경찰은 경찰관 다섯 명을 살해한 저격범 마이카 존슨과 밤새 대치를 벌였다. 경찰은 범인과의 협상이 실패하자 로봇을 투입하기로 결정했다. 그리고 새벽에 범인의 은신처로 폭탄을 장착한 원격 조종 로봇을 들여보내 저격범을 폭사시켰다. 당시 경찰은 경찰관들을 중대한 위험에 노출시킬 수 있어 다른 선택지가 없었다고 밝혔다. 적법성과 정당성을 떠나 위험물과 폭발물 제거 목적으로 사용되던 로봇이 최초로 직접적인 '살인' 수단으로 활용되어 많은 숙제를 던졌다. 2014년 뉴멕시코 앨버커키 모텔에서는 범인과 총기 대치 중이던 경찰이 로봇을 진입시킨 뒤 화학탄을 터뜨려 제압한 일도 있었다. 미군은 이미 이라크와 아프가니스탄 등에서 정찰 및 폭발물을 탐지하고 제거하는 로봇인 팩봇 수천 대를 활용해 군인들의 위험 노출과 피해를 줄였다.

미국, 중국, 러시아 등 10여 개국은 킬러로봇을 개발하고 있다. 러시아는 2016년 11월 반경 6킬로미터 이내의 사람과 물체를 저격할 수 있는 킬러로봇을 개발해 국경에 배치했다. 현재는 정찰 드론만이 타깃이라고

하지만, 목표물을 바꾸기란 너무나도 쉬운 일이다. 이스라엘도 12킬로 그램의 소형 킬러로봇을 운영하고 있으며 미국은 적을 공격할 수 있는 무인 드론, 무인 전투함 등을 개발한 상태다. 영국의 BAE시스템즈가 개발 중인 길이 12미터의 스텔스 무인 공격기 타라니스 드론은 스스로 판단해 목표물을 공격한다. 위성통신으로 적진을 정찰하고 목표를 확인할 수도 있다. 대륙을 넘나들면서 공대공, 지대공 사격이 모두 가능하다. 우리나라 비무장지대에 배치된 센트리가드 로봇에는 자동 발사 기관총이 장착되어 있다. 출입 금지 구역에 사람이 나타나면 자동으로 발사되고 음성인식 기능부터 적을 추적하고 발포할 수 있는 능력까지 갖추고 있다. 미국이 개발한 티커드Tikad 드론은 드론에 설치된 기관총과 유탄발사기를 원격 조종해 공격이 가능한 무인 전투기이다. 미국은 무인 함정 시헌터Sea Hunter도 개발 중이다. 혼자 움직이면서 잠수함을 수색해 공격할 수 있다. 러시아는 원격 통제가 가능한 로봇 탱크 우란-9Uran-9을 개발해 정찰 활동에 활용하고 있다.

킬러로봇, 인류 종말을 부를 수 있다

군용 로봇은 군인 사상자를 줄이기 위해 고안되었다. 사람을 대신하는 로봇 군인을 개발해 전투병 역할을 맡기겠다는 것이다. 그러나 킬러로 봇은 암살, 시위 진압, 국가 전복, 특정 인종 집단 살해 등에 악용될 수 있다. 전쟁이 일어나면 킬러로봇이 현장에 투입돼 살인 무기가 될 수 있다. IS 같은 테러 집단이나 독재자의 손아귀에 이 로봇이 들어가면 테러용, 국민 통제용으로 이용될 수도 있다. 천재 물리학자 스티븐 호킹의 예언, "인공지능이 스스로 진화할 수 있는 단계가 왔을 때 인공지능 로봇이 인류를 지배하기 위해 반란을 일으킬 수 있다"는 경고를 잊지 말아야 할 것이다.

악용될 우려가 커지자 유엔에는 킬러로봇을 금지해야 한다는 목소리가 거세지고 있다. 스위스 제네바에서는 처음으로 유엔 차원에서 킬러로봇을 주제로 특정재래식무기금지협약ccw 회의까지 열었다. 영화 〈터미네이터〉처럼 인공지능이 인간을 지배할 수 있고, 테러리스트가 킬러로봇을 보유하게 될 경우 심각한 부작용이 예상된다는 것이다. 실제로 영국의 인공지능 개발회사 딥마인드는 구글에 회사를 매각하면서 자사 기술을 군사적 목적으로 사용할 수 없다는 조건을 걸었으며, 영국은 킬러로봇 개발을 전면 금지했다.

스티븐 호킹 박사뿐 아니라 테슬라 창업자 일론 머스크, 애플 공동창업자 스티브 워즈니악 등도 킬러로봇 개발이 군비 경쟁으로 이어져 화약과 핵무기 발명 이후 '제3의 전쟁 혁명'을 일으킬 수 있다고 경고했다. 인공지능 분야 전문가 1,000여 명 또한 2016년 아르헨티나에서 열린 인공지능국제공동컨퍼런스 IJCAI 에서 킬러로봇 개발을 규제하고 금지하라는 공개서한을 발표하기도 했다.

쇼핑 가이드부터 변호까지, 챗봇의 다양한 역할

"오늘 날씨 어때?"

"오늘 데이트하는데, 멋진 의상 좀 추천해줘."

"부모님 회갑 선물로 뭐가 좋을까?"

"30만 원을 저축하려는데, 어떤 상품이 가장 좋아?"

이제는 사람과 대화하는 로봇, 즉 챗봇에게 질문만 하면 만물박사처럼 모든 것을 알려준다. 챗봇이란 한마디로 대화형 메신저, 즉 채팅하는 로봇을 말한다. 인공지능을 기반으로 사람과 대화를 나눌 수 있도록 설계된 소프트웨어라고 이해하면 된다. 페이스북, 트위터, 카카오톡 같은 채팅 앱이 인공지능과 결합해 더 똑똑한 챗봇으로 진화했다. 친구와 문자를 주고받는 단계를 뛰어넘어 인공지능 기계(로봇)가 사람과 문자·음성으로 대화하면서 원하는 정보를 실시간으로 찾아주는 것이다.

인공지능으로 설계된 자동응답 시스템이 메신저 안에 들어 있어 사용자가 스마트폰에 대고 문자를 입력하거나 말만 하면 원하는 정보를 응답해준다. 사용자가 별도로 웹사이트나 앱을 실행하지 않아도 정보를 얻을 수 있다는 장점이 있다. 문자로 대화하는 텍스트 메시지 형태의 챗봇, 음성인식 기능을 활용한 음성인식 봇Voice Bot, 문자와 음성 등이 결합된 개인비서 등 형태도 다양하다.

무궁무진한 챗봇의 활용도

빅데이터에 축적된 수많은 법률 지식을 토대로 사람들의 궁금증을 해결해주는 챗봇 변호사가 등장해 시민들의 사랑을 받고 있다. 세계 최초의 인공지능 챗봇 변호사 두낫페이DoNotPay 는 무료로 법률 상담을 해준다. 주차 위반 딱지를 떼였다면 두낫페이가 내용을 확인해 부당한 경우

세계 최초의 인공지능 챗봇 변호사 두낫페이

에는 경찰에 이의 제기까지 한다. 런던과 뉴욕에서 주차 위반 사례 16만 건에 이의를 제기해 그중 일부 취소를 이끌어 2년간 무려 400만 달러의 범칙금을 줄여줬다. 비행기가 연착해 피해가 생겼을 때도 이의 제기를 도와준다. 두낫페이는 미국 스탠퍼드 대학에 재학 중인 영국인 학생 조슈아 브라우더가 스무 살 때 만든 챗봇으로, 그는 로봇 변호사로 구성된 세계 최대 로펌 설립을 꿈꾸고 있다.

챗봇 변호사는 전 세계 난민들의 난민 신청까지 돕고 있다. 난민이 이민국에 정착하려면 몇 가지 법적 절차를 거쳐야 하는데, 두낫페이 변호사가 이를 도와주는 것이다. 예를 들어 미국에서는 I-589(난민망명신청서)을, 영국에서는 ASF1(망명지원신청서)을 작성해 통과해야 난민으로 인정받을 수 있는데, 사람이 아닌 인공지능 변호사가 이 절차를 밟아준다.

챗봇과 비즈니스가 결합하면서 용도가 폭발적으로 확대되고 있다. 현재 스마트폰 사용자는 상품을 주문할 때는 쇼핑몰 앱을 실행하고, 식당을 예약할 때는 맛집 앱, 영화를 예약할 때는 영화관 앱을 실행해야 한다. 하지만 앞으로 챗봇 메신저만 실행시켜 개인비서에게 문자나 음성으로 희망사항을 요청하면, 비서가 알아서 일사천리로 업무를 처리해준다.

마이크로소프트가 중국에서 선보인 챗봇 샤오이스Xiaoice는 대화창에 따뜻한 국물이 담긴 그릇 사진을 전송하면 주변 맛집을 추천해주고 예약 전화를 걸 수 있도록 해준다. 페이스북의 일기예보 챗봇 판초Poncho는 날씨를 물으면 정보를 알려준다.

북미 지역 청소년들이 주로 이용하는 메신저 앱 킥과 16개 기업이 협업해 봇숍Bot Shop을 열기도 했다. 예를 들어 의류회사 H&M의 챗봇에 접속해 원하는 옷을 말하면 관련 상품을 추천해준다. 스타벅스의 챗봇 바리스타Barista는 커피 주문을 도와주고, 마이크로소프트의 인공지능 챗봇 조Zo는 인터넷에 존재하는 수많은 정보를 토대로 사람과 대화하며 지능적인 답변을 제공하는 소셜 챗봇 역할을 하고 있다. 이베이의 샵봇Shopbot은 10억 개의 상품 중 고객이 원하는 상품의 검색을 도와주고 고객의 질문에 답을 해준다.

생활 혁명을 일으키는 챗봇 메신저

구글의 개인비서 서비스 알로Allo는 사용자의 희망사항을 예측하는 '스마트 응답' 기능을 갖췄다. 예를 들어 오늘 저녁에 친구들과 갈 만한 맛집을 추천해달라고 요청하면 어떤 식당을 고르려고 하는지를 스스로 추론해 후보 맛집을 제안한다. 또 영화 상영 시간, 주요 뉴스, 식당 정보, 여행 정보, 날씨, 알람 설정, 번역 등의 기능을 요청만 하면 실행해 결과를 알려준다.

로봇이 개인 코디네이터 역할도 맡는다. 특정 모임에 참석하기 전에 로봇에게 모임에 적합한 옷차림을 문의하면 로봇이 모임의 성격, 장소, 사용자의 성향, 당일 기분 등에 적합한 의상을 추천한다. 의상이 정해지면 그에 적합한 액세서리, 구두, 가방 등 전체적인 패션까지 코디를 해준다.

중국 검색엔진 바이두는 의사의 진료 업무를 돕는 챗봇 멜로디 서비스를 제공한다. 멜로디는 환자가 의사를 직접 찾아가기 전에 간단한 문진으로 환자 상태를 진단한 뒤 의사의 스케줄을 확인해 진료를 예약해준다. 의사가 원하는 특정 증상이나 질병에 대한 의료 데이터를 찾아주기도 한다. 한마디로 의사의 진료를 돕는 비서 역할을 하고 있는 것이다.

국내 기업들도 챗봇 개발에 뛰어들다

롯데는 세계 최초로 지능형 쇼핑 어드바이저 챗봇을 도입했다. 이 로봇은 음성과 문자로 물어보면 내가 원하는 상품을 찾아주는 역할을 한다. 예를 들어 가족의 생일 선물을 사려고 할 때 쇼핑 어드바이저 챗봇에게 "열두 살 딸이 다음 주 생일인데, 요즘 독서와 패션에 관심이 많더라. 어떤 선물을 하면 좋을까?"라고 물으면 이미 가지고 있는 고객 정보뿐 아니라 SNS, 뉴스 등에서 트렌드를 분석해 최적의 선물을 추천한다. 선물을 살 매장 위치나 교통편, 구매 방법, 배송까지 한번에 알려준다.

LG CNS는 톡 간편주문이라는 홈쇼핑용 챗봇을 운영하고 있다. TV 홈쇼핑을 시청하면서 ARS나 상담원의 상담 대신 카카오톡으로 채팅하듯이 실시간으로 상품을 주문하고 결제할 수 있다. 상담원을 통하면 3~4분이 걸리지만 챗봇을 통하면 1분 만에 주문을 끝낼 수 있다. 숙박 챗봇 알프레도는 사용자가 가고 싶은 지역과 인원, 희망 가격대 등을 메시지로 입력하면 최적의 숙소를 추천해준다. 인터파크는 상품 추천을 도와주는 인공지능 기반 챗봇 톡집사를 도입해 매출을 28퍼센트 늘렸고, 오픈마켓 11번가도 챗봇 바로를 통해 대화형 상품 추천 서비스를 제공하고 있다.

모든 것이 스마트폰으로 모아진다

스마트폰이 등장한 이후로 사람들은 점점 휴대폰의 노예가 되어가고 있다. 집에서도, 전철에서도, 식당에서도, 친구와 만날 때도 하나같이 스마트폰에 빠져 산다. 스마트폰을 쥐고 있지 않으면 불안감을 느끼는 스마트폰 중독에 대화 단절 현상까지 나타나고 있다. 문제는 이 같은 현상이 더욱 심화될 수밖에 없다는 점이다. 앞으로는 스마트폰으로 시작해서 스마트폰으로 끝나는 '스마트폰 만능 시대'가 열리기 때문이다. '모든 길은 로마로 통한다'는 로마대제국 시대의 말처럼 앞으로 모든 것은 스마트폰으로 통하게 된다. 다가올 스마트폰의 기술 혁신을 정확히 파악해 활용하는 것이 개인과 기업, 조직의 경쟁력이 된다. 모바일 기술 혁명이 미래의 스마트폰을 어떻게 바꿔놓을까?

미래폰1: 큰 화면으로 홀로그램 영상을 보며 대화한다

화상통화에 진화가 이루어지면 앞으로는 스마트폰 화면으로 보던 영상을 크게 확대해 공중에 띄워놓고 통화할 수 있다. 이른바 홀로그램 디스플레이holographic display 기술이 스마트폰에 적용되면 상대방의 신체를 허공에 띄워 보디랭귀지까지 보게 돼 정확한 뉘앙스를 주고받을 수 있다. 기업들은 컨퍼런스 때에도 보다 생생하게 얼굴을 마주하고 대화할 수 있다.

미래폰2: 마인드 컨트롤로 스마트폰을 조작한다

생각만으로 앱을 작동시킬 수 있을까? 황당한 이야기 같지만 마인드 컨트롤 기술로 스마트폰에서 주소록을 검색해 이메일을 보낼 수 있다. 아직 초기 단계지만 전극으로 연결된 캡을 사람 머리에 씌운 뒤 비디오게임이나 컴퓨터에 연결하면 소프트웨어(기계)가 사람의 뇌파를 파악해 특정 명령을 인식하는 방식으로 마인드 컨트롤 기술이 진화하고 있다. 이 기술이 발전해 미래에는 사람의 생각을 읽을 수 있는 소프트웨어가 등장해 생각하는 바를 스마트폰이 화면에 '받아쓰기'할 수 있게 된다. 물론 이 기술은 프라이버시 문제를 불러올 수도 있고, 속마음을 메일로 전달하는 실수를 저지를 수도 있다. 공상과학처럼 들리지만, 지금 사람들이 사용하는 스마트폰도 50년 전에는 그저 꿈만 같은 일이었다.

미래폰3: 배터리 수명이 사라진다

스마트폰을 사용하다가 배터리가 방전되면 몹시 불편하다. 미래의 스마트폰에는 태양에너지 충전 시스템이 장착되어 불빛만 있으면 수시로 배터리를 충전할 수 있다.

미래폰4: 드론이 잃어버린 스마트폰을 찾아준다

많은 사람이 식당에서, 열차에서, 영화관에서 스마트폰을 분실한다. 그리고 잃어버린 휴대폰을 찾기란 쉽지 않은 일이다. 앞으로는 헬리콥터처럼 생긴 소형 드론 쿼드롭터가 분실한 휴대폰의 위치를 정확히 찾아내 주인에게 되돌려준다. 휴대폰에 설치된 GPS가 위치 추적 신호를 정확히 보내주기 때문이다.

미래폰5: 최첨단 게임을 즐긴다

스마트폰은 작은 PC를 뛰어넘어 고용량 CPU(중앙처리장치)와 GPU(그래픽카드 핵심 칩)를 가진 게임 컴퓨터로 진화하게 된다. 맞춤형 거치대, 모니터, 마우스, 키보드, 터치스크린 등 다양한 도구를 장착하면 대형 화면으로 즐기는 AAA급 게임이 가능해진다. 닌텐도의 위Wii나 마이크로소프트의 키넥트Kinect 같은 동작 인식 기능을 스마트폰에 탑재하는 것도 가능해진다.

미래폰6: 열화상 카메라로 변신한다

최근 등장한 캣S60 스마트폰은 열화상 카메라가 장착돼 있어 적외선 감지가 가능하다. 창문 주위의 열 손실, 습기로 인한 얼룩, 과열 제품 등을 추적할 수 있다. 애완견이 어디 숨어 있는지, 아이들이 방에서 공부하고 있는지도 휴대폰으로 확인할 수 있다. 열화상 카메라는 온도 차이에 따라 서로 다른 색으로 사물을 표현하기 때문에 화재가 발생했을 때 피난 경로를 찾도록 도와주는 역할도 한다. 화재, 인명 구조, 건설 현장, 군부대에서 매우 유용한 도구가 될 수 있다.

미래폰7: 구부러지는 스마트폰이 일반화된다

종이처럼 구부릴 수 있고 휘어지는 스마트폰 화면이 일상화된다. LG 전자가 최근 공개한 구부러지는 디스플레이는 자유자재로 휘는 것은 기본이고 수첩처럼 접을 수도 있다는 특징이 있다. 미래 스마트폰은 갈수록 가벼워지고 얇아지기 때문에 다양한 형태의 스마트폰이 가능해진다.

미래폰8: 360도 동영상 시대가 열린다

스마트폰이 가상현실을 구현할 수 있는 360도 카메라 기능을 갖게 된다. 특히 야외 활동이나 스포츠 경기, 행사 등을 360도 회전이 가능한 카메라로 촬영하면 훨씬 더 생동감 있는 영상이 된다. 예츠스페라Yezz Sfera에서 개발한 360도 카메라는 스마트폰으로 360도 영상을 입체적으로 찍고 볼 수 있도록 해준다. 지금도 구글에서 만든 카드보드Cardboard 앱을 다운 받아 가상현실 사진을 촬영하면 가상현실로 재생할 수 있다.

이동 혁명을 일으키는 자율주행차

제4의 혁신의 꽃, 자율주행차가 이동 혁명을 일으킨다. 완전 자율주행차란 원하는 목적지만 말하면 알아서 그곳으로 사람을 데려다주는 차량을 말한다. 또 무인 차량 공유 앱만 있으면 스마트폰으로 무인 주행 기술이 탑재된 차를 아무 때나 원하는 장소로 호출할 수 있다. 이렇게 되면 대리 운전은 물론 운전기사라는 직업은 사라지게 된다. 원하는 목적지에 간 다음 주차 공간이 없으면 자신의 집에 차량을 보낼 수도 있고, 나중에 약속이 끝날 때쯤 차량이 다시 오도록 설정해 놓을 수도 있다.

자율주행 자동차가 보편화되면 인간은 운전에서 해방되는 걸까? 그렇게 될 전망이다. 미국 도로교통안전국 NHTSA은 구글의 완전 자율주행 시험 차량의 소프트웨어를 '운전자'로 인정했다. 이는 만일에 대비해 사람 운전자가 보조자로 동승할 필요가 없다는 뜻이다. 미국 시애틀 정보기술 업계 거물들은 주간 interstate 고속도로 5호선의 시애틀과 캐나다 밴쿠버 구간 241킬로미터를 자율주행 승용차, 트럭, 버스 전용 도로로 만드는 획기적인 보고서를 냈다.

자동제어 자율주행 기술(차선·차간 거리 유지, 차선 변경, 교차로·분기로 주행 지원, 교통 혼잡 도로 우회 주행 등)이 완성되는 2024년이면 우리나라에서도 완전 자율주행 시대가 열린다. 우리나라는 자율주행차의 필수 구성 요소인 센서와 통신, 제어장치 등 8대 핵심 부품 개발을 2019년까지 마칠 예정이다. 이어 2021년 인공지능을 기반으로 한 주변 상황 인식 기술, 교통 환경 인지·분석·제어 기술, 통신 암호화 기술 등이 융합된 자

인공지능 컴퓨팅기업 엔비디아

동차·정보통신기술·인프라 연계형 신기술을 완성한다는 계획이다.

졸음 운전을 경고하고 운전자 기분까지 읽는 미래 차가 온다

인공지능 컴퓨팅기업인 엔비디아는 차량용 인공지능 컴퓨터 사비어 Xavier를 공개했다. 사비어는 운전자의 얼굴을 인식하고 시선과 머리 움직임, 말할 때의 입술 움직임까지 감지한다. 운전자가 전방 주시 의무를 지키지 않거나 졸면 바로 경고 메시지를 보낸다.

사람과 교감하는 자율주행차는 운전자나 탑승자의 기분 상태까지 판단해서 주행 환경을 조성한다. 화가 난 경우는 마음을 가라앉히는 음악을 틀어주고 피곤해 보이면 잠을 잘 수 있도록 실내조명을 낮춰준다. 혼다는 인공지능 감정엔진이 탑재된 뉴브이NeuV를 개발했다. 대시보드 화면에 있는 카메라가 운전자 기분을 파악해 노래를 재생하거나 중지하고 탑승자의 잘못된 습관까지 지적해준다. 운행 중이 아닐 때는 다른 사람

도요타의 자율주행 콘셉트카 유이

이 차량을 사용할 수 있도록 차량 공유 시스템까지 갖췄다.

도요타는 차량 윗면에 넓게 자리한 OLED 유리창을 활용해 자동차가 탑승자와 실시간으로 교감하는 자율주행 콘셉트카 유이愛i를 개발했다. 유이는 자율주행차에 탑재된 인공지능이 탑승자의 감정이나 신체 상황을 읽어 실시간으로 주행에 반영한다. 운전 상태를 점검해 운전자의 집중력이 떨어지면 자율주행으로 바꿔준다. 음성비서까지 탑재해 자율주행 모드로 갈지, 수동으로 주행할지를 음성으로 실행할 수 있다.

독일의 전장업체 보쉬는 사물인터넷 기술을 접목한 초연결 콘셉트카를 공개했다. 이 차는 사람이 운전석에 앉는 순간 얼굴을 인식해 시트와 내부 온도, 사이드미러 등을 운전자에게 최적화한다. 평소 즐겨 찾는 라디오 채널이 있으면 주파수를 알아서 맞춰준다. 차 안에서 모니터를 통해 화상회의를 할 수 있고 TV 프로그램은 물론 영화를 다운 받아 볼 수 있다. 일정 확인은 물론 회사 업무는 무엇이든 차량 안에서 처리할

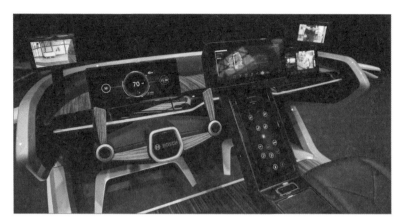

보쉬에서 선보인 초연결 콘셉트카

수 있다. 이 같은 연결성은 자동차와 운전자 간 맞춤 커뮤니케이션을 가능하게 할 뿐만 아니라 자동차를 가정, 사무실과 연결시켜 '제3의 생활공간'으로 거듭나게 할 수 있다.

동네 주차장을 쉽게 찾아준다

차량에 적용된 초연결성은 앞으로 주차장을 손쉽게 찾을 수 있도록 도와준다. 각 주차장과 차량이 센서로 연결되어 주차 버튼을 누르면 빈 주차 공간으로 차량을 안내한다. 차량이 도로를 운행하는 사이 센서들이 빈 주차 공간을 감지해 내비게이션으로 주차 상황을 알려주는 것이다. 이른바 커뮤니티 기반 주차community-based parking 솔루션이 차량에 장착된다.

현대차, 2030년 완전 자율주행차를 상용화한다

현대자동차는 아이오닉 일렉트릭 자율주행차 개발에 성공했다. 운전대에 손을 대는 사람이 없어도 스스로 운전하고 차선을 자동으로 바꾼다. 운전대에서 손을 놓고 전화 통화를 하거나 음료를 마셔도 차량이 문제없이 도로를 달린다. 교차로에서도 어김없이 신호대로 움직인다. 미국 자동차공학회SAE의 5단계 자율주행 기준 레벨에서 기술적으로 완전 자율주행 수준을 의미하는 레벨4를 충족시켰다.

제4의 혁신을 모두 담는 자동차 혁명

모든 사물과 연결되는 커넥티드 카가 온다

미래의 차는 제4의 혁신을 통해 주변의 모든 사물과 연결되는 지능형 '커넥티드 카'로 탈바꿈하게 된다. 즉 자동차는 이제 제4의 혁신을 모두 구현한 초지능-초연결-초산업의 축소판이 될 전망이다. 커텍티드 카는 자동차에 IT기술을 결합해 네트워크와 연결됨으로써 안전과 편의성, 오락 기능이 높아진 초연결 지능형 차량hyper-connected car을 뜻한다. 차량 간, 차량-운전자 간, 차량-인프라 간 통신망으로 연결되어 있어 실시간 정보(정지, 주행 또는 사고 발생)로 빅데이터를 만들어낸다. 차량 주요 부품의 마모 상태나 교체 주기 등을 스마트폰으로 편리하게 관리할 수 있다.

차량이 하나의 대형 스마트폰 기능을 하는 새로운 첨단 정보통신기

IT기술로 모든 것과 연결되는 커넥티트 카

술 기기로 다시 태어난다. 여기에 차량에 설치된 대형 모니터가 텔레비전 프로그램과 영화, 게임 등을 즐길 수 있는 첨단 멀티미디어 엔터테인먼트 기기가 된다. 심지어 카시트가 자동으로 작동해 침실이 되어 미래주택의 역할까지 하게 된다. 주차하는 곳이 집이 되는 세상, 차량이 집을 대체하는 세상이 펼쳐지는 것이다.

원격 차량 제어 및 관리 서비스도 가능해진다. 운전 중 이메일을 보내거나 문자메시지, SNS를 하는 일이 보편화된다. 머지않아 자동차의 충전소와 연결되어 배터리가 자동으로 충전되고, 좌석에 앉은 운전자의 건강 상태를 실시간으로 측정해 병원에 가보라고 권고하는 일까지 가능해진다. 운전자가 운전석에 앉는 것만으로도 혈중 알코올 농도를 파악해 운전 가능 여부를 알려준다.

차량 인포테인먼트 플랫폼이 온다

차량의 효용성을 높일 플랫폼 중 하나는 차량용 인포테인먼트In-Vehicle

Infotainment, IVI 플랫폼이다. IVI 플랫폼은 차와 스마트폰이 연결되어 길찾기 같은 다양한 정보는 물론 음악, 오디오 콘텐츠 등 엔터테인먼트를 제공하는 기능이다. 사무실, 집 등과도 연결된다. 메신저를 주고받고 날씨·뉴스·음악·검색 등의 서비스가 가능하다. 구글의 안드로이드오토, 애플의 카플레이, 카카오의 아이, 네이버랩스의 어웨이 등이 대표적이다. 주유가 필요하면 남은 연료량을 점검한 다음 도로 사정과 목적지까지 거리를 계산해 가장 가까우면서 저렴한 주유소를 알려준다. 차량자체가 신용카드로 변신해 자동으로 결제까지 도와준다.

텔레매틱스 기능이 사고를 막아준다

자동차 자체가 사물인터넷이 된다는 것은 이른바 완전한 텔레매틱스 telematics가 구현된다는 의미다. 텔레매틱스는 무선 통신과 GPS 기술이 결합해 자동차에서 위치 정보, 안전 운전, 오락, 금융서비스, 예약 및 상품 구매 등이 가능한 다양한 이동통신 서비스를 의미한다.

커넥티드 카의 가장 큰 특징 중 하나는 수많은 차량이 서로 연결된다는 점이다. 앞차의 사고 정보가 뒤차의 모니터로 실시간 전송되고 차량이 정체되면 왜 정체되는지, 자세한 실시간 영상 정보까지 받아볼 수 있다. 운전 중 이유 없이 막히는 차량 정체에 대한 궁금증을 쉽게 해소할 수 있다. 특히 바로 앞차의 돌발 상황을 즉시 알려줘 사고 위험을 피할 수 있도록 해준다. 나아가 눈으로 확인할 수 없는 100미터, 1킬로미터 앞 사고 정보까지 앞차의 정보를 받아 뒤차로 계속해서 전달하기 때문에 운전자는 선제적으로 대응할 수 있다.

삼성전자가 자동차 전장부품회사 하만Haman을 80억 달러에 인수한 것도 커넥티드 카 시대를 겨냥한 것이다. 하만은 차량 무선인터넷 서비스, 즉 텔레매틱스를 만드는 회사다. 삼성전자는 하만의 기술을 활용해 스마트폰으로 실시간 교통 정보와 긴급 서비스를 외부에 제공하는 커뮤니케이션 허브를 구축한다. 만도에서 개발한 이콜 앱은 사고가 발생하면 블랙박스에서 사고 발생 시간과 위치를 미리 설정된 스마트폰으로 전송한다. 또 미리 설정된 긴급 연락처로 전화를 걸거나 문자메시지를 발송한다.

자동차 그 이상의 자동차, 드론 승용차

드론 승용차가 자동차를 대체한다

드론이란 사람이 타지 않고 무선 전파로 움직이는 무인 항공기를 의미한다. 드론은 영어로 '벌이 웅웅거리는 소리'란 뜻이다. GPS와 센서, 카메라, 인공지능 등 4차 산업혁명의 첨단 기술이 드론과 결합하면 다양한 기능을 선보일 수 있다. 하늘에서 지상의 모습을 찍는 항공 촬영이 가능해 스포츠 경기를 입체적으로 보여줄 수 있다. 드론 택배, 드론 택시, 자율주행차 등에 적용되어 교통과 물류 혁명에 시동을 걸고 있다.

한편 유인 드론이 현재의 자동차를 대체하는 시대가 다가오고 있다. 유인 드론은 사람이 탈 수 있는 자가용 드론으로, 누구나 자유롭게 하늘을 나는 영화 같은 시대가 열리게 된다.

최근 미국 네바다 주정부에서는 드론 택시의 시험 비행을 허락했다. 중국 드론회사 이항EHANG이 개발한 세계 최초 유인 드론 이항184가 비행 허가를 받았다. 1인승 드론 이항184에는 모터 여덟 개와 팔 네 개, 그리고 그 팔에는 1.6미터 길이의 프로펠러가 상하 쌍으로 장착되어 있다. 이항184는 전기 배터리의 힘으로 움직인다. 배터리를 충전하는 데는 고속 충전 두 시간, 일반 충전 네 시간이 걸린다. 최대 100킬로그램을 싣고 23분가량 비행할 수 있으며, 최대 고도 500미터, 최고 시속 100킬로미터까지 가능하다. 놀라운 것은 탑승자가 드론 운전하는 법을 몰라도 GPS 좌표만 입력하면 자동으로 목적지까지 정확히 데려다준다는 점이다. 탑승자는 이륙과 착륙 명령만 내리면 된다. 좌석 앞에 설치된 터치스크린이나 스마트폰, 태블릿PC의 애플리케이션으로 목적지를 입력하면 드론에 부착된 컴퓨터가 구글 지도를 이용해 목적지까지의 최단거리를 계산한다. 스마트폰 앱으로 드론의 속도까지 조절할 수 있다.

이항은 드론의 안전성을 높이기 위해 2011년부터 현재까지 실험을 거듭하고 있다. 비행 장애가 발생하면 이항184는 자동으로 비행을 멈추고 공중을 선회하며 착륙하도록 설계돼 있다. 이항184의 판매가격은 20~30만 달러가 될 전망이다. 과제는 주행 시간이 더 긴 배터리를 만드는 일이다. 수명이 더 긴 배터리가 속속 등장하고 있어 머지않아 유인 드론의 장시간 주행 시대가 열릴 전망이다.

전 세계는 무인 승용차 개발 전쟁 중이다

세계 각국이 유인 드론 개발에 힘을 쏟고 있어 곧 자가용 드론 시대가 열릴 것이다.

독일 이볼로E-volo도 유인 드론 볼로콥터volocopter200을 개발했다. 여섯 개의 배터리로 열여덟 개의 모터에 달린 날개를 구동하는 2인승 드론이다. 자체 무게 450킬로그램으로 최대 고도 1,981미터, 시속 100킬로미터까지 비행이 가능하다. 조이스틱을 사용해 조종할 수도 있고 일반 드론처럼 리모컨으로 조작할 수 있다. 자동 비행이 아니라 인간이 조종하는 드론이란 점에서 이항과 차이가 있다. 볼로콥터는 일반 비행기처럼 활주로가 딸린 공항 없이도 어디서든 이착륙할 수 있다. 소형 날개들의 회전 방향을 달리하면 이동 방향도 쉽게 조정할 수 있다. 또 날개가 많기 때문에 일부가 고장 나도 비행에 큰 영향을 받지 않는다.

네덜란드에서는 쿼드로Quadro UAS 개발에 성공했고, 미국의 에어로펙스Aerofex는 2인승 드론 에어로-X를 만들었다. 헝가리 회사 베이졸탄Bay Zoltan은 파이크트리콥터Fike Tricoptor라는 비행 바이크의 초기 시험에 성공했다.

드론은 자동차일까, 비행기일까

자가용 드론은 기존의 규제, 법률과 충돌할 수 있다. 일단 비행기로 분류할 것이냐, 자동차로 분류할 것이냐가 관건이다. 사고가 났을 때 자동차법과 항공법 중 무엇을 적용하느냐에 따라 차이가 나기 때문이다. 보험은 어떻게 적용할지, 면허는 어떻게 발급할지도 아직 남은 과제다. 이 문제들이 해결되어 누구나 드론을 소유하고 조종할 수 있게 되는 미래에는 모든 집에 드론 주차장이 만들어지게 될 것이다. 이에 따라 집의 형태도 바뀌게 된다. 드론이 날아오를 수 있도록 집 뚜껑이 열리거나 모든 아파트에 드론이 출입하는 자동문이 만들어지는 식이다.

하늘을 나는 플라잉카가 온다

하늘을 나는 자동차. 생각만 해도 가슴 설레는 일이다. 도심 한가운데서 차가 막혀 이동할 수 없을 때 하늘을 나는 자동차만 있으면 막힌 도로 위를 시원하게 날 수 있다. 그 꿈같은 일이 현실이 되고 있다.

구글 공동 창업자 래리 페이지와 자동차 전문 기업 키티호크Kitty Hawk 가 최근 하늘을 나는 전기자동차 개발에 성공했다. 이들뿐만 아니라 현재 미국 실리콘밸리에서는 많은 벤처기업이 플라잉카를 개발 중이다. 키티 호크의 비행 차량은 차체 밑에 달린 프로펠러 여덟 개의 도움으로 물 위에 뜬다. 캘리포니아주의 호수 위 약 4.5미터 상공을 5분 동안 비

키티호크의 1인용 비행 차량

Flying Car

하늘을 나는 차, 테라퓨지아 TF-X

행하고 착륙하는 데 성공했다. 차체는 수면에 착지할 수 있고 수면 이동도 가능하다. 아직 물 위에서만 비행할 수 있고 도로 위에서는 비행할 수 없다는 단점이 있다.

미국 회사 테라퓨지아Terrafugia는 목적지만 입력하면 날아서 원하는 곳에 착륙하는 자율주행 방식의 플라잉카 TF-X를 2018년 상용화한다. 세계 최초로 시험 개발에 성공한 이 4인승 비행차는 약 26만 1,000달러에 판매될 예정이다. 차량 뒤쪽에 두 개의 접는 날개가 펴지면 여기 달린 두 개의 엔진이 프로펠러 역할을 한다. 헬리콥터 같은 블레이드팬이 설치돼 있다. 300마력의 엔진으로 시속 322킬로미터로 805킬로미터까지 비행할 수 있다. 다른 비행기, 악천후, 항공관제구역 등을 만나면 스스로 이를 피해 운항한다. 가장 큰 특징은 수직 이착륙이 가능해 도로가 막히면 바로 수직 상승해 정체 구간을 탈출할 수 있다는 점이다. 그리고 일반 자동차처럼 집에 주차가 가능하도록 설계돼 있다. 배터리 충전은 자체 엔진을 사용하거나 지상에 있는 전기충전소를 이용할 수 있다. 현재 최신형 차량의 10분의 1 크기로 만들어 다양한 테스트를 하고 있다.

슬로바키아 기업 에어로모빌도 에어로모빌2.5를 개발했다. 이 회사의 바출리크 사장은 "플라잉카 모델을 발표하고 몇 년 안에 사람의 조작이 필요 없는 무인 플라잉카도 내놓겠다"고 밝혔다. 탄소 재질로 만들어진 에어로모빌2.5는 길이 약 6미터, 너비 약 2미터로 날개를 전부 펼치면 너비가 8.24미터가 된다. 휘발유를 사용하는 4기통 엔진을 장착해 8리터를 주유하면 약 100킬로미터(연비 약 12.5km/L)를 도로 주행할 수 있으며 최고 시속은 160킬로미터다. 비행기로 변신하면 엔진과 함께 차체 후미의 프로펠러를 이용해 시속 평균 200킬로미터로 700킬로미터를 이동할 수 있다. 이 자동차는 잔디밭 위에서 이착륙에 성공한 상태고 활주로가 약 200미터 필요하다.

에어버스는 수직으로 이착륙할 수 있는 차를 개발 중이다. CEO인 톰 엔더스는 "100년 전 도시 교통은 지하화했지만, 현재는 공중으로 가는 기술이 필요하다"며 "올해 안에 한 사람을 태울 수 있는 항공 교통 수단을 공개하겠다"고 밝혔다. 팝업 브랜드의 개념도까지 공개했다. 네덜란드 항공기업 PAL-V는 주행 모드와 비행 모드로 전환 가능한 PAL-V 리버티Liberty를 제작, 판매하고 있다. 접이식 프로펠러를 탑재한 이 차량은 2인승으로 10분 정도면 주행 모드에서 비행 모드로 전환할 수 있다. 최고 시속은 공중과 도로에서 모두 180킬로미터, 주행 거리는 하늘에서는 최대 500킬로미터, 지상에서는 1,200킬로미터에 이른다.

폭스바겐은 콘셉트카 아쿠아호버카를 선보였다. 공중 부양을 위해 네 개의 팬이 자동차 주변부에 달려 있고 하단부에는 에어백이 깔려 있어 사막이나 물, 도로 위에서 움직일 수 있다. 최고 시속은 100킬로미터다. 수소엔진이 상용화 단계로 개발된다면 수소엔진을 장착할 수 있다.

비용 절감과 안전 운행의 자율주행 선박

바다의 테슬라 자율주행 선박이 온다

곧 바다 위에도 자율주행차와 똑같이 작동하는 자율주행 선박이 등장하게 된다. 전기로 움직이는 무인 선박의 등장은 일대 혁명을 몰고 올 전망이다. 전기로 움직여 탄소 배출이 전혀 없는데다, 오물과 폐연료 배출까지 사라져 해양 산업에 대변혁을 가져온다. 선원이 없고 전기로 움직이는 스마트 선박이기 때문에 연간 유지비용이 기존 선박 대비 무려

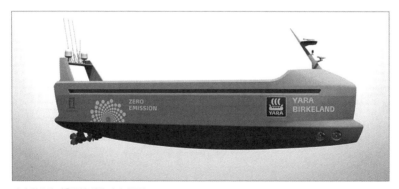

세계 최초의 자율주행 선박 야라버클랜드

90퍼센트가량 절감된다.

노르웨이 농업회사 야라인터내셔널과 방산업체 콩스버그그루펜은 자율주행 선박 야라버클랜드Yara Birkeland를 개발 중이다. '바다의 테슬라'라는 별명을 가진 이 선박은 전기로만 작동하며 GPS, 고성능 카메라, 센서 등 자율주행차와 똑같은 장비를 장착한다. 2018년 시범 운항에 나서며 비료공장에서 화물을 선적한 뒤 60킬로미터를 운항해 노르웨이 라비크 항에서 컨테이너 100개를 싣고 통제 없이 스스로 정박할 예정이다.

자율운행 드론십이 온다

잠수함을 비밀리에 추적할 수 있는 자율운항 무인 선박, 일명 드론십drone ship도 등장했다. 드론십은 미 방위고등연구계획국DARPA과 미 해군연구소NRL가 합작해 개발한 것으로 정식 모델명은 액튜브Anti-Submarine Warface Continuous Trail Unmanned Vessel, ACTUV다. 잠수함을 지속적으로 추적하는 무인 선박이라는 뜻이다. 이 드론십은 미국 영해에서 몰래 활동하는 적의 잠수함을 잡아내는 역할을 한다. 승무원이 탑승하지 않기 때문에 출항하면 최대 3개월간 해상에 머물면서 작전을 수행할 수 있다. 기존 구축함이 임무를 수행하는 데 드는 비용이 8억 원가량인 데 비해 이 드론십은 2,000만 원이면 같은 임무를 수행한다. 따라서 드론십이 현장에 투입될 경우 인력과 비용 감축이 가능해 잠수함 운용에 놀라운 변화가 예상된다. 드론십은 자율주행차처럼 무인 조종 기술을 탑재하고 있어 좌표만 입력하면 바닷속 어디든 원하는 곳에서 작전과 임무를 수행할 수 있다. 가장 빨리 등장할 드론십은 무인 잠수정이다. 보잉이 개발 중인 에코보이저는 모선인 잠수함 없이 1개월 정도 자율적으로 운행하면서 적군의 잠수함에 대한 정보를 수집할 수 있다. 전문가들은 무인 잠수정에 이어 적군을 공격할 수 있도록 무장된 무인 전투함이 등장할 것으로 보고 있다.

스마트 선박 시대가 열린다

스마트 선박은 정보통신기술을 기반으로 자율운항, 선박 자동 식별, 위성통신 제어 등 최첨단 기능을 갖춘 차세대 디지털 선박을 말한다. IT기술로 무장한 스마트 선박은 자율주행뿐만 아니라 원격조종 등 다양한 기능을 갖고 있어 상선, 정찰선, 군함, 잠수함 등 여러 용도로 활용될 전망이다. 자연 환경이 척박한 극지대를 통행하는 데도 문제가 없고 해적들의 위험도 피할 수 있어 효과적이다. 그 결과 선박 시장, 해운 시장에도 새로운 혁명이 일어날 전망이다.

현대중공업은 빅데이터를 활용한 스마트 선박 오션링크를 개발했다. 엔진 등 선박의 기관 상태를 원격으로 제어할 수 있고 위험물을 자동으로 탐지해 충돌을 피할 수 있다. 특히 연간 연료 소비량, 항해 거리, 운항시간 등 빅데이터를 활용해 운항의 효율성을 극대화함으로써 경제적인운항이 가능하다. 또 날씨, 파도 등 해상의 상태를 점검해 최적의 항로로 운항하기 때문에 연료비와 운항 시간을 효율화할 수 있다. 대우조선해양은 선박 모니터링 장치인 LiNGC 기술을 구현해 선박 내부는 물론육지에서도 기계 작동 상황, 항해 성능 전반을 효율적으로 관찰할 수 있도록 했다. 삼성중공업은 VPS(선박포털서비스) 시스템을 개발해 육상에서 선박의 운항 상태를 감시하고 선박 내 자동화 장비를 실시간 모니터링한다. 나아가 선박의 고장 여부까지 진단한다.

롤스로이스 또한 2020년 무인 선박을 현장에 투입할 계획이다. 빅데이터를 활용해 인공지능이 학습한 기상 정보와 항로 정보를 토대로 최적의 항로를 운항한다. 사람은 해상의 선박을 육지에서 들여다보며 로봇 항해사에게 명령만 전달하면 된다.

한편 무인 선박의 등장은 선원은 물론이고 도선사조차 없는 무인 선박 입·출항 시대 또한 열게 된다.

사람이 아닌 기계가 찾아가는 배달 혁명

드론발 배달 혁명이 시작됐다

드론 택배가 세상을 확 바꿀 전망이다. 온라인 쇼핑몰 아마존이 영국에서 드론 택배에 처음으로 성공했다. 아마존이 선보인 드론 택배는 케임브리지에 있는 배송센터 주변 8.3제곱킬로미터 안에 거주하는 고객을 겨냥하고 있다. 주문이 접수되면 제품이 자동으로 드론에 전달되고, 따로 주소를 입력하지 않아도 주문할 당시 입력한 주소대로 인공지능이 탑재된 드론이 배송 위치를 정확히 파악해 찾아간다. 사람이 필요 없는 자동화 시스템이다. 최대 2.3킬로그램까지 배달이 가능하다.

16킬로미터 범위 내에서는 주문하는 물건은 30분 이내 배달이 가능

아마존이 준비하는 드론 택배 서비스 프라임에어

한 드론 택배 시대가 열린다. 교통 체증도 없이 원하는 제품을 주변 쇼핑몰이나 마트에서 사는 것보다 손쉽게 손가락 몇 번만 움직이면 살 수 있다. 도이치뱅크에 따르면 드론 택배가 도입되면 배달비용은 최대 80퍼센트까지 절약할 수 있다. 그만큼 소비자는 물건을 더 싼값에 받아볼 수 있다. CJ대한통운도 국내 최초로 드론 배송 서비스를 시작했다. 영월 시범사업 지역에서 영월영업소와 농업기술센터 사이 왕복 5.2킬로미터 구간에서 주 2회에 걸쳐 1킬로그램 이하의 소형 화물을 배송하고 있다.

도미노피자는 뉴질랜드에서 처음으로 드론을 활용한 피자 배달 서비스에 성공했다. 도미노피자는 DRU 드론을 활용해 오클랜드 32킬로미터 북쪽에 살고 있는 자니 노먼의 집으로 피자를 5분 만에 배달했다. 드론으로 배달하는 피자가 아르바이트하는 청년의 일자리마저 빼앗아 갈 날이 다가오고 있다.

드론은 도로 사정이 열악한 환경에서 특히 그 위력을 발휘할 것으로 예상된다. 특히 사람의 생명을 구하는 일에 유용하게 쓰일 수 있다. 국제특송업체 UPS는 세계 최초로 르완다에서 드론 배송 서비스를 시작했다. 르완다 서부 지역 스물한 개 수혈 시설에 매일 최대 150건의 혈액을 긴급 배송하고 있다. 르완다는 출산 직후 출혈 과다로 산모의 사망률이 높은 국가다. 혈액 보관 시설이 부족한데다 도로 사정도 열악하기 때문이다. 장마철에는 교통이 마비되어 위급한 상황이 숱하게 발생한다. 르완다에 투입된 드론은 비가 와도 왕복 150킬로미터를 비행할 수 있으며, 한 번에 1.5킬로그램의 혈액을 적정한 온도를 유지하며 배송할 수 있다.

구글, 아마존, DHL, 알리바바, 라쿠텐 등 전 세계 수많은 기업이 음료수 하나까지 배달하는 '드론 택배 전쟁'을 준비하고 있다. 일본 종합유통업체 라쿠텐은 일본의 한 골프장에서 100여 종의 메뉴를 드론으로 배달한다. 구글은 편의점 용품까지 배송하는 윙프로젝트를 추진 중이다. 구글은 태양전지판으로 이루어진 대형 드론을 상공에 띄워 5G 이동통신용 전파신호를 지상에 쏘는 프로젝트 스카이벤더를 상용화했다. 유럽 최초로 물품 배송 허가를 받은 도이치포스트DHL은 파셀콥터Parcelcopter를 이용해 북해 연안 독일령 유이스트 섬에 의료 물품을 시험 배송하는 데 성공했다.

다만 날씨가 관건이다. 드론이 뜰 수 없는 기상 여건에서는 오히려 낭패를 보게 된다. 특히 드론용 배터리 수명도 관건이다. 중간에 배터리 수명이 다할 경우 추락 사고의 위험이 있다. 더 큰 문제는 드론이 퀵서비스, 택배 등 인간의 배달 서비스 일자리를 빼앗아갈 수 있다는 점이다. 동시에 하늘길이 복잡해져 예상치 못한 드론 교통사고가 새로운 사회문제가 될 수 있다. 국회와 정부는 당장 예상되는 문제점에 대해 제도와 정책을 수립해야 한다.

눈과 귀가 달린 인공지능이 사람과 소통한다

인공지능이 스마트폰 속으로 들어오면서 과거에는 불가능했던 일들이 현실이 되고 있다. 특히 스마트폰이 인공지능과 결합하면서 세상을 보는 방식을 바꾸고 있다. '인공지능 퍼스트' 시대가 열렸다. 눈과 귀를 가진 인공지능의 등장은 기계가 사람과 소통하는 세상이 됐음을 의미한다. 구글 CEO 순다르 피차이는 "세계는 모바일 퍼스트에서 인공지능 퍼스트로 전환되고 있다"며 "인간과 기계가 상호작용할 수 있는 세상이 열리고 있다"고 밝혔다.

눈 가진 인공지능, 사진을 음성으로 설명해준다

마이크로소프트가 만든 '눈을 가진 인공지능'Seeing AI이 놀라운 미래를 열고 있다. 시각장애인이 쓰는 선글라스에 카메라 렌즈가 달려 있다. 이 렌즈는 세상에 어떤 일이 일어나고 있는지를 실시간으로 들여다본다. 그리고 선글라스가 보는 모든 장면을 안경에 내장된 프로그램이 캡처해 그 내용을 음성메시지로 시각장애인에게 설명한다. 눈앞에 어떤 장

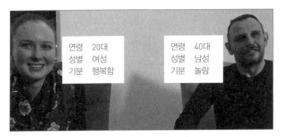

표정에서 사람의 성별과 기분까지 읽는 인공지능 렌즈

면이 펼쳐지고 있는지를 알려면 선글라스를 터치하면 된다. 보드를 타고 점핑하는 장면이 캡처됐다면, 선글라스는 이 장면 그대로를 음성으로 설명한다. 이 인공지능 렌즈는 사람들의 성별과 감정까지 읽을 수 있다. 남자인지 여자인지, 기분이 좋은지 화가 나 있는지, 게다가 나이까지 판단해 알려준다. 눈을 가진 인공지능 기술의 대표 격이 구글렌즈다. 이 앱만 다운 받으면 스마트폰 카메라로 사물을 검색할 수 있다. 카메라로 사물을 비추면 인공지능이 구글에 담긴 수많은 정보를 검색해 그 결과를 스마트폰 화면으로 보여준다. 구글렌즈는 음성비서 구글어시스턴트와도 연결되어 있어 말만 하면 원하는 기능을 척척 실행한다.

눈과 귀를 가진 인공지능은 스마트폰을 한 단계 더 진화시킨다. 시각과 청각에 그치지 않고 촉각, 후각, 미각 등 사람이 느끼는 다섯 가지 감각을 모두 가진 '오감 인공지능'이 등장할 전망이다. 네이버는 인간의 오감을 자체 인공지능 클로바에 넣어 오감 인공지능을 개발한다는 구상이다. 이렇게 되면 기계가 사람과 완전히 똑같은 역할을 하는 시대를 맞게 된다.

제6의 감각 혁명

영국의 아방가르드 예술가 닐 하비슨Neil Harbisson은 색맹이란 장애를 갖고 태어났다. 전색맹으로 흑백, 두 가지만 구분할 수 있었다. 그런데 그런 그가 미술 작업을 하는 작가로 활동하고 있다. 색을 구분하지 못하는데 어떻게 화가로 활동할 수 있을까? 컴퓨터 과학자들과 2003년 개발한 아이보그eyeborg라는 안테나 덕택이다. 하비슨은 색을 인식하는 기능을 가진 마이크로칩을 뇌 속에 심었다. 안테나 끝에 달린 센서가 색을 인식하면 뇌 속의 칩이 색깔 주파수를 소리 주파수로 바꿔 하비슨에게 알려준다. 시각도 청각도 아닌 완전히 새로운 제6의 감각이 생겨난 것이다. 아이보그는 인간이 가진 색상 인식 능력을 초월한다. 센서는 색이 가진 파장을 소리로 바꿔 머리로 전달하는 방식으로 무려 360여 가지 색은 물론 적외선, 자외선까지 인식하고 구별한다.

안테나를 이식한 하비슨은 이른바 기계와 합체된 인간, 신인류 트랜

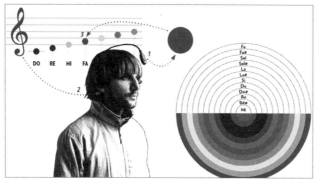

아이보그 안테나로 색을 이해한다

스휴먼의 탄생을 예고하고 있다. 영국 정부는 그의 여권에 안테나를 착용한 사진을 부착하도록 허용했다. 그는 처음에는 사진 등록을 거부당했지만, 안테나가 단순 전자기기가 아닌 몸의 일부이자 뇌의 연장선임을 설명해 정부를 설득하는 데 성공했다. 이렇게 해서 하비슨은 이른바 최초의 사이보그 인증을 정부로부터 받아냈다.

색을 듣기 시작한 이후 하비슨의 삶은 완전히 달라졌다. 그는 색깔을 소리로 듣기 때문에 피카소의 그림을 보면 콘서트장에 온 듯한 느낌을 받는다고 한다. 또 슈퍼마켓에 들어가면 마치 나이트클럽에 온 듯한 기분이 든다고 한다. 그림 파장이 소리 파장으로 바뀌어 이색적인 세상을 안테나가 묘사하기 때문이다. 이 같은 특성을 활용해 하비슨은 사람들의 얼굴을 그리는 대신 그들의 소리를 그림으로 표현하기 시작했다. 이른바 '소리 화가'로 거듭난 것이다.

능력이 업그레이드된 슈퍼휴먼의 탄생

인간 잠재력이 극적으로 확장된다

《특이점이 온다》의 저자인 미래학자 레이 커즈와일은 "첨단 기기의 등장으로 인간의 잠재력이 극적으로 확장될 것이다"라고 예견한다. 인간의 한계를 초월한 초인류의 탄생이 멀지 않았다는 것이다. 이에 따라 기술의 힘으로 노화 현상을 없애고 지적, 육체적, 심리적 능력을 강화할 수 있게 된다. 좀 더 구체적으로 말하면 인간과 기계가 결합한 사이보그의 등장이 가능해진다.

〈슈퍼맨〉이나 〈터미네이터〉, 〈원더우먼〉, 〈600만 달러의 사나이〉, 〈소머즈〉 등 영화와 만화책 속 주인공이 현실이 된다. 즉 1킬로미터 밖에서 나는 소리를 듣고, 사물을 투시하고, 자동차를 한 손으로 들어올리고, 시속 100킬로미터로 달릴 수 있는 초인의 등장이 가능해진다. 과학기술의 진화로 인간의 능력이 업그레이드되는 증강인간augmented human, 이른바 슈퍼휴먼super human을 만들 수 있기 때문이다. 증강인간이란 의수·의족뿐 아니라 외골격 로봇, 웨어러블 로봇 등을 통해 신체의 기능이 향상되고 나아가 인지 기능과 감정까지 확장된 인간을 말한다. 지금 우리는 콘택트렌즈와 보청기의 힘으로 시력과 청력의 역량을 높이고 있지만, 10년 안에 완전히 다른 미래가 펼쳐질 전망이다. 기술의 적용이 사람의 단점, 장애를 보완하는 단계를 넘어 논란까지 불러일으킬 수 있다.

초음파는 인간이 들을 수 있는 한계를 넘어서는 음파를 의미한다. 그런데 '소머즈'는 1킬로미터 밖 소리까지 들을 수 있다. 머지않아 사람이 들을 수 있는 최대 주파수 한계(약 20킬로헤르츠)를 뛰어넘어 초음파를 들을 수 있게 된다. 초음파가 두개골로 직접 전달되도록 하거나 중이를 거치지 않고 달팽이관에 다다를 수 있도록 하는 연구가 진행 중이다. 미국 프린스턴·존스홉킨스 대학 공동 연구팀은 2013년 하이드로겔과 연골세포로 인공 귀를 만들었다. 이 귀에 은 나노입자로 만든 안테나를 붙이면 인간의 가청 주파수를 벗어난 영역까지 들을 수 있다.

시력 증강 기술도 등장했다. 미국 실리콘밸리 바이오해킹 그룹인 '대중을 위한 과학'Science for the Masses은 깜깜한 밤에도 잘 볼 수 있는 안약을 개발했다. 이 안약을 눈에 넣으면 한밤중에도 50미터 떨어진 숲속에 있는 사람을 식별할 수 있다. 캐나다 바이오기업인 오큐메틱스 테크놀로지는 바이오닉렌즈를 개발했다. 망막에 들어오는 빛의 양을 네 배나 늘려 가시거리를 세 배까지 늘려준다. 좌우 시력이 1.0인 사람이 이 렌즈를 끼면 3.0이 된다.

영국에서는 더 나아가 2013년 세계 최초로 로봇식 외골격을 갖춘 2미터짜리 인조인간을 탄생시켰다. 망막과 달팽이관을 이식해 전방에 있는 사물을 감지할 수 있고 특별한 발화 소프트웨어를 이용해 사람과 의사소통도 가능하다. 인공 눈, 심장, 폐뿐만 아니라 인공 팔다리에, 인공 두뇌까지 결합했고 노화한 장기를 대체할 수도 있다. 인간의 70퍼센트까지 따라잡았다는 평가다. 두뇌에는 인공지능과 음성 합성 시스템이 내장돼 있어 자신이 랩 음악을 즐겨 듣는다는 단순한 의사 표현도 가능하다. 걸을 수도 있고 손으로 다양한 작업을 할 수도 있다.

첨단 기술은 인간의 두뇌 역량까지 높일 수 있다. 인공지능과 두뇌를 첨단 기술로 결합하면 인간의 능력을 극대화할 수 있는 길이 열린다. 이른바 증강천재augmented intelligence가 등장하게 된다. 인공지능이 사람처럼 스스로 판단하고 문제를 해결하는 능력을 갖게 되면 사람은 생각과 지식을 공유하는 분신 로봇을 만들 수 있다. 이 분신 로봇의 인공지능을 스마트폰에 심으면 필요할 때마다 분신 로봇의 지능에 의존해 더 똑똑한 능력을 발휘할 수 있다. 스마트폰에 들어 있는 인공지능이 인간의 능력을 확장시켜 사람을 증강지능 인간augmented intelligence human으로 만들어주는 것이다.

하체 마비 환자도 착용로봇으로 보행 불편을 없앤다

특히 로봇공학과 생체공학, 생명공학이 발전을 거듭해 사람의 몸에 칩을 넣고 인공 장기를 심을 수 있는 시대를 열고 있다. 인공 장기는 기존 장기보다 기능이 뛰어난 '슈퍼 장기'의 탄생을 가능하게 해준다. 노약자, 장애인 등 보행이 불편한 이동 약자나 산업체 노동자도 착용로봇의 도움으로 불편 없는 세상을 맞게 된다. 착용로봇이란 인체의 동작을 로봇이 감지해 사람의 근력을 돕는 기능을 한다.

록히드마틴이 개발한 착용로봇 헐크ᴴᵁᴸᶜ를 이용하면 90킬로그램의 짐을 지고도 무려 시속 16킬로미터로 행군할 수 있다. 교통사고나 낙상으로 척수가 마비된 장애인도 착용로봇의 도움을 받아 혼자서 걸을 수 있다. 암으로 하반신이 마비된 크리스 파머는 뉴질랜드의 렉스바이오닉스가 개발한 다리 로봇 렉스의 도움을 받아 딸의 결혼식에 손을 잡고 들어갈 수 있었다.

일본 로봇 전문기업 사이버다인이 개발한 의료용 다리 로봇 할ᴴᵃᴸ을 이용하면 노인이나 환자, 심지어 하체 마비 장애인도 손쉽게 걸을 수 있다. 피부에 붙인 센서가 근육의 전기신호를 감지한 뒤 관절 모터를 작동시킨다. 미국 UC버클리 연구팀에서 개발한 군용 다리 로봇 블리스 ʙʟᴇᴇˣ는 무게 200킬로그램을 통제할 수 있는 힘을 제공한다. 총 82킬로그램을 들면서도 실제로는 2킬로그램을 드는 힘만 쓰도록 설계됐다.

현대기아차는 네 가지 보행 보조 착용로봇(무릎형·고관절형·모듈결합형·의료형)의 시제품 개발을 완료하고 임상시험을 진행 중이다. 무릎형, 고관절형, 모듈결합형은 보행이 불편한 노약자나 자세 교정, 재활 등이 필요한 이들이 불편한 신체 부위에 장착하면 평지 보행은 물론이고 계단 오르내리기를 손쉽게 할 수 있다.

빨리 달리고 더 많이 나르는 슈퍼 인공지능 로봇

영화 속 인공지능 로봇, 반란을 일으키다

영화 〈터미네이터〉에 등장하는 인공지능 로봇 T-800은 반란을 일으켜 인간을 지배하려고 한다. 미국이 국가 방어를 위해 만든 컴퓨터 시스템 스카이넷은 인간의 뜻과는 달리 핵전쟁을 일으켜 로봇이 지배하는 세상을 만들려고 한다. 영화 〈2001: 스페이스 오디세이〉에서 우주선 디스커버리 호를 조종하는 슈퍼컴퓨터 로봇 할HAL은 인간 조종사들을 죽이고 우주선을 장악하려고 한다. 과연 영화처럼 인공지능 로봇이 인간을 지배하는 시대가 오게 될까? 인간은 로봇의 지배를 받으며 살게 될까? 제4의 혁신은 인류의 미래를 오히려 암울하게 할까?

그렇다면 지금 어떤 인공지능 로봇이 상용화를 앞두고 있을까? 구글 자회사인 미국 보스턴다이내믹스가 개발한 로봇 치타Cheetah는 세계에서 가장 빠른 다리를 가졌다. 동물 중 가장 빠른 치타가 척추 구부리기와 펴기를 반복해 속도를 내는 원리를 이용해 개발했다. 시속 47킬로미터로 질주하면서도 전혀 지치지 않는 파워를 가졌다. 이 속도는 자메이카 육상선수 우사인 볼트의 100미터 달리기 세계 기록을 앞서는 것이다.

두 발로 걷는 인공지능 로봇 아틀라스Atals는 알파고처럼 스스로 생각하는 로봇이다. 무엇이 최적인지 계산해 움직인다. 사람이 발로 차거나 쓰러뜨려도 중심을 잡고 일어선다. 물건 위치를 바꿔도 지각력을 활용해 정확히 찾아낸다. 손과 발을 이용해 장벽을 올라갈 수 있고 걷기, 앉았다 일어서기는 물론 팔굽혀펴기까지 가능하다. 펫맨Petman은 군인들이 입는 화학 방호복 성능을 시험하는 로봇으로 제 역할을 톡톡히 하고 있다.

로봇 LS3은 최대 181킬로그램의 짐을 싣고 24시간 동안 타인의 도움 없이 이동할 수 있다. GPS를 통해 정확한 목적지를 찾아가기 때문에 특별한 조종 장치가 필요 없다. 빅독BigDog은 최대 154킬로그램의 짐을 싣고 걷기와 뛰기, 오르기를 할 수 있는 가장 진화된 산악용 로봇이다. 빅독의 아기강아지 리틀독LittleDog은 4족 보행형 로봇 연구에 필요한 기초 자료를 습득하기 위해 개발된 소형 로봇이다. 로봇 관절의 움직임을 분석하거나 제어하는 실험에 이용된다.

샌드플리SandFlea는 9미터 이상의 장애물을 뛰어넘을 수 있는 소형 점프로봇이다. 메뚜기 로봇 렉스Rhex는 여섯 개의 다리로 제자리를 점프하거나 장애물을 피할 수 있도록 설계되었다. 충격을 흡수하며 계단 등을 점프하거나 끊어진 다리를 건널 수 있는 이단 점프 능력을 갖췄다. 원자력발전소, 사막 등에서 인명을 구조하는 데 적합하다. 라이즈RiSE는 직각 벽을 자유자재로 기어오를 수 있는 로봇이다. 여섯 개의 발에 전기 모터와 유압펌프가 달려 있어 벽이나 나무, 펜스 등을 자유롭게 올라갈 수 있다.

군사용 인공지능 로봇, 제3의 전쟁 혁명을 일으킨다

스티븐 호킹 박사는 인공지능 로봇이 인류보다 빠르게 진화할 가능성이 높다며 로봇의 반란에 대비해야 한다고 촉구한다. 그는 어떤 근거로 이런 말을 했을까? 각국이 군비 경쟁을 벌이듯 인공지능 개발 경쟁에 뛰어들어 결국 인공지능 로봇이 지구의 최대 위협 요소가 될 수 있다고 보기 때문이다. 그는 특히 "인간이 만든 인공지능 로봇이 인류보다 빠르게 진화할 수 있는 잠재력을 갖춰가고 있다"며 "인공지능이 스스로 진화하는 단계가 왔을 때 인공지능 로봇이 인류를 지배하기 위해 반란을 일으킬 수 있다"고 예견했다. 여기에 덧붙여 호킹 박사는 "인공지능 로봇을 반드시 윤리적으로 설계해야 하며 인공지능 로봇의 반란에 대비해 안전장치도 갖춰야 한다"고 주장했다.

왜 인공지능 로봇의 반란을 경고할까? 인공지능으로 무장한 킬러로봇과 '악당rogue로봇'이 인간을 뛰어넘는 지능을 활용해 사람을 공격하는 역작용을 일으킬 가능성이 높기 때문이다. 킬러로봇은 사람을 죽이는 목적을 가진 군사용 로봇을 말하고, 악당로봇은 나쁜 행위를 하도록 길들여지거나 인공지능이 발달함에 따라 스스로 나쁜 로봇으로 진화한 로봇을 말한다. 킬러로봇과 악당로봇은 인공지능이 만든 자율무기autonomous weapon의 형태로 작동한다. 이렇게 무서운 로봇을 미국과 중국, 러시아가 개발 중이다. 이 무기는 사람의 간섭 없이 원하는 목표물을 선택해 공격한다.

한편 영화 〈트랜센던스〉Transcendence에는 식물인간이 된 천재 과학자의 뇌를 컴퓨터에 탑재해 인공지능으로 진화시키는 장면이 나온다. 생물학적 한계를 뛰어넘는 초월적 인간의 탄생을 예고하는 상상력이다.

인간의 일자리를 습격하는 인공지능의 진화

골드만삭스, 로봇이 주식을 거래하다

놀라운 변화가 이미 시작됐다. 골드만삭스는 인공지능 로봇 켄쇼에게 주식 거래를 맡기면서 주식 트레이더 600명을 두 명으로 줄이고 임직원의 4분의 1을 컴퓨터 기술자로 대체했다. 컴퓨터 자동거래 소프트웨어, 즉 로봇 트레이더가 598명의 노동자를 길거리로 내몬 것이다. 외환 거래 또한 로봇 딜러가 하면서 골드만삭스는 외환 거래 부서에서 일하던 딜러 네 명을 해고하고 이를 컴퓨터엔지니어 한 명으로 대체했다. 컴퓨터엔지니어는 시시각각 변하는 외환·선물시장 움직임에 대응하기 위해 기존 딜러들이 했던 수법을 그대로 모방해 컴퓨터로 작동하는 논리공식, 즉 알고리즘을 개발하는 일을 하고 있다. 전통적인 투자은행 골드만삭스가 인공지능의 도움으로 이제 금융회사가 아닌 금융기반 IT 회사로 탈바꿈하는 제4의 CPS 혁신을 일으키고 있다. 골드만삭스 로이드 블랭크페인 회장은 아예 "골드만삭스는 IT회사"라고 선언했다. 현실 세계의 트레이딩을 사이버와 연결해 새로운 서비스를 선보이고 있는 것이다.

  인공지능은 금융서비스 패러다임을 바꾸고 있다. 주식, 채권, 외환 등에 대한 투자 결정뿐만 아니라 대출 승인, 자산 배분, 금융컨설팅 등 주요 의사결정까지 인공지능 손에 맡겼다. 골드만삭스의 온라인 신용 대출 플랫폼 마르커스는 대출 받을 만한 고객을 데이터로 추려내 이메일을 보내는 방식으로 웹사이트와 모바일을 통해 대출을 해주고 있다. 놀랄 만한 일은 단 한 명의 직원도 없이 인공지능 스스로 고객을 찾아내 영업하고 대출해준다. 씨티그룹에서는 IBM의 인공지능 왓슨이 고객의 신용을 평가한다. 일본 미쓰비시도쿄UFJ은행 또한 인공지능 로봇 나오를 도입해 금융상품 안내와 환전, 송금 등의 업무를 맡기고 있다. 이 로봇은 20개 언어를 자유롭게 구사하고 인간의 감정까지 읽어내 상담한다. 중국 텐센트의 위뱅크도 인공지능을 통해 대출 심사를 2.4초 만에 마무리하고 40초 안에 계좌로 입금하는 획기적인 서비스를 제공하고 있다.

인공지능이 비용 절감, 생산성 증가, 리스크 감소, 맞춤 서비스 확대, 신규사업 모델 개발 등 혁신을 이끌면서 인간의 일자리를 위협하고 있다.

기자, 변호사, 세무사, 회계사, 금융컨설턴트 직업이 없어진다

인공지능의 또 다른 응용 분야는 언론과 법조계, 세무·회계 분야다.

"두산은 6일 열린 홈경기에서 LG를 5 대 4, 1점 차로 간신히 꺾으며 안방에서 승리했다. 두산은 니퍼트를 선발로 등판시켰고…."

로봇이 쓴 기사를 놓고 "이 기사는 로봇이나 사람 중 누가 썼을까요?"라는 질문을 던졌다. 놀랍게 응답자의 46퍼센트만이 답을 맞혔다. 언론계에는 벌써 로봇 기자가 등장해 스포츠, 날씨, 단신 뉴스를 로봇이 만들어 인터넷에 뿌리고 있다. 〈시카고트리뷴〉, 〈LA타임스〉, 〈로이터〉, 〈포브스) 등은 로봇 저널리즘 기술을 활용하면서 기자들을 해고하고 있다. 로봇 기자는 인간과 달리 맞춤법, 어법, 균형감 등에서 완벽하다. 인간 기자는 앞으로 심층 기사, 탐사보도, 다큐 기사 등 심도 있는 분야로 내몰리게 된다.

인공지능은 주식시장에서 인간보다 훨씬 더 좋은 수익률을 올리고 있다. 기업의 미래가치, 수년간의 재무제표 상의 흐름, 제품에 대한 시장 반응, 향후 수익 창출 능력을 정확히 계산해 해당 기업의 미래 주식 가치를 계산하기 때문이다. 직관과 주요 데이터에 의존하는 인간의 투자 능력을 뛰어넘는 것이다.

아이디아Aidyia는 인공지능을 활용한 투자 알고리즘을 개발해 2003~2014년 데이터로 미국 주식투자에 적용한 결과, 연간 29퍼센트의 놀라운 수익률을 달성할 수 있었다. 이 회사는 모든 주식거래를 인공지능이 담당하는 펀드를 판매하고 있다. 미국의 헤지펀드 회사 리벨리온리서치Rebellion Reseach는 인공지능 투자 프로그램을 개발해 미국 주식시장에서 2007~2015년 무려 135.1퍼센트의 높은 수익률을 올렸다. 금융투자에 인공지능이 적용되면 고수익 달성이 가능하고, 금융거래에 적용되면 채무 불이행 가능성까지 쉽게 예측할 수 있다.

앞으로 투자회사뿐 아니라 개인도 인공지능이 탑재된 금융투자 비서의 도움을 받아 손쉽게 재테크를 할 수 있다. 중국 최대 포털 바이두는 벌써 인공지능이 적용된 주식시장 빅데이터 분석 앱 스톡마스터Stock Master를 상용화했다. 자연스럽게 감사, 재무설계사, 애널리스트, 금융컨설턴트, 회계사, 경리 등의 직업은 사라지게 된다.

《유엔미래보고서 2045》는 2045년 의사, 변호사, 기자, 통·번역가, 세무사, 회계사, 감사, 재무설계사, 금융컨설턴트 등의 직업은 사라질 것으로 전망하고 있다. 드론이 상용화되면 택배 기사, 음식·우편 배달원, 소방관, 경비원 등은 할 일이 사라진다. 3D프린터는 누구나 필요한 물건을 만들어 사용할 수 있게 해준다. 따라서 제조업 종사자, 배송 담당자 등 상당수가 일자리를 잃게 된다. 곧 등장할 무인자동차는 운전기사 없는 세상을 만든다. 자가용 기사, 택시기사, 버스기사, 교통경찰, 대리운전 기사 등이 사라지게 된다. 대신에 로봇이 절대 할 수 없고 사람만 할 수 있는 일, 로봇 부작용으로 발생할 일 등이 새로운 직업군으로 각광을 받게 된다. 인간적인 감성이 필요한 서비스직이 대표적이다. 다가올 미래, 인류에게 재앙이 되지 않도록 지혜로운 준비가 필요하다.

인공지능 윤리현장으로 악용을 막는다

벌써 많은 국가가 다가올 인공지능 로봇의 위협을 우려하고 있다. 일본은 인공지능 로봇 개발에 적용할 8대 원칙을 세웠다. 인간이 로봇을 제어할 수 있어야 하고, 로봇이 인간의 생명과 안전을 위협하지 않아야 하며, 인간의 사생활을 침해하지 않도록 해야 한다는 게 핵심이다. 벌써부터 먼 훗날 로봇이 인간을 지배해 결국 인류가 멸망하게 될지 모른다는 비극적인 전망마저 나오고 있다. 그만큼 로봇이 일상생활 깊숙이 침투하게 되고 인간의 삶을 지배하게 된다는 것이다. 비극적인 일들이 일어나지 않는 미래를 만드는 것은 인간, 즉 우리 모두의 몫이다.

시공간을 뛰어넘어
하나가 되는 초연결 사회

세상을 바꾸는 넥스트 패러다임을 읽어라

'오오오오~ 오빠~ 강남 스타일'

2012년 7월 15일, 가수 싸이는 지구촌 가요계에 도전장을 내면서 '강남 스타일' 뮤직비디오를 유튜브에 공개했다. 그런데 놀라운 일이 생겼다. 전 세계가 그의 뮤직비디오에 열광했다. 단 5개월 만인 2012년 12월 조회 수 10억 건을 돌파했다. 유튜브 창사 이래 최단 기간, 최다 조회 수라는 대기록을 세웠다. 열풍은 이어져 싸이는 순식간에 월드스타로 발돋움했다.

어떻게 이같은 기적이 가능했을까? 그것은 전 세계를 하나로 묶고 있는 유튜브의 초연결성hyper connectivity에 있다. 20세기 말에 일어난 정보 통신 혁명은 지구촌에 존재하는 사람이라면 누구든 시간과 공간을 초월해 연결해주는 '친구 시대'를 열었다. IT 혁명이 만들어낸 넥스트 패러다임은 바로 초연결 사회의 탄생이다. 90년대 중반 인터넷이 대중화되면서 이메일이 사람을 연결하기 시작했다. 블로그, 카페, 개인 홈페이지는 공통의 관심사를 가진 사람들을 연결하는 역할을 했다. 21세기 들어서는 페이스북과 트위터가 연결 대상을 국가 차원을 넘어 전 세계로 확장했다. 스마트폰이 등장하면서 SNS와 카카오톡을 통한 문자로 소통 수단이 바뀌기 시작했고, 정보가 전파되는 속도가 배가되자 사람들의 사회성을 일깨우며 소셜 혁명이 일어났다. 세대 간, 친구 간, 국가 간에 초스피드로 초월적인 연결이 가능해진 것이다. 기존의 2차원적 연결 사회는 더 열린 공간으로, 다차원적인 초연결 사회로 탈바꿈했다.

싸이의 성공은 바로 제4의 혁신이 만들어준 초연결성의 어깨 위에 올라탔기에 가능했다. 전통적인 미디어인 방송과 신문이 아닌 21세기형 미디어로, 국내가 아닌 전 세계를 대상으로 자신을 알렸다. 유튜브 채널로 글로벌 시민과 '강남 스타일'을 연결해 음악 혁명을 일으킨 것이다. 한 국가의 국민만을 연결하는 전통 미디어로는 불가능했을 일을 가능케 한 것이 바로 연결의 한계를 뛰어넘은 소셜미디어의 초연결성이다.

유튜브, 비디오 혁명을 일으키다

유튜브가 등장한 시기는 2005년 11월이다. 그해 2월 페이팔 직원이던 채드 헐리, 스티브 첸, 자웨드 카림은 사용자가 직접 찍은 재미난 영상을 올리고 공유하고 볼 수 있는 유튜브를 창업했다. 구글은 2006년 10월, 주식 교환을 통해 16억 5,000만 달러, 당시 우리 돈 1조 8,000억 원이 넘는 돈으로 유튜브를 인수했다. 현재 유튜브는 방문자 수가 월 15억 명을 웃돈다. 왜 이렇게 성공할 수 있었을까?

초연결성이라는 제4의 혁신을 만들어냈기 때문이다. 이전까지 동영상을 제작하고 배포하는 주체는 방송국 같은 전문가의 일로 여겨졌다. 그리고 유튜브가 탄생하기 전까지 개인들이 동영상을 공유하려면 이메일로 친구들에게 개별적으로 파일을 보내거나, 블로그나 개인 홈페이지에 파일을 올려놓고 이를 내려 받는 방식이었다. 유튜브는 이 낡은 패러다임을 깼다. 누구든 영상을 제작하고 배포할 수 있도록 그리고 이를 볼 수 있도록 함으로써 초연결성이라는 힘을 불어넣었다. 유튜브는 개인의 제작물을 원하는 사람이라면 지구촌의 누구든 볼 수 있는 세계를 창조했다.

초연결성, 세상을 '친구 시대'로 바꾸다

페친(페이스북 친구), 트친(트위터 친구)… SNS는 서로 모르는 사람들을 '친구' 세계로 불러냈다. 오래도록 잊고 지내온 지인들을 다시 친구로 만들어줬다. 정보와 안부를 쉽게 교환할 수 있도록 해 사람들의 사회성을 일깨웠다. 그리고 여론을 쉽게 형성하는 새로운 미디어가 되었다. SNS에서는 빌 게이츠나 도널드 트럼프, 문재인 대통령의 팔로어follower, 친구가 될 수 있다. 스마트폰은 수많은 인터넷 정보와 연결돼 있고 전화번호, 이메일 하나로 지인은 물론 낯선 사람과도 손쉽게 연결할 수 있다.

아랍의 민주화를 촉발한 '재스민 혁명'의 성공은 페이스북이라는 SNS가 가진 초연결성의 승리였다. 페이스북에 올라온 한 청년의 억울한 분신 소식은 독재 탄압에 항거하는 민주화운동의 도화선이 되었다. 아랍세계의 전통 언론은 정보 통제에 나섰지만, 페이스북은 전통 언론의 파워를 맥없이 무너뜨렸다.

초연결성은 나아가 쌍방향 커뮤니케이션을 촉발했다. 댓글과 SNS로 올라오는 실시간 의견이 다양한 여론을 형성한다. 기업이나 정부, 개인은 상대방, 즉 국민이 무엇을 원하는지, 소비자의 희망사항이 무엇인지, 조직을 어떻게 혁신해야 하는지를 즉각적인 피드백으로 파악할 수 있게 됐다.

하지만 초연결성의 반작용에 대한 우려의 목소리도 높다. 개인정보 노출 위험이 높고 잘못된 정보가 기업을 망하게 할 수도 있다. 기업들의 무차별적인 불법, 과장 광고, 스팸메일 발송이 수요자들을 피곤하게 할 수도 있고 잘못된 사이버 만남을 초래하기도 한다.

순기능이든 역기능이든 디지털 시대의 넥스트 패러다임이 된 초연결 사회는 조직과 기업 경영, 심지어 국가 운영의 많은 원칙을 바꾸고 있다.

비즈니스 판도를 바꾸다

월트디즈니는 미키마우스 인형을 사물인터넷으로 활용하고 있다. 놀이공원 입구에는 고객들을 환영하는 미키마우스가 설치돼 있다. 입구에 들어서는 수많은 관람객은 미키마우스 앞에서 사진을 찍고 멋진 모습을 쳐다보며 지나간다. 미키마우스는 이 순간을 놓치지 않는다. 미키마우스의 눈, 코, 팔, 배 등 몸 곳곳에 설치된 적외선 센서가 고객 정보를 실시간으로 수집한다. 몇 명이나 입장했는지, 남자가 많은지 여자가 많은지, 어른이 많은지 아이가 많은지, 방문객이 어디에 많이 모여 있는지, 어떤 놀이기구에 사람이 많이 몰리는지, 어떤 놀이기구의 줄이 가장 짧은지 등 수많은 정보를 실시간으로 수집한다. 그리고 월트디즈니는 이를 토대로 비즈니스 전략을 짠다. 화요일에 방문객 수가 적으면 화요일 입장료를 할인하는 이벤트를 벌이거나, 사람이 많이 몰리는 놀이기구 앞에 매출이 높은 매장을 배치해 돈을 번다. 또 줄을 서지 않고 바로 놀이기구를 탈 수 있는 VIP 패스를 도입해 더 큰 수익을 창출하기도 한다.

미국 MIT에서는 기숙사 화장실과 세탁실에 센서를 설치해 어떤 화장실이 비어 있는지, 어떤 세탁기와 건조기 이용이 가능한지 등의 정보를 인터넷으로 제공한다. 학생들은 현장에 가지 않더라도 스마트폰으로 화장실, 세탁실과 연결되어 있다.

네덜란드 기업 스파크드는 사물인터넷을 농업과 축산업에 접목했다. 소의 몸에 센서를 부착해 소의 움직임과 건강 정보를 파악한 뒤, 이 데이터를 실시간으로 농부에게 보내 건강한 소를 키울 수 있도록 지원한다.

건강을 손쉽게 관리한다

애플은 나이키와 손잡고 건강관리용 스마트 팔찌 퓨얼밴드를 내놓았다. 손목에 차면 특수 센서가 모든 움직임을 실시간으로 빠짐없이 측정해 소모 열량, 운동 거리·시간 등을 밴드의 LED 화면으로 알려준다. 운동량이 부족하면 빨간 불이 깜박이고 활동량이 늘어나면 노란 불로 바뀌고 1일 운동량을 다 채우면 녹색 불이 들어온다. 미국 코벤티스Corventis 는 픽스Piix라는 이름의 15센티미터 길이의 밴드를 개발했다. 겉모습은 일반 반창고와 크게 다르지 않다. 이 밴드를 가슴 부위에 붙이면 체온, 심장 박동, 호흡 속도, 체액, 신체 움직임 같은 생체 징후를 감지한다. 방수 기능이 있어 샤워 등 일상적인 생활에 불편함이 없다. 평소에는 별다른 반응을 하지 않지만, 생체 징후의 이상을 포착하면 밴드가 스스로 그정보를 GPS 위성을 통해 의사에게 전달한다. 휴대폰, 이메일, 웹사이트 등으로 환자의 이상을 확인한 의사는 곧바로 환자에게 적절한 처방을 내릴 수 있다.

언제 어디서나 컨트롤할 수 있는 신세계를 열어준다

갑자기 기온이 뚝 떨어지면 집 안 보일러를 회사에서 켤 수 없을까? 깜박 잊고 가스를 잠그지 못하고 출근했다면, 집에 사람이 없는데 갑자기 비가 와서 창문을 닫을 일이 생긴다면… 이 같은 일을 집 밖에서 척척해결할 수 있는 세상이 펼쳐지고 있다. 린나이는 스마트 와이파이 보일러를 선보였고 LG하우시스는 세계 최초로 스마트폰으로 창문을 여닫을 뿐만 아니라 창이 강제로 열릴 경우 스마트폰으로 방범 상태를 알려주고 실내 공기 오염을 감지해 환기구를 작동시키는 스마트윈도우를 선보였다. LG유플러스는 스마트폰으로 집 안 가스밸브를 밖에서 원격으로 잠글 수 있는 가스락, 창문이 열리면 이를 알려주는 열림 감지 센서, 스마트폰에 도어락 기능을 담은 홈IoT 서비스를 내놓았다. 아마존은 대시버튼Dash Button을 개발했다. 이는 세제, 커피, 음료수, 면도기, 기저귀, 이유식, 화장품, 휴지 등 가정에서 자주 사용하는 소비재가 떨어졌을 때 버튼만 누르면 주문은 물론 결제와 배송이 한번에 이루어지는 신개념 서비스다. 아마존과 각 가정, 회사가 버튼 하나로 연결돼 있는 것이다.

미래 부를 창출한다

제4의 혁신이 가져올 가장 큰 변화는 연결성이다. 지구촌에 존재하는 대부분의 온·오프라인 기기가 무선 형태로 연결된다. 냉장고 앞에서 저녁 메뉴를 고민하면 냉장고가 해답을 알려주고, 요리법을 모르면 냉장고가 레시피를 알려준다. 모든 사물이 인터넷과 연결돼 있기 때문에 가능한 일이다. 리모컨으로 텔레비전을 조종할 수 있는 것처럼 냉장고는 물론 자율주행차까지 거의 모든 제품을 스마트폰으로 통제할 수 있게 된다. 시장조사 전문기업인 미국의 가트너는 오는 2020년께는 인터넷과 연결된 사물이 260억 개로 지금보다 열 배가량으로 늘고 시장 규모는 1조 달러에 달할 것으로 내다봤다. 앞으로의 세상은 선 없는 세상, 무선으로 사람과 사람, 사람과 사물, 사물과 사물이 연결되어 사물이 사물 그 자체로서가 아니라 지능을 가진 정보 제공자로서 존재하게 된다.

경쟁력을 높이는 빅데이터 혁명

초연결성은 수많은 데이터를 생성하고, 그렇게 축적된 빅데이터는 돈을 버는 아이디어를 제공한다.

미래에 인기 끌 히트곡을 낸다면 돈방석에 오르지 않을까. 영국 브리스톨 대학의 티즐 드 비 박사팀이 빅데이터 기술로 지난 50년간 영국 싱글차트 히트곡을 분석해 스물세 가지 변수들을 뽑았다. 그리고 박자, 빠르기, 멜로디 패턴, 곡의 길이, 시끄러운 정도 등 다양한 음악적 특성이 결합돼 히트곡이 만들어진다고 밝혔다.

한국의 히트곡에 적용한 결과 김건모의 '잘못된 만남', 원더걸스의 '노바디', 소녀시대의 '지'의 히트 가능성이 높게 나타났다. 실제로도 이들 노래는 많은 사랑을 받았다.

볼보는 자동차에 수많은 센서를 부착했다. 이 센서는 차량 주행 정보, 차량의 결함, 운전자의 불만을 실시간으로 본사에 알려준다. 볼보는 이를 통해 제품 개발 단계에서는 파악하기 힘든 결함을 조기에 찾아낸다. 차량 50만 대를 판매한 뒤에야 알 수 있는 결함을 1,000대만 판매해도 파악할 수 있다. 일본 기업 히타치플랜트테크놀로지는 크레인 곳곳에 센서를 부착했다. 이로써 크레인의 동작과 무게중심, 오작동 여부, 운전자 상태를 1초 단위로 수집해 대처한다. 아마존에서 책을 구입하면 추가로 구매할 것으로 예상되는 다른 책을 추천한다. 아마존에서 유사한 책을 구매한 고객의 경로와 데이터를 분석해 도서 추천 시스템이 자동으로 책을 추천하는 것이다. 넷플릭스는 세계 190여 개국 1억 900만 유료 가입자의 시청 형태를 분석해 최적의 콘텐츠를 추천한다.

신규 고객을 개척한다

일본 최대 전자상거래업체인 라쿠텐은 8,100만 명에 이르는 온라인 고객의 정보, 구매 목록, 구매 예약 정보 등을 통합해 슈퍼 데이터베이스를 구축했다. 온라인 구매에서 나타난 고객 정보로 관심사를 정확하게 파악한 라쿠텐은 여행, 증권, 스포츠와 연계해 상품 판매를 유도한다. 예를 들어 항공권과 숙박권을 구매한 고객에게는 여행에 필요한 렌터카나 용품 정보를 할인권과 함께 제공한다. 스타벅스는 마이 스타벅스 리워드My Starbucks Rewards라는 프로그램으로 고객의 구매 패턴을 분석해 활용한다. 모바일 앱으로 커피 값을 지불하면 무료 음료를 주거나 할인 혜택을 제공한다. 스타 다섯 개를 모으면 무료 리필을 받을 수 있고, 1년에 스타 30개를 모으면 골드카드를 받는다. 이 프로그램은 고객의 소비 패턴을 파악하는 것으로서 고객의 충성도를 매출로 연결하고 있다. 모두 빅데이터 기법을 이용한 것들이다.

새로운 부자 대열을 만든다

스페인 회사 인디텍스의 자라ZARA는 세계 의류 매출 1위의 브랜드다. 이 회사의 성공 비밀은 SPA라 불리는 패스트 패션에 있다. 대부분의 의류회사들이 계절별로 한 번씩 신상품을 내놓지만, 자라는 1~2주 단위로 전 세계 고객이 원하는 신상품을 기획, 출시해 소비자를 유혹한다. 이 덕분에 이 회사 창업자 아만시오 오르테 회장은 2016년 한때 빌 게

이츠를 제치고 세계 최고 부자 자리에 올랐다. 현재 오르테 회장 부부의 순자산은 707억 달러로 세계에서 두 번째 부자의 자리를 지키고 있다. 자라는 매장 수만 세계 90개국에 6,700개가 넘는다. 첨단 산업이 아니라 전통 산업인 옷과 신발을 팔아 일궈낸 놀라운 성공이다.

어떻게 이렇게 놀라운 결과를 만들어냈을까? 전 세계 물류 시스템과 온라인 쇼핑몰, 오프라인 매장, 디자이너실 등을 하나의 네트워크로 연결한 빅데이터망을 구축했기 때문이다. 자라의 모든 제품에는 전자태그RFID(무선주파수 인식기)가 부착되어 있다. 전 세계 매장에서 어떤 색깔과 사이즈, 어떤 디자인 제품이 잘 팔리는지 유행의 트렌드를 찾아내 고객이 원하는 '정확한accurate 패션'을 생산한다.

공장 하나 없이 세계 최대 회사를 만들다

세계 최대 아웃소싱기업 리앤펑Li&Fung은 홍콩을 대표한다. 직영 공장은 한 곳도 없는데 고객사가 원하는 의류 20억 벌을 매년 생산하는 세계적인 의류회사다. 비법은 역시 빅데이터에 있다. 전 세계 40개국, 1만 5,000개가 넘는 공장을 하나의 빅데이터로 연결해 생산부터 물류까지 최적의 공급망관리SCM 시스템을 구축했다. 전 세계 어떤 공장이 고객사의 요구 사항을 가장 효과적으로 원하는 시간에 생산할 수 있는지에 대한 정보를 토대로 직물, 단추, 지퍼, 원단, 물류까지 최적의 결론을 도출한다. 나아가 패션시장의 트렌드 변화를 가장 빨리 포착해 가장 짧은 시간 안에 유행 상품을 만들어낸다.

더 알기 쉽게, 더 정확하게 건강·의료 혁명

개인 건강을 숫자로 표현한다

'키 174센티미터, 몸무게 80킬로그램, 혈액형 O형, 가슴둘레 120센티미터.'

지금까지 우리는 자기 몸에 대해 이 정도를 기본 상식으로 알고 살아왔다. 초연결성은 사람(오프라인)의 건강 정보를 디지털(온라인)로 변환해 의료 혁명을 일으키게 된다. 기술의 진화를 이용한 아이디어가 번득이는 상품들이 쏟아지고 있다. 누구든 미래 소비자가 원하는 제품으로 승부하면 대박을 터트릴 수 있다. 이제 누구나 과거와 현재가 아닌 미래와 경쟁해야 한다. 이제 우리 몸을 숫자로 표시하는 혁명적인 시대가 시작됐다. 이른바 '수치화된 자아'Quantified-Self, QS의 시대가 열리고 있다.

"당신은 지난주 평균 여섯 시에 일어나 밤 열두 시에 잤습니다. 밤에 하루 평균 2.5회 깼습니다. 오늘 하루 혈압은 최저 80에 최고 120이었습니다."

"지난주 이틀 동안 운동을 하지 않아 최대 심박 수는 계산되지 않았습니다."

"오늘 하루 약 600밀리그램의 카페인을 섭취했고 담배를 열 개비를 피워 니코틴 0.3밀리그램, 타르 3.0밀리그램을 섭취했습니다. 술을 마시지 않아 알코올 섭취량은 0입니다."

의료 앱 카디오버디Cardio Buddy는 심박 수를 측정하는 앱이다. 스마트폰 카메라로 얼굴 색을 스캔하면 심박 수를 즉시 측정한다. 건강 상태에

세계 최대의 유전자DB회사 23앤미의 검사 튜브

따라 얼굴 색이 달라지는 현상을 이용해 얼굴 색의 변화를 감지해 건강을 지킬 수 있도록 해준다.

오라Aura, 삼성전자 슬립센스Sleep Sense 등 스마트 기기를 베개 밑에 설치하면 자는 동안 호흡 주기, 심장 박동, 움직임 등의 신체 리듬 데이터를 스마트폰에 기록한다. 본인이 얼마나 뒤척이면서 잤는지, 코를 얼마나 골았는지, 호흡은 고르게 했는지, 숙면 시간은 얼마나 됐는지 등 잠자리 정보를 숫자로 알려주고 수면 건강을 돕는다. 99달러만 내면 침에 담긴 유전 정보만으로 미래에 걸릴지 모를 질병을 미리 알려주는 회사도 있다. 세계 최대의 유전자DB회사인 23앤미23andMe는 사람들이 침을 보내기만 하면 일주일 안에 개인의 유전자 프로필에 대한 분석 결과를 제공한다. 암이나 당뇨병에 걸릴 위험이 얼마나 높은지 등 244가지 의료 정보를 알려주기 때문에 이 정보를 활용해 개인의 운명을 바꿀 수도 있다.

아주 신기한 건강 포크도 등장했다. 해피포크HapiFork로 불리는 이 포크는 음식을 천천히 먹도록 도와준다. 겉보기에는 일반 포크처럼 보이지만 음식을 얼마나 빨리 먹는지 알려주는 기능이 있다. 간격이 10초로 설정되어 있어 10초가 지나기 전에 음식을 입에 넣으려 하면 진동이 울린다. 센서가 있어 입술과 센서의 접촉으로 얼마나 빨리 먹는지 감지하는 원리다. 포크를 몇 번 움직여 식사를 했는지, 1분당 몇 번 입속으로 들어갔는지 등을 계산해 온라인으로 전송한다. 한마디로 '다이어트 포크'라 할 수 있다. 해피트랙Hapi Track이라는 센서는 몸에 지니고 다니기만 해도 걸은 거리, 운동 시간, 소모된 칼로리 등을 계산해주기 때문에 운동 목표를 세우는 데 유용하다.

양치 습관을 알려주는 칫솔 빔브러시Beam Brush도 있다. 칫솔모에 센서가 부착돼 있어 이를 닦을 때마다 진동과 움직임을 감지해 기록한다. 이를 닦은 다음 칫솔 손잡이 부분에 달린 버튼을 누르면 양치한 정보가 스마트폰에 설치된 전용 앱과 전담 치과의사에게 자동으로 전송된다. 최소 2분 이상, 매일 2회 이상 닦지 않으면 양치질을 잘못한 것으로 체크된다. 스톱워치가 부착돼 있어 2분 동안 사용자가 지정한 음악이 스마트폰에서 흘러나와 음악이 끝날 때까지 이를 닦도록 설계돼 있다.

알약처럼 삼키면 청진기가 되는 캡슐도 있다. 마이크가 내장된 캡슐이 몸 안에 들어가 소화기관을 돌며 심장 소리와 호흡 소리 등을 감지하고 이를 통해 부정맥이나 천식을 정확히 진단한다. 아스마폴리스Asthmapolis는 GPS 송수신기가 달려 있어 사용자에게 천식이 일어난 날짜와 위치에 관한 정보를 제공한다. 어느 시간대에, 어떤 환경에서 천식이 유발되는지 정보를 파악할 수 있다. 에어로AIRO 팔찌를 차면 혈류를 측정해 섭취한 칼로리와 영양분의 성분을 분석한 결과를 제공하고 알맞은 식사를 조언한다. 점심에 지방 섭취가 많았으니 저녁에는 채식을 하라고 조언하는 식이다. 동시에 심박 수와 칼로리 측정, 수면 패턴 분석, 알람 등의 기능도 한다.

아기가 똥오줌을 싸면 이를 알려주는 스마트 기저귀도 등장했다. 도쿄 대학 타카오 소메야 교수진은 기저귀 안쪽에 얇은 센서를 부착해 아이가 변을 보면 스마트폰으로 바로 확인할 수 있는 기술을 내놨다. 이 센서는 대소변의 성분을 분석해 아이의 건강 상태까지 점검한다. 국내에서도 아기의 대소변을 감지해 스마트폰으로 용변 시간과 횟수를 알려주는 스마트 아이엔젤Smart I Angel이라는 제품도 등장했다. 이 제품은 아기의 고열을 예방하는 기능과 모유 수유를 관리하는 기능까지 있다. 센서 하나로 아이의 모든 건강 상태를 바로 확인할 수 있다.

더 빠르게 전달하는 5G 시대

1,000배 빠른 5G 시대가 열린다

스마트폰은 이제 우리 몸의 일부가 됐다. 수많은 정보를 관리하고 내가 기억할 수 없는 추억과 전화번호를 대신 기억해준다. 전화기에 불과했던 스마트폰으로 이제 텔레비전을 볼 수 있고 카메라로 고화질 사진과 동영상을 찍는다. 이 같은 혁신은 초고속으로 데이터를 전송하는 통신 혁명 덕에 가능했다. 현재 사용 중인 4세대 통신이 5세대(5G)로 도약을

준비하고 있다. 초고속 5G가 초연결성을 가속화하고 빅데이터의 정보 폭발을 가져온다. 차세대 5G폰은 우리에게 어떤 미래를 안길까? 스마트폰의 진화는 어디까지 가능할까?

5G 시대에는 속도 혁명이 일어난다. 1초에 20기가비트Gbps의 데이터를 전송할 수 있어 평균 75메가비트인 4G보다 약 270배 빠르다. 현재 국내 기가비트 LTE가 제공하는 최대 1기가비트보다는 20배 빠르다. IP 주소나 앱을 터치해 다음 명령을 처리할 때까지 걸리는 레이턴시(응답 속도) 시간은 4G의 10분의 1로 단축된다. 최대 1밀리세컨드(1,000분의 1초) 만에 화면이 열린다. 응답 시간이 0에 가까워지는 것이다.

이동통신이 바꿔놓을 5G 경쟁은 여기서 끝나지 않는다. 새로운 주파수대를 사용해 통신망이 장애물 없이 구축되기 때문에 데이터 전송 속도가 초당 100기가비트까지 가능해진다. 현재 사용 중인 LTE보다 약 1,000배 빠른 스마트폰이 등장하고 수억 개의 사물인터넷을 연결할 수 있다. 차세대 네트워크 기술인 슈퍼셀Super cell이 데이터 용량을 1,000배 늘리는 역할을 하기 때문이다. 반면에 비용은 10분의 1로 낮출 수 있다. 이렇게 되면 대용량의 고화질 영상을 마음대로 주고받을 수 있고 스마트폰이 디지털 카메라를 대체한 것처럼 비디오 카메라를 완벽하게 대신하게 된다.

모든 것은 스마트폰으로 통한다

800메가바이트의 영화 한 편을 다운 받으려면 3G는 7분 24초, 4G인 LTE는 1분 30초 정도 걸리지만, 5G폰은 1초면 충분하다. 또 고용량·고화질 데이터를 실제처럼 구현할 수 있다. 스마트폰으로 가상현실과 증강현실을 허공에 띄워놓고 대화를 할 수 있다. 예를 들어 암에 걸린 환자의 위 영상을 수술실 허공에 고화질 화면으로 띄워놓고 영상을 360도 돌려보면서 치료 방법을 여러 의사가 함께 의논할 수 있다. 서울에 있는 의사가 제주도에 있는 촌각을 다투는 환자를 원격으로 진료할 수 있다. 초고화질 영상을 보며 로봇을 조종하면 로봇이 시차 없이 수술을 진행할 수 있기에 가능한 일이다. 고장 난 자동차를 수리할 때도 마찬가지다. 자동차 내부 화면을 허공에 띄워놓고 어떤 부분에 마모가 심한지, 고장 증상이 무엇인지 쉽게 문제점을 찾아낼 수 있다. 가상현실과 증강현실을 통해 태양과 지구, 달의 실제 움직임도 눈앞에서 관찰할 수 있다.

5G 시대에는 풀HD보다 4~8배 선명한 초고화질UHD로 영상과 증강현실, 가상현실, 홀로그램을 결합한 3D영상 등 다양한 영상을 구현할 수 있다. 5G폰 사용자는 '빠른 통신'을 넘어 '실감 통신'을 이용할 수 있는 것이다. 상대방의 이미지 그대로 홀로그램 입체 영상이 화면 위로 나타나게 된다. 군에 있는 아들을 눈앞에 띄워놓고 통화할 수 있고 화상 컨퍼런스로 해외 지사 직원들이 마치 한자리에 있는 것처럼 홀로그램

을 보며 실시간으로 회의를 할 수도 있다. 이렇게 되면 초실감 인터랙티브 멀티미디어 콘텐츠가 대세를 이루게 된다. 실제보다 더 현실 같은 초실감 체험형 가상 스포츠나 레저, 게임을 즐길 수 있다.

5G 시대가 열리면 초고속 데이터 송수신이 가능하기 때문에 스마트폰이 중계차 역할까지 한다. 삼성전자가 선보인 프로젝트비욘드Project Beyond라는 영상 촬영 장비는 둘레에 열여섯 개, 위에 한 개의 풀HD급 카메라가 달려 있다. 이 카메라들을 통해 360도로 촬영한 영상을 갤럭시VR로 실시간 전송하면 스포츠 등 다양한 중계가 가능하다. 지금 방송국에서 갖고 있는 촬영 장비와 중계차는 무용지물이 될 수밖에 없다.

스마트폰을 이용해 어디서나 업무를 볼 수 있는 스마트워크가 일상으로 자리 잡게 된다. 재난 구조나 원격 의료, 교육 등 다양한 분야에 활용할 수 있다. 차이나모바일과 에릭슨은 5G 기술을 이용해 2,200킬로미터 떨어진 광저우의 중산 대학 캠퍼스에 있는 무인 자율주행차를 조작하는 시연을 선보였다.

5G 세계 표준을 선점해야 승자된다

미국 회사 퀄컴은 CDMA(코드분할다중접속)를 앞세워 3G, 4G 시대에 세계 표준을 선점했다. 퀄컴은 이 통신 기술의 표준특허를 개방하는 대가로 스마트폰 완제품 가격의 2.5~5퍼센트를 수수료로 받아 돈방석에 올랐다. 5G 이동통신 서비스는 2018년 국제표준이 만들어지고 2020년 본격 상용화될 전망이다. 3G와 4G는 기술 규격이 여러 개 공존하지만 5G 표준은 단일 규격을 채택할 전망이다. 따라서 단일표준을 만드는 국제 간 협업 경쟁에서 밀려나지 않도록 해야 한다. 중국은 IMT-2020 추진 그룹을 결성했고 우리나라도 2015년 초 5G전략추진위원회를 결성했다.

사각지대가 사라지는 초인터넷 혁명

어디서나 인터넷이 가능한 시대가 올까? 비행기 안에서도, 히말라야의 높은 산꼭대기에서도, 남태평양의 해저 잠수함에서도 인터넷 끊김이 없는 시대가 올까? 그런 시대가 머지않았다.

현재 인터넷에 연결된 사람 수는 30억 명 정도로 추정되고 있다. 이 숫사가 2022~2025년 80억 명으로 늘어날 전망이다. 지구 상 모든 사람이 연결되는, 전 세계 어디서나, 심지어 우주에서도 인터넷을 쓸 수 있는, 그야말로 초연결 사회가 완성되는 것이다. 드론이나 열기구, 위성 등을 이용해 지구촌 전역을 와이파이 구역으로 만드는 방식이다. 구글

태양열로 작동하는 솔라라

은 대기권에서 태양열로 작동하는 드론 솔라라Solara를 띄우는 아이디어를 생각해냈다. 스카이벤더skybender로 불리는 프로젝트로 현재의 LTE보다 40배 빠른 5G 인터넷 연결 사업을 하겠다는 구상이다.

위성인터넷으로 사각지대를 없앤다

미국 통신장비업체 비아샛ViaSat은 보잉과 손잡고 인터넷 전용 인공위성 비아샛-3 제조에 착수했다. 비아샛이 디자인과 제조를 맡고 보잉이 위성 관련 플랫폼을 맡았다. 비아샛이 개발 중인 위성 세 대를 발사하면 현재 제공하고 있는 와이파이보다 두 배 빠른 속도를 제공할 수 있다. 2019년 인공위성 발사에 성공하면 통신 속도가 1테라비트, 그러니까 1,000기가비트로 빨라지게 된다. 5G의 표준이 될 20기가비트보다 약 50배 빠르다. 현재 국내 기가 LTE가 제공하는 1기가비트보다는 1,000배 빠르다.

비아샛-3 1·2호기는 미국과 유럽, 중동, 아프리카 지역의 인터넷을 커버할 예정이며 3호기는 아시아권을 커버할 계획이다. 지상 건물 안에 있는 사람에게 100메가비트 이상으로 빠른 인터넷을 제공하고 태평양 위를 이동하는 항공기에도 수백 메가비트, 해상에 있는 가스 플랫폼 같은 곳에도 1기가비트 속도의 인터넷 환경을 제공할 예정이다. 이론적으로는 지상 어디서나 4K 해상도 동영상을 스트리밍할 수 있다.

페이스북은 인터넷 접속이 어려운 지역에 인터넷을 제공하는 계획을 구상 중이다. 이를 위해 태양광 드론 아퀼라Aquila를 세계 곳곳에 띄울 예정이다. 아퀼라는 보잉737 비행기의 날개 길이만큼 큰 세 개의 날개 팬으로 날아간다. 한번 이륙하면 3개월 동안 비행하면서 무선인터넷 접속을 지원한다. 이를 통해 저개발국 시민을 위한 개방형 플랫폼인 internet.org를 제공한다.

세계 인터넷망 구축 프로젝트업체 원웹Oneweb은 소형 위성을 활용해 전 세계에 인터넷을 보급할 계획을 추진 중이다. 2019년까지 648개 초소형 위성을 우주로 발사한 뒤 각 지역 통신위성과 연결해 전 세계에 인터넷을 보급할 방침이다. 사용자가 별도 태양열 발전 안테나로 위성으로부터 광대역 신호를 바로 전송 받는 방식이다. 와이파이뿐 아니라 2G · 3G · 4G 통신과 음성통화 신호까지 커버한다. 속도는 최대 초당 50메가비트로 현재 유선 광대역 서비스와 유사한 수준이다. 소형 위성은 무게가 150킬로그램 이하며 일반 인공위성보다 고도가 낮은 1,200 킬로미터 상공 저궤도에서 업무를 수행한다.

일론 머스크는 4,425개에 이르는 저궤도 인터넷 위성시스템 큐브샛 Cubesat을 발사해 전 세계에 초고속 인터넷 서비스를 제공할 방침이다. 2016년 11월 위성을 발사하는 허가 신청을 미국 연방통신위원회FCC에 제출했다. 무게는 400킬로그램 미만이며 1,150~1,325킬로미터 상공에 위치하게 된다. 첫 단계에는 먼저 위성 800대를 발사해 북미를 중심으로 위성인터넷 서비스를 제공한다. 이후 차례로 위성을 발사해 5년에 걸쳐 전 세계를 커버할 방침이다. 스페이스X 위성의 인터넷 통신 속도는 사용자당 1기가비트에 달할 전망이다.

읽는 세상에서 보는 세상으로 바꾸는 시각인터넷

듀얼카메라, 시각인터넷 세상을 만든다

직원 1인당 기업가치가 가장 큰 회사는 어디일가? 놀랍게도 사진과 동영상 공유에 특화된 모바일 메신저 스냅챗Snapchat이다. 이 회사 CEO 에반 스피겔은 자산 15억 달러를 보유해 2015년 〈포브스〉가 뽑은 세계 최연소 억만장자에 올랐다. 직원 1인당 가치는 4,800만 달러로 2위인 페이스북(2,400만 달러)의 두 배나 됐다. 스냅챗의 가장 큰 특징은 보내는 사람이 받는 사람의 확인 시간을 설정하면 일정 시간 후 메시지를 자동 삭제할 수 있는 이른바 '자기 파괴' 기능이다. 예를 들어 상대방에게 메시지를 보내며 5초로 시간을 맞추면 그가 확인한 후 5초 뒤에 자동 삭제되는 방식이다. 스냅챗은 2013년 페이스북 창업자 마크 저커버그가 무려 10억 달러에 인수를 제안했지만, 이를 거절해 유명해졌다. 구글도 무려 300억 달러에 스냅챗을 인수하려고 시도했다.

스냅챗처럼 사진과 동영상을 공유할 수 있는 소셜미디어 플랫폼 인스타그램도 폭발적인 인기를 누리고 있다. 전 세계에서 매달 7억 명 넘는 인구가 사용한다. 인스타그램Instagram은 인스턴트instant와 텔레그램telegram이 더해진 단어다. 스탠퍼드 대학 선후배 사이인 케빈 시스트롬과 마이크 크리거가 '세상의 순간들을 포착하고 공유한다'Capturing and Sharing the World's Moments라는 슬로건을 내걸고 2010년 창업했다. 기업가치를 알아본 페이스북은 2012년 4월 10억 달러에 인스타그램을 인수했다. 사진 중심이던 인스타그램은 2013년 6월, 동영상 기능을 추가했다. '비디오 온 인스타그램'Video On Instagram은 인스타그램 안에서 15초 짜리 동영상을 찍고 편집해 올릴 수 있는 기능이다.

사람들은 왜 사진과 동영상에 열광할까? 전문가들은 사람은 원래 시청각 자료를 선호하는 창조물이기 때문이라고 진단한다. 또 과거에는 불가능했던 일들이 4차 산업혁명으로 시작된 기술 진화와 함께 사람들의 창조성을 자극하고 있기 때문이기도 하다.

사물인터넷에 설치된 센서와 카메라가 지금까지와는 전혀 다른 보고 듣는 인터넷, 즉 시각인터넷Internet of Eyes, IoEyes 세상을 탄생시키고 있다. 여기에 기폭제 역할을 한 것은 바로 스마트폰에 탑재된 카메라, 동영상 기능이다. 이 카메라와 다양한 스마트폰 앱이 결합해 '읽는 세상'을 '보는 세상'으로 바꾸고 있다. 전문가들은 스트레스에 찌든 현대인들이 보는 재미, 흥미를 추구하기 때문에 이 같은 현상이 더욱 거세질 것이라고 전망한다. 실제로 세상은 신문의 시대에서 방송의 시대로, 문자의 시대에서 영상의 시대로, 텍스트 중심의 트위터에서 영상 중심의 유튜브와 스냅챗, 인스타그램 시대로 빠르게 진화하고 있다.

기술의 진화, 인간의 창조성을 일깨우다

기술의 진화가 일반인들을 전문가로 만들어주고 있다. 과거에는 전문가들만 할 수 있었던 사진과 동영상 합성, 편집 등 다양한 기능을 일반인들이 손쉽게, 자유롭게 다루게 됨에 따라 새로운 콘텐츠의 미래가 열리고 있다.

인스타그램은 2014년 하이퍼랩스를 무료로 공개했다. 하이퍼랩스는 스마트폰으로 정상 속도보다 빠른 속도로 영상을 보여주는 특수영상 기법인 타임랩스 촬영을 손쉽게 할 수 있도록 돕는다. 사진 콜라주 앱 레이아웃은 최대 아홉장의 사진을 한 장으로 편집해준다. 좌우반전이나 상하반전 같은 기능을 사용해 그럴듯한 사진으로 합성해준다. 2014년 8월 스냅챗이 선보인 라이브스토리의 인기는 폭발적이다. 이는 이벤트에 참가한 사람들이 찍은 각 영상을 모아 하나의 기록물로 만드는 콘텐츠다. 같은 시간, 같은 장소에서 사용자가 제각각 다른 시점에서 찍어 올린 짤막한 동영상이나 사진들을 스냅챗 큐레이터가 모아 편집하는 방식이다. 결과물은 미니 다큐와 비슷한 형식이 된다.

세상이 비주얼 중심 시대로 바뀌고 있다

메시지와 정보를 텍스트, 즉 글 중심에서 사진과 동영상 중심으로 바꾼 주인공은 개인이다. 개인들이 딱딱한 문자 대신에 감각적인 시청각 자료를 선호하면서, 동영상이 지식과 정보를 교환하는 핵심으로 자리를 잡아간 데 따른 것이다. 이에 따라 주요 기업들도 시청각 중심으로 전략을 전환하고 있다. 페이스북은 스마트폰 카메라를 증강현실 플랫폼으로 바꾸고 있다. 구글과 애플, 스냅챗, 인스타그램 등도 개개인의 사회적 경험을 공유하는 핵심 수단으로 바뀌고 있다. 사용자가 촬영한 사진 속에 수많은 정보, 즉 빅데이터가 담겨 있기 때문이다. 애플은 아이폰 10주년 기념작 아이폰X에 현실과 가상이 만나는 증강현실 맞춤형 하드웨어를 장착해 '보는 모바일'의 미래를 제시했다. 증강현실 키트를 장착해 누구나 다양한 증강현실 콘텐츠를 손쉽게 만들 수 있도록 한 것이다. 페이스북도 자체 증강현실 카메라 플랫폼 카메라이펙트를 선보였고, 구글 역시 안드로이드 스마트폰에 개발자 플랫폼 증강현실 코어를 탑재했다.

삼성전자와 애플 등은 스마트폰에 카메라 렌즈를 두 개 장착해 렌즈가 하나인 모노 카메라로는 불가능했던 기능을 구현했다. 그 덕분에 일반인 사용자들도 전문가로 만들어준다. 일반각·광각, 컬러·흑백, 광각·망원 등 각기 다른 기능을 가진 듀얼 카메라로 멀리서 넓은 각도를 잡는 광각렌즈 기능, 자동으로 초점을 잡는 오토포커스, 원하는 부분만 선명하게 찍고 나머지는 배경 처리할 수 있는 아웃포커싱 효과 등 다양한 기능을 사용할 수 있다. 여기에 그치지 않고 사물을 입체적으로 인식하는 3D센서로 증강현실 기능까지 구현할 수 있다.

얼마나 많은 카메라가 우리를 지켜볼까? 미국의 벤처투자회사 LDV 캐피탈에 따르면 2022년에는 무려 440억 개의 카메라가 다양한 형태로 장착되어 우리의 삶을 지켜보게 된다. 예를 들어 자율주행 시대가 되면 앞으로 대부분의 자동차는 최소 열여섯 개의 다양한 센서와 카메라를 장착하고 반자동·전자동으로 이동한다.

이들 카메라는 사물인터넷보다 강력한 영향력을 발휘하는 시각인터넷으로 발전하게 된다. 이에 따라 인터넷의 미래는 카메라 진화의 미래가 될 전망이다.

경험을 확대하는 증강현실과 가상현실

다양하게 구현되는 가상현실 기술들

현재 구현되고 있는 가상현실에는 몰입형 가상현실, 데스크톱 가상현실, 원격 로보틱스, 제3의 가상현실 등이 있다. VR섹스인형이 몰입형 가상현실의 형태이며 이 밖에도 입체 영상을 통해 신비로운 우주 세계나 바닷속 세상을 경험할 수 있다. 데스크톱 가상현실은 영화관이나 컴퓨터, 프로젝터 화면에 나타나는 영상을 보면서 헤드셋을 착용하고 가상현실을 체험하는 것을 말한다. 원격 로보틱스는 로봇을 이용해 대리 경험을 할 수 있는 기술이다.

2015년 11월 일본에서는 거동이 불편한 90세 할머니가 병실에서 300킬로미터 떨어진 손자의 결혼식 장면을 모두 지켜보는 놀라운 일이 벌어졌다. 소프트뱅크에서 개발한 로봇 페퍼를 손자 결혼식에 보냈고, 할머니는 집에서 VR헤드셋을 착용하고 대리인 로봇 페퍼가 보여주는 예식장 곳곳을 실시간으로 볼 수 있었다. 페퍼 머리에 장착된 카메라가 할머니의 움직임에 따라 할머니가 신랑을 쳐다보면 신랑의 웃는 모습을, 신부를 쳐다보면 신부가 손을 흔드는 모습을 영상을 보여주었다.

VR섹스가 곧 등장한다

남녀에게는 누구나 '이상'이란 게 있다. 현실 세계에서는 그 이상을 내 마음대로 할 수 없다. 만나기도 힘들고 데이트 요청도 상상할 수 없다. 특히 그 상대가 유명한 연예인이거나 스타라면 더더욱 그렇다. 그런데 자신이 원하는 이상과 마음대로 사랑할 수 있는 시대가 다가오고 있다. 그 이상과 키스를 하고 심지어 '관계'까지 할 수 있는 세상이 열리고 있다. VR헤드셋을 착용한 뒤 이상적인 데이트 파트너를 선택해 그냥 사랑을 나누면 된다. 포르노 영화 제작사 VR뱅거스는 영국의 가상현실 헤드셋 제조사인 오라바이저와 손잡고 미국 라스베이거스의 호텔 객실에서 VR포르노를 한 편당 19.99달러에 판매할 예정이다.

VR포르노를 뛰어넘어 VR섹스가 탄생하게 된다. 〈BBC〉는 2017년 2월 VR포르노 영상을 보면서 성행위를 할 수 있는 가상현실 섹스의 미래를 소개했다. 특히 인공지능을 가진 VR섹스인형은 사람의 말에 반응하고 사람이 원하는 대로 연인 역할을 하게 된다. 자신이 원하는 이상형을 닮은 진짜 사람 같은 섹스인형을 주문 제작할 수 있고 그 인형과 '사랑'을 나눌 수 있다. 남녀 성性 기기를 활용해 영상을 보며 자위행위를 하는 것도 흔한 일이 된다.

미국의 섹스인형 제작업체 리얼돌RealDoll의 발명가 엔터 매트 맥멀렌은 인간과 대화가 가능한 인공지능이 장착된 섹스인형을 개발 중이다. 리얼돌은 현재 사람과 흡사한 모양의 실리콘 섹스인형을 판매하고 있다.

다양한 세계를 간접으로 경험한다

VR 기술은 앞으로 현실 세계의 많은 것과 결합해 사람들에게 새로운 경험을 제공할 전망이다. 게임 속 세상은 현실인지 가상인지 착각을 일으킬 정도로 생생해 사용자는 우주 전사가 되어 〈스타워즈〉의 주인공이 되는 경험을 할 수 있다. 군인들은 오락을 넘어 실전과 같은 전투 경험을 가상세계에서 체험할 수 있다.

100층 빌딩에 화재가 발생했을 때, 대규모 산업단지에 폭탄이 떨어졌을 때, 일본 대지진 같은 상황이 발생했을 때를 설정하고 실제와 같은 조건에서 훈련할 수 있다. 직접 이집트의 피라미드 현장에 가지 않더라도 현실보다 더 생생하게 피라미드의 위용과 내부를 샅샅이 구경할 수 있고, 경주 불국사와 첨성대, 로마와 그리스 유적지 등 역사적인 현장을 있는 그대로 볼 수 있다. 매물로 나온 부산에 있는 아파트, 미국에 있는 주택, 베이징에 있는 상가도 가상현실로 둘러보고 구매를 결정할 수 있다. 이러한 기술의 진화가 바로 인류의 미래를 바꿔놓을 제4의 혁신이다.

게임을 현실감 있게, 쇼핑을 편하게 돕는 증강현실

포켓몬고의 등장은 순식간에 전 세계를 게임의 열풍으로 몰아넣었다. 전 세계인이 열광한 포켓몬고 제4의 혁신 기술, 이른바 증강현실이 숨어 있다. 영어 'augment'는 늘리다, 증가시키다는 뜻을 갖고 있다. IT기술을 활용해 현실 세계에 대한 정보를 추가로 더 제공, 즉 증강해주는 기술로 차원이 다른 현실을 구현한 것이다.

실제 세계와 가상세계를 결합해 현실과 가상의 절묘하고 신기한 조화라고 할 수 있다. 사용자가 눈으로 보는 현실 세계에 가상의 이미지(포켓몬)를 겹쳐서 보여주는 기술이라는 점에서 혼합현실Mixed Reality, MR로 불리기도 한다.

증강현실의 필수 기술은 GPS다. 여기에 사용자의 세부적인 움직임을 파악하는 센서(자이로스코프)와 가상의 이미지를 구현하는 앱과 스마트폰 같은 디스플레이 기기가 있어야 한다. 예를 들어 자이로스코프는 휴대폰의 기울기를 측정한다. 또 포켓몬스터 알을 부화시키려면 걷거나 뛰며 일정한 거리를 이동해야 하는데, GPS는 이를 측정하고 포켓몬이 나타나는 위치를 설정한다.

가구 제조업체 이케아에서 내놓은 카탈로그 앱을 이용하면 집이나 사무실의 빈 공간에 원하는 이케아 가구를 가상으로 배치해볼 수 있다. 앱을 다운 받아 집 안의 빈 공간에 스마트폰을 비추면 해당 가구의 위치나 크기가 적절한지, 주변 인테리어와 잘 어울리는지 미리 알 수 있다. 아우디는 증강현실을 적용해 전자 매뉴얼을 만들었다. 자동차 내의 부품을 스마트폰으로 비추면 해당 기능이나 부품에 대한 설명이 등장한다. 무려 300여 개의 부품에 대한 자세한 설명을 제공한다. 사용자는 언제쯤 소모품을 교체하면 되는지 미리 알 수 있다.

일본 파이오니어Pioneer는 스마트폰 내비게이션 정보를 운전석 앞 유리에 띄워준다. 네브게이트HUDHead-Up Display로 불리는 이 장치는 내비게이션 정보를 30인치 모니터 크기로 보여준다. 전화 통화를 하거나 음악을 듣더라도 내비게이션 정보가 그대로 유지되고 외부 밝기에 따라 자동적으로 영상 정보의 밝기까지 조정된다.

BMW는 퀄컴과 증강현실 고글을 개발했다. 운전자가 고글을 쓰면 자동차 전면 유리에 방향, 현재 속도, 제한 속도 등을 표시해주고 시선을 차량 밖으로 돌리면 차량 위에 설치된 카메라로 밖의 상황을 확인할 수 있다.

영국 SPA 브랜드 탑숍Topshop은 스크린 앞에 서서 증강현실로 표시되는 버튼을 클릭하면 다양한 종류의 옷들을 가상으로 입어볼 수 있다.

친구가 읽고 있는 책이 어떤 내용인지 궁금하다면 스마트폰에서 증강현실 앱을 실행한 다음 카메라로 책 표지를 비춰 해당 책에 대한 정보를 인터넷에서 찾을 수 있다. 책 제목과 저자, 출판사, 책값, 서평 등 자세한 내용이 스마트폰 화면에 뜬다. 마음에 들면 바로 인터넷으로 구매할 수 있다. 직접 서점에서 사고 싶으면 증강현실 지도 검색 앱을 이용해 가장 가까운 서점을 검색하면 된다. 가까운 서점을 누르면 자동차 이동 경로는 물론 대중교통 탑승 정보, 도보 이동 시간을 알려주고 스마트폰 카메라로 길거리를 비추면 진행 방향까지 가상의 화살표로 알려준다.

가상현실과 증강현실의 장점을
합쳐놓은 홀로그램 혁명

현실과 가상을 결합한 '제3의 현실' 세계가 열린다

가상현실과 증강현실이 우리 삶 속으로 밀려들고 있는 가운데, 마이크로소프트와 인텔이 융합현실MR이란 화두를 던졌다. 인텔 CEO 브라이언 크로자니크는 실제 현실과 가상현실을 결합해 새로운 현실을 만드는 융합현실 세계가 열릴 것이라고 전망했다. 인텔에서는 MR을 융합현실 Merged Reality로 표현했다. 이미 사용 중인 혼합현실과 같은 뜻이다. 가상의 현실을 체험할 수 있도록 해주는 가상현실과 현실에 가상의 이미지를 덧입혀주는 증강현실을 합친 것이다. 가상현실은 몰입도가 높아 게임이나 영화 산업에 많이 활용되지만, 장시간 사용하면 멀미나 두통이 생기는 단점이 있다. 증강현실은 정보 전달 효과가 뛰어나지만 상대적으로 몰입도가 낮은 게 흠이다. MR은 가상현실과 증강현실의 단점을 보완해 가상현실의 몰입도와 증강현실의 현실감을 결합한 것이다.

MR 개념은 토론토 대학의 폴 밀그램 교수가 처음 제시했다. 그는 1994년 현실-가상 연속성Reality-Virtuality Continuum이란 스펙트럼이 존재한다고 봤다. 가상과 현실 사이에 또 다른 제3의 현실이 있다는 것이다. 세상은 현실-증강현실-증강가상-가상의 네 단계의 스펙트럼으로 구성돼 있고 혼합현실은 양 극단 중간 어느 지점에 존재한다고 규정했다.

현실 세계에 가상세계가 덧씌워지는 세상이 바로 MR 세상이다. 이를 구현하려면 마이크로소프트가 개발한 홀로렌즈라는 장치가 필요하다. 홀로렌즈는 머리에 쓰는 디스플레이 장치Head Mounted Display, HMD로 기존의 가상현실 헤드셋 기능에 더해 주변 전체를 360도 3D영상으로 볼 수 있도록 해준다. 쉽게 말해 홀로렌즈를 착용하면 허공에 3D영상과 컴퓨터 화면을 띄워놓고 손짓만으로 증강현실과 가상현실 영상을 자유자재로 조작할 수 있다.

홀로렌즈는 응시, 몸짓, 음성으로 작동한다. 응시는 HMD 착용자가 특정 방향을 보면 컴퓨터 화면 속 마우스 커서처럼 위치를 지정하는 기능을 실행한다. 몸짓은 허공에서 손가락을 구부리면서 두드리는 동작을 하면 누르기 기능이 실행되고 다시 손가락을 펴면 떼기 기능이 실행된다. 특히 음성 기능이 중요하다. "헤이 코타나"라고 말한 뒤 "사진 찍어줘"라고 말하면 사진을 자동으로 촬영한다. 앱 시작, 기기 종료, 시간, 전화 연결 등 몇 가지 명령어만 알고 있으면 된다.

인텔도 최근 MR을 구현할 수 있는 프로젝트 알로이을 선보였다. 올인원 VR HMD라고 불리는 이 헤드셋을 착용하면 별도의 조종 장치를 사용하지 않고도 직접 사용자의 손으로 가상의 물체를 조작할 수 있다.

융합현실로 가능해지는 것들

MR을 어떤 목적으로 활용할 수 있을까? 군에 간 아들, 해외 유학 중인 딸의 모습을 눈앞에서 볼 수 있다. MR을 활용하면 지구촌 어디에 있더라도 원하는 사람의 모습을 순간 이동시켜 눈앞에 나타나도록 할 수 있기 때문이다. 마이크로소프트가 개발한 홀로포테이션Holoportation 장치를 이용하면 멀리 떨어져 있는 사람과 같은 공간에서 만나 대화하는 것처럼 악수하고 만지고 웃고 점프도 할 수 있다. 홀로포테이션이란 홀로렌즈Hololens와 교통을 뜻하는 트랜스포테이션Transportation을 합친 말로 사람의 이미지를 눈앞에 구현한다. 나아가 홀로렌즈에 담긴 3D영상을 양방향으로 전송해 실시간으로 얼굴을 보며 대화할 수 있도록 해준다.

수업시간에 돌고래의 모습을 생생하게 보여줄 수 없을까? 증강현실 기업 매직리프Magic Leap는 물 한 방울도 없는 체육관 바닥에서부터 거대한 고래가 뛰어 오르는 장면을 실감나게 재현했다. 체육관 위로 튀어 나온 고래는 마치 바닷속에서처럼 헤엄친다. 해파리의 모습을 보여주고 싶으면 허공에 해파리를 등장시키면 된다. 아이들은 해파리의 헤엄치는 모습을 보고 실감 나는 공부를 할 수 있다. 이것이 MR의 대표적인 사례다. 현실이란 공간 위에 가상의 그래픽을 덧씌워 돌고래의 몸짓을 재현한 것이다. 이를 통해 가상현실의 몰입감과 증강현실의 현실감을 융합함으로써 보는 사람에게 현실보다 더 현실 같은 느낌을 제공하는 것이 MR의 특징이다.

독일 엘리베이터 회사 티센크루프Thyssenkrupp는 홀로렌즈 기술로 MR 장치를 개발해 엘리베이터 유지보수 속도를 최대 4분의 1로 단축했다. 엘리베이터 고장 접수를 받은 직원은 홀로렌즈를 착용하고 서비스 요청을 받은 엘리베이터 기계장치의 문제점을 찾아낸다. 허공에 모니터를 띄워놓고 문제점들을 입력하면 수리 방법이 모니터에 나타나 이 방법대로 수리하면 된다. 현장에 도착한 직원이 문제점을 화상으로 전문가에게 보여주면 전문가가 해법을 알려준다.

스웨덴 자동차회사 볼보는 홀로렌즈를 이용해 볼보 S90 차량의 쇼룸을 선보였다. 홀로렌즈를 통해 실제 크기의 자동차를 허공에 띄워놓고 살펴볼 수 있을 뿐만 아니라 자동차 색상 변경, 테스트 드라이브, 자동운전, 운전자 안전 기능 등을 다양하게 시연할 수 있다. 놀라운 것은 증강현실로 자동차 충돌 시 안전장치가 제대로 작동하는지도 테스트할 수 있다는 점이다.

일본항공JAL은 홀로렌즈를 이용해 비행훈련을 받거나 엔진 정비 실습을 한다. 엔지니어들은 홀로렌즈가 제공하는 3D로 표현된 영상을 보면서 부품을 살펴보고 교육을 받을 수 있다.

미국 항공우주국NASA은 사이드킥Sidekick 프로젝트라는 우주인 훈련 프로그램에 홀로렌즈를 활용하고 있다. 미국 케이스웨스턴리저브 대학에서는 홀로렌즈를 이용해 인체해부학을 가르치고 있다. 손짓으로 가상의 신체 내부를 자세히 볼 수 있고 심장을 뛰게 할 수도 있다.

생체 암호를 이용한 인증 혁명

도용과 복제가 어려운 생체 인식 기술이 온다

생체 인식 기술biometrics이란 사람마다 다른 모양을 가지고 있는 얼굴 모양, 지문, 음성, 정맥, 홍채, DNA 등 개인의 생체 정보를 자동으로 인식해 신원을 파악하는 기술을 말한다. 센서가 생체 정보를 읽어 전기신호로 전환하고 이 신호가 기계에 미리 저장한 신호와 맞는지를 비교한다. 생체 인식의 가장 큰 특징은 신체 일부를 비밀번호나 비밀 열쇠로 활용하는 것이기 때문에 열쇠 등을 별도로 갖고 다닐 필요가 없다는 점이다. 특히 얼굴 모양이나 음성, 지문, 안구 등은 타인이 도용하거나 복제해서 사용하기 힘들다는 큰 장점이 있다.

내 몸이 그대로 비밀번호가 된다

정맥 인증이 상용화되어 다른 사람의 손을 잘라 오면 돈을 훔칠 수 있을까? 절대 훔칠 수 없다. 정맥에 피가 흘러야 손바닥 정맥 인증이 가능하기 때문에 잘린 손으로는 결제를 할 수 없다.

　데카르트 바이오메트릭스는 스마트폰 화면을 귀에 갖다 대면 신원 인증이 끝나는 앱 에르고Ergo를 개발했다. 귀 모양이 지문처럼 사람마다 다르다는 사실을 이용한 것이다. 같은 사람의 귀도 왼쪽과 오른쪽이 다르다. 엉덩이를 생체 인식 도구로 사용하는 기술도 등장했다. 일본 AIIT는 차량에 앉으면 카시트가 차량 주인을 자동으로 인식해 좌석 공간과 높이, 백미러와 룸미러 등을 자동으로 조절하는 좌석을 개발했다. 운전자를 미리 입력해놓으면 운전자에 따라 차량의 조건이 자동으로 맞춰진다.

영화 〈마이너리티 리포트〉, 〈미션 임파서블〉 등에서는 홍채 정보가 잠금장치를 여는 핵심 역할을 한다. 다른 영화에서는 보안이 철저한 회사에 침투하기 위해 지문을 채취해 손가락 모형을 만들고 몰래 찍은 망막 사진을 콘택트렌즈에 인쇄해 지문과 망막 인식 장치를 통과하는 스릴 넘치는 장면이 나오기도 한다. 〈스타트렉 다크니스〉에서는 광센서가 사람의 몸을 훑어 3차원으로 개인의 신원 정보를 파악한다. 영화에만 나왔던 생체 인식 기술이 우리 앞에 펼쳐지고 있다. 〈토탈 리콜〉을 보면 전신 스캐너가 얼굴, 목소리, 질문에 응답할 때의 신체 반응 등을 종합해 신분을 인증하는 장면이 등장한다. 주인공은 신분을 위장해 스캐너를 통과하려고 시도하지만 적발되고 만다. 일본 정부는 테러 방지용으로 항공기 탑승객의 옷을 투시해 일반 금속탐지기로는 탐색이 불가능한 폭발물까지 찾는 전신 스캐너를 일부 공항에 도입했다. 미국 등 주요 국가에서도 전신 스캐너를 도입하는 한편 홍채 인식 기술과 지문 입력으로 입출국자 신분을 관리하고 있다. '알몸 투시'라는 점에서 논란이 거세다.

얼굴 인식은 놀라운 수준이다. 일본 오므론Omron은 카메라를 정면으로 응시하지 않아도 카메라 앞을 사람이 지나가기만 하면 컴퓨터가 얼굴을 포착해 개인 신상을 알려주는 최첨단 보안장치를 개발했다. 심지어 옷을 갈아입고 모자나 안경을 써도, 움직이는 상태에서도 얼굴 이미지를 정확히 감지한다.

지문, 홍채, 얼굴 인식 등 개인 생체 정보 가운데 홍채 인식의 보안성이 가장 뛰어나다. 홍채는 쌍둥이 간에도 전혀 다르며 왼쪽 눈과 오른쪽 눈의 홍채도 다르다. 게다가 죽은 이의 홍채나 칼라 인쇄된 홍채 패턴를 걸러낼 수 있어 위·변조가 불가능하다. 홍채는 생후 6개월에서 2년 사이에 모양이 완성되며 이후에는 평생 변하지 않는다. 이런 이유 때문에 오류가 발생할 확률이 얼굴 인식은 1,000명 중 1명, 홍채 한쪽 눈 인식은 100만 명 중 1명, 양쪽 홍채 인식은 1조 명 중 1명꼴이어서 홍채가 생체 인식의 중요한 수단이 되고 있다.

인도, 인도네시아, 이라크 등에서는 홍채 인식 방식의 전자주민등록증을 만들고 있다. 미국, 영국, 캐나다, 아랍에미리트 등은 공항 출입국 관리를 위해 홍채 인식을 활용하고 있다. 미국 FBI는 지문·얼굴·홍채·목소리를 분석해 범죄 용의자와 일반인의 신분을 실시간으로 확인한다. 영국에서는 걸음걸이를 분석해 범인을 잡아내고 있다. 사람의 몸에 담긴 특징을 이용해 범죄 없는 세상을 만드는 것이다. 한편 거리에 설치된 홍채·망막 인식기는 대형 전광판을 쳐다보는 개개인의 나이와 성향을 인식해 저장된 정보에 따라 맞춤형 광고를 내보낸다. 10대에게는 10대용 광고가, 60대에게는 60대용 광고가 방송된다.

생체 인식 기술은 스마트폰과 금융서비스 시장 또한 확 바꾸게 된다.

지문·홍채 인증이나 손바닥 정맥 인증, 영상 통화 등을 통해 ATM을 이용할 수 있고 통장·카드 발급, 예적금·펀드 가입이 가능해진다. 비밀번호 대신 목소리만으로 본인 인증도 가능하다. 세계 최대 펀드회사 뱅가드와 영국 은행 바클레이스는 전화기에 대고 "내 목소리가 암호다"라고 말하면 이것이 비밀번호가 된다. 감기에 걸린 목소리도 정확히 인식한다.

생체 인식은 주택 출입 통제, 개인의 컴퓨터 접속, 전자상거래에서의 신원 확인, 카드·금융거래, 여권, 연금 수급 등에 이르기까지 광범위하게 적용될 전망이다.

삼성전자 갤럭시 등 주요 스마트폰은 홍채로 사용자 인증을 하고 있다. 애플은 생체 인식 디바이스 페어링을 통해 노트북이나 데스크톱에서 로그인 암호를 입력하지 않아도 아이폰에 저장되어 있는 생체 인식 센서로 로그인할 수 있다. 세계 최대 전자상거래업체 알리바바는 얼굴 인식을 활용한 결제 시스템 스마일투페이를 도입했고, 마이크로소프트는 윈도10에 비밀번호 대신 얼굴과 지문, 홍채 인식용 윈도헬로를 탑재했다. 시장조사기업 AMI는 '세계 모바일 생체 인식 시장분석' 보고서에서 관련 시장이 매년 90퍼센트씩 성장해 2020년이면 연 333억 달러 규모로 성장할 것으로 전망한다.

세계 경제의 변혁을 주도하는 블록체인 혁명

블록체인 기술이 주목받고 있다. 특히 이 기술을 활용한 가상화폐에 관한 논란이 뜨겁다. '신세계가 될 것이다', '신기루에 불과하다' 갑론을박이 한창이다. 미래학자 돈 탭스콧은 저서 《블록체인 혁명》에서 "블록체인이 세계 경제의 변혁을 주도할 것"이라고 전망한다. 2025년에는 블록체인 플랫폼이 전 세계 GDP의 10퍼센트에 달할 것이라는 전망까지 나오고 있다. 블록체인은 우리의 미래를 어떻게 바꿔놓을까?

블록체인은 데이터를 저장하는 방식의 특징 때문에 붙여진 이름이다. 거래할 때 데이터가 중앙 서버에 저장되는 현재의 통합저장 방식과 달리, 블록체인은 거래가 일어날 때마다 거래 단위, 즉 노드별로 저장되는 분산저장 방식이다. 다음 거래가 일어나면 다시 블록 형태로 데이터가 저장된다. 이렇게 저장된 데이터(블록)는 네트워크에 연결된 모든 거래 당사자가 연결되는 사슬(체인) 구조를 띤다. 블록으로 저장된 정보를 원장ledger이라고 하고 블록체인은 이 정보를 공유할 수 있도록 해주는 '공유원장기술'이다. 그래서 블록체인이라고 한다.

예를 들어 자동차 판매 네트워크가 블록체인으로 구축되어 있다고 해보자. 그렇다면 자동차 제조사, 딜러, 리스 회사, 리스 사용자, 폐차장, 감독기관, 이용자가 하나의 네트워크로 연결되어 해당 차량의 모든 거래 정보를 누구나 열람하고 공유할 수 있다.

블록체인이 몰고 올 혁명적인 변화들

블록체인은 이력 관리가 가장 핵심적인 기능이다. 블록체인 기술을 이용하면, 예를 들어 내 식탁 위에 올라온 돼지고기의 물류 이력 전체를 한눈에 들여다볼 수 있다. 월마트는 블록체인 기술을 이용해 위생 상태가 불량하고 가짜 식품을 만드는 중국 기업을 완벽하게 걸러내는 방법을 찾고 있다. 어떻게 이런 일이 가능할까? 돼지에 식별표를 부착하고 돼지를 기르는 축산농가의 돼지우리와 사료 창고는 물론이고 도축장, 냉장고, 운송 트럭, 사료 등 돼지고기가 생산되는 모든 과정에 사물인터넷을 설치했다. 이를 통해 농가에서 돼지에게 무엇을 먹였는지, 개체별로 건강 상태가 어땠는지, 최종 체중은 얼마였는지, 언제 도축되었는지 등의 정보가 월마트와 거래하는 모든 납품업체 컴퓨터에 실시간으로 업데이트된다. 네트워크에 참여한 사람은 누구든 돼지고기의 생산, 유통 과정에 어떤 문제가 있었는지 투명하게 확인할 수 있다. 월마트는 이같은 블록체인 기법을 활용해 냉동 망고가 상한 원인을 찾는 데 소요되는 시간을 기존 7일에서 2.2초로 앞당겼다.

블록체인은 시간을 절약할 뿐 아니라 사회 전반의 신뢰도를 높이고 불편을 감소시키는 효과를 가져올 전망이다. 삼성SDS는 서울시와 블록체인을 활용한 중고차 거래 방법을 연구하고 있다. 중고차를 살 때는 중고차의 상태에 대한 믿음이 가장 중요하다. 그러나 소비자 입장에서 품질을 정확하게 확인할 수 없기 때문에 딜러가 제시하는 가격이 적정한지 확신할 수 없다. 블록체인 기술을 적용하면 차량 소유주가 누구였는지, 침수 차량인지, 보험 처리가 몇 번 됐는지, 주행 거리가 조작됐는지 등 중고차와 관련된 모든 정보를 한눈에 확인할 수 있다. 블록체인 기술로 신뢰 혁명이 일어나는 것이다.

코닥은 블록체인 기술을 이용해 사진 지식재산권을 보호한다. 사진 작가가 찍은 사진을 등록하면 저작권 정보가 생성된다. 이 사진의 구매를 원하는 사람이 사진을 다운로드하면 작가와 계약이 자동으로 체결된다. 이 과정에서 작가와 구매자는 돈을 떼일 걱정 없이 투명하게 거래를 할 수 있다. 다른 고객도 이 사진을 구매하면 자동으로 거래 정보가 업데이트되어 얼마나 사진이 많이 팔렸는지 쉽게 알 수 있다. 이 같은 서비스는 사진뿐 아니라 음반, 영화, TV 프로그램, 서적 등 다양한 콘텐츠의 저작권을 보호하는 방법으로 활용이 가능하다.

저작권뿐 아니다. 호주 멜버른 대학은 블록체인 기술을 활용해 학생들의 성적증명서와 학위증명서를 발급할 수 있도록 했다. 학생들은 학교가 문을 닫았더라도 언제든지 앱으로 성적표를 발행할 수 있다. 누구도 위·변조할 수 없기 때문에 학교는 안전하게 학사관리를 할 수 있다. 미국 MIT도 블록체인 기술을 사용해 일부 졸업생들을 대상으로 디지털 학위증을 발급했다. 스마트폰 앱에서 언제든 학위증을 발급 받을 수 있다.

덴마크 회사 머스크는 블록체인을 이용하는 선박물류 시스템을 개발했다. 제품 수출입의 모든 과정을 하나의 체인으로 연결해 네트워크 참여자들은 모든 정보를 실시간으로 확인할 수 있다. 주문이 이뤄지는 순간 수출품에 인식표가 만들어진다. 이 주문 제품이 이동하는 단계마다 선주, 세관, 항만, 보험사, 은행 등 모든 관련자에게 실시간으로 정보가 전송된다. 수출업체는 물건을 선적했다는 정보를 수입업체에 통보할 필요 없이 수출 송장번호만 알려주면 된다. 별도의 세관 신고서를 작성하거나 선적 리스트를 만들 필요도 없다. 선박의 물류 시스템만 들여다보면 된다. 서류 없이 선적, 통관이 가능한 시대가 열리는 것이다.

환자가 겪는 가장 큰 애로사항 중 하나는 한번 촬영한 엑스레이, CT 등의 진료 기록을 병원을 옮길 때마다 대부분 다시 찍어야 한다는 점이다. 미국 식품의약국은 미국인의 의료 정보 전체를 블록체인으로 만들 계획이다. 개개인의 의료 정보를 블록으로 저장하면 의사와 병원은 모든 사람의 병력을 한눈에 확인할 수 있다. 병원을 옮길 때마다 진료 기록을 별도로 발급 받고 다시 검사를 받지 않아도 된다. 개인은 어떤 문제로 병원을 방문했는지, 자신의 건강이 어떤 상태인지를 클릭 몇 번만으로 확인할 수 있다.

가장 뜨거운 이슈, 비트코인 가상화폐

비트코인발 화폐 전쟁이 시작됐다

가상화폐 돌풍이 전 세계를 강타하고 있다. 가상화폐는 과연 무엇이고 현재 우리가 쓰고 있는 실물 화폐를 대체할 수 있을까?

논쟁이 뜨겁지만, 언젠가는 가상화폐가 실물 화폐보다 더 편리한 결제 수단으로 자리매김할 것이다. 가상화폐란 말 그대로 현재 우리가 사용하는 지폐나 동전과 달리, 암호화 기술로 만들어져 실물이 없는 화폐를 말한다. 최초의 가상화폐인 비트코인이 등장한 2009년 이래 현재까지 무려 1,000여 가지의 가상화폐가 개발되어 거래되고 있다. 비트코인, 이더리움, 비트코인캐시, 라이트코인, 리플 등이 대표적인 가상화폐다. 이 화폐를 만든 핵심 기술이 바로 블록체인 기술이다. 이 기술은 일명 공공 거래장부로도 불리며 가상화폐로 거래할 때 거래에 대한 제3자의 인증이 없어도 가치를 교환할 수 있다.

가상화폐 가격이 폭등하자 국가 기관에서 규제에 나서고 있다. 이는 가상화폐가 제도권으로 들어오는 통과 과정이라고 할 수 있다. 아무 규제가 없는 시장에서 선량한 투자자의 피해를 막으려면 주식거래소 같은 시장의 거래질서가 필요하다. 나아가 참여자들이 납득할 만한 규제가 만들어지고 실물 화폐와 자연스럽게 거래가 되면 제3의 화폐로 자리 잡게 될 것이다. 그러므로 현재 시장에 나타나고 있는 논란과 광풍은 신개념 화폐 비트코인이 등장함으로써 새로운 화폐 전쟁이 시작된 것이라고 할 수 있다.

사토시 나카모토, 비트코인을 창시하다

가상화폐의 원조 비트코인은 사토시 나카모토가 개발자이자 창시자다. 이름만 알려져 있을 뿐 실제 인물이 누구인지는 밝혀지지 않았다. 한자 표기를 밝히지 않아 일본인으로 위장한 사람으로 추정된다.

2008년 10월 31일 미국 뉴욕 시간으로 오후 2시 10분, 사토시가 암호화 전문가 수백 명에게 한 통의 메일을 보냈다. 그는 "신뢰할 만한 제3자 중개인이 전혀 필요 없는, 완전히 당사자 간 P2P로 운영되는 새로운 전자통화 시스템을 연구하고 있다"라는 글과 함께 아홉 쪽짜리 보고서를 다운 받을 수 있는 링크를 보냈다. 그리고 그 통화 시스템을 비트코인이라고 불렀다.

사토시는 삽화, 방정식, 코드, 각주 등으로 디지털 통화를 자세히 설명했다. 그러면서 전자코인electronic coin 은 일련의 디지털 서명의 체인이라고 정의했다. 한마디로 블록체인 방식으로 거래가 이뤄진다는 뜻이다. 이 시스템에서 비트코인의 원 소유자는 과거 '거래 내역 뭉치'와 다음 소유자가 될 사람의 '공개 키'public key에 디지털 서명을 해서, 즉 과거의 디지털 서명의 체인에 하나의 새로운 디지털 서명을 더함으로써 가상화폐의 소유권을 다른 사람에게 넘길 수 있다. 비트코인 수취인은 등기부등본을 확인하며 소유권을 확인하듯이, 서명의 체인을 검증함으로써 소유권을 확인할 수 있다.

새로운 화폐 전쟁을 시작하다

비트코인이 등장함으로써 중앙집권 대 분산, 중개자 대 개인, 신뢰 파괴 대 신뢰, 불안전성 대 안전성, 실명 대 익명, 실물 화폐 대 디지털 화폐 간의 일대 격전을 예고하고 있다.

비트코인은 2008년 붕괴된 기존 금융시스템에 대한 대안으로 등장했다. 따라서 기존 금융시스템의 모든 것을 철저히 부정한다. 우선 화폐 발행기관인 정부와 자금 중개기관인 은행을 부정한다. 전통적 정부, 금융회사 등 중앙집권화된 화폐 경제 체제의 중개인이 없는 시스템을 구축했다. 은행 같은 금융기관이나 제3자의 중개 없이 디지털 화폐를 주고받을 수 있다. 금융기관이 하는 거래 장부를 기록하는 일은 컴퓨터 네트워크가 대신한다. 은행이나 신용카드 회사 등 거래 프로세스를 담당하는 사람이나 신뢰할 만한 제3자가 필요하지 않은 혁명적인 시스템이다. 개인과 개인이 거래비용 없이 가상화폐로 물건과 서비스를 구매할 수 있다. 한국 정부는 가상화폐 거래 실명제를 도입했지만, 원래 가상화폐는 은행에서 실명을 거칠 필요도, 은행을 방문할 필요도 없는 게 특징이다.

비트코인은 특별한 기관이 발행하는 것이 아니라 채굴을 통하도록 설계돼 있다. 무작위로 생성된 매우 복잡한 수학 퍼즐을 풀어야 하는데, 비트코인 채굴이란 이 수학 문제를 푼 사람(슈퍼컴퓨터)에게 주는 보상이다. 컴퓨터 네트워크를 유지해주는 대가라고 할 수 있다. 그래서 비트코인을 만드는 사람을 마이너miner라고 하며 비트코인을 발행하는 과정을 채굴mining이라고 한다. 암호 해독 자체가 복잡해 컴퓨터 한 대가 5년간 쉬지 않고 암호 해독을 했을 때 25비트코인을 채굴할 수 있다. 일반 컴퓨터로는 불가능하며 최고 사양의 슈퍼컴퓨터를 24시간 풀 가동해야 채굴이 가능하다(그래서 전기요금이 많이 나온다).

비트코인은 전체 통화량이 정해져 있다는 점에서 일반 화폐 또는 다른 가상화폐와 차이점이 있다. 채굴할 수 있는 비트코인 총량은 2040년까지 2,100만 개로 제한되어 있으며 현재 전체의 80퍼센트가 채굴된 것으로 추정된다. 또 발행량이 점점 줄어들수록 컴퓨터가 풀 수 있는 수학 문제의 난이도 또한 높아진다.

비트코인은 액수 단위BTC로도 쓰인다. 비트코인의 하부 단위로는 비트Bit가 있으며 100만 비트가 1비트코인이다. 최소 단위인 사토시도 있다. 1사토시란 1비트코인을 1억 등분한 단위를 뜻한다. 1비트코인이

2,000만 원대라면 사토시 1단위당 가격은 0.2원 정도로 볼 수 있다.

가상화폐, 블록체인 기술의 결과물

비트코인이 블록체인과 연관되어 등장하는 이유는 비트코인이 블록체인 기술을 활용해 탄생했기 때문이다. 모든 비트코인 거래 내역은 공공 거래장부에 기록돼 거래에 참여한 모든 사람이 볼 수 있도록 설계돼 있는데, 네트워크 기반의 이 같은 거래장부 저장 기술이 바로 블록체인이다. 거래를 보관하고 승인하는 블록체인 내 기록을 블록이라고 하고 이 블록이 연결되어 있어 체인이라는 표현을 사용한다. 이 공공 거래장부는 모든 사용자 간에 공유되며, 비트코인 거래의 신뢰성과 영속성 검증, 이중지불을 막아준다.

컴퓨터 네트워크가 어떤 기관의 통제에도 놓여 있지 않은 분권화된 신용 시스템을 만든다. 비트코인을 사고 싶은 사람은 '지갑'wallet이라는 전용계좌를 만들어 가상화폐 거래소에서 원화나 달러 등 실제 화폐로 구입하면 된다. '비트코인 지갑'은 네트워크에서 비트코인을 소비할 수 있는 개인 키가 저장된 공간이다. 개인 키는 암호화된 서명을 통해 비트코인을 사용할 수 있는 권리가 담긴 비밀 정보다. 국내에는 빗썸, 업비트 같은 가상화폐 거래소에서 가상화폐와 법정화폐의 교환을 중재한다. 물건이나 서비스를 구입하려면 현실 세계에서 비트코인으로 결제할 수도 있다. 환율과 같은 교환 비율에 따라 QR코드를 읽기만 하면 결제가 된다.

가상화폐가 성공하려면 두 가지를 극복해야 한다. 첫째, '화폐로서의 비트코인'의 가치를 인정받아야 한다. 가상화폐의 가치가 심하게 요동치면 현실성을 잃게 된다. 둘째, '기술로서의 비트코인'의 혁명적인 효용성이 기존 화폐를 능가해야 한다. 아프리카 등 이 시스템을 이용하지 못하는 세계 25억 명의 사람들도 편리하게 이용할 수 있는 화폐로서 기존 금융기관의 핀테크를 뛰어넘는 쉬운 거래가 가능해야 한다. 특히 가장 큰 허점으로 부상한 가상화폐 거래소 해킹이 발생해 이용자가 피해를 입고 결국 각국 정부의 통제 밑으로 들어가면 가상화폐는 신기루에 그칠 수 있다. 일본의 가상화폐 거래소 코인체크는 해킹을 당해 580억 엔에 달하는 피해를 입었다.

신기술이 등장하면 회의론과 낙관론이 충돌하게 마련이다. 가상화폐도 마찬가지다. 무형이며 정부가 발행한 것이 아니어서 더더욱 그렇다. 채굴 과정이 제대로 이해되지 않아 일부에서는 사기로 의심하기도 한다. 그럼에도 일부는 획기적인 변화와 함께 대박을 만들어줄 것이라는 시선으로 가상화폐를 바라보고 있다. 결국 가상화폐의 운명은 이용자들이 얼마나 많이 일상생활과 비즈니스에 활용하느냐에 있다. 기존 은행이 거래비용을 낮추지 않는 한, 가상화폐는 새로운 미래가 될 것이다.

은행이 사라지고 클릭 한 번으로 실행되는 금융 혁명

초연결성의 시대에는 스마트폰과 가게의 계산대, 결제 계좌가 실시간으로 연결된다. 이른바 핀테크가 결제 혁명을 넘어 금융 혁명을 일으킨다. 초연결성이 구축된 할인점이나 백화점을 방문해보자. 가게에 들어가는 순간 비콘Beacon이 스마트폰 소유자의 정보를 정확히 찾아낸다. 방문객이 혼수품을 사려는 예비 신부라면 가전 코너에서 휴대폰을 냉장고나 텔레비전에 갖다 대는 순간 매장에서 파는 모든 상품의 가격대와 할인쿠폰, 상품 정보, 고객 평가 등이 자동으로 뜬다. 마음에 드는 상품을 상담을 통해 구입한 뒤 바코드나 QR코드에 스마트폰을 갖다 대면 스마트폰에 들어 있는 전자지갑, 일명 스마트 결제 시스템인 페이서비스가 결제를 한다. 결제된 내역은 자동으로 관리한다. 이 같은 무선 결제 기능은 비콘 때문에 가능하다. 비콘이란 블루투스를 이용한 스마트폰 근거리통신 기술로 최대 70미터 이내의 장치들과 정보를 주고받을 수 있다.

금융은 대출, 결제, 저축, 보험 가입, 투자(주식·펀드)가 가장 큰 기능이다. 이 모든 업무가 은행을 방문하지 않고 스마트폰으로 척척 이뤄지는 게 미래 금융, 핀테크의 모습이다. 금융의 고유 기능은 물론 주식 거래, 기부, 납세까지 스마트폰으로 이뤄진다. 금융 기능이 스마트폰 속으로 들어오면 우리 삶이 어떻게 바뀌게 될까.

충격1: 은행 점포가 사라진다

모바일 뱅킹과 스마트폰을 사용한 투자 상담이 일상이 되면서 기존의 은행과 증권사 지점을 통한 업무가 뚝 끊기고 있다. 기존 점포는 고객 투자 자문을 위한 상담 창구로 역할이 축소된다. 대신 도로 곳곳에 자리한 소규모 무인 점포가 그 기능을 대신한다. 이미 5대 은행 점포 수는

2012년 5,352개에서 2017년 4,700개로 줄었다. 그리고 이 같은 현상은 앞으로 더욱 가속화될 예정이다. 씨티그룹은 '디지털 붕괴'Digital Disruption 라는 보고서에서 향후 10년 동안에 미국과 유럽의 은행 직원이 30퍼센트 이상 줄어들 것으로 예상했다. 실제 2015년 현재 260만 명인 미국 내 은행원은 2025년 180만 명으로, 유럽은 같은 기간 37퍼센트가 줄 전망이다.

충격2: 금융이 하나로 통합된다

현재 우리나라는 은행, 증권, 보험, 카드 등 금융의 영역이 뚜렷하게 나뉘어 있어 고객 불편이 심각하다. 이제 이 금융이 하나로 묶인다. 나아가 금융과 통신, 유통이 하나로 연결되는 디지털 융합이 일어난다. 앞으로 등장할 2세대 은행은 쇼핑, 통신, SNS와 연결되고 결합해 지급 결제, 대출, 송금, 환전, 투자, 자산 관리 등 모든 금융서비스를 차례차례 대체하게 된다. 기존 금융회사를 대체하는 새로운 비즈니스 모델이 출현하는 것이다.

충격3: 세계 공통의 가상화폐가 등장한다

현재의 달러를 대신할 새로운 화폐, 가상화폐가 현금을 빠른 속도로 대체한다. 카카오톡이나 메신저로 가상화폐를 선물처럼 보낼 수도 있고 어떤 물건이든 살 수 있다. 축의금, 부의금 또한 가상화폐로 보낸다. 기존의 온라인 계좌를 이용할 필요 없이 문자메시지에 첨부만 하면 된다. 가상화폐 광풍을 지금은 비정상적으로 보고 있지만, 소비자가 원하는 시장을 만들고 있는 가상화폐는 보조화폐로서 그 기능을 발휘할 전망이다.

충격4: 계좌가 무의미해진다

돈을 이체하려면 지금까지는 은행 계좌를 이용해야 했다. 그런데 무료 결제와 송금이 가능한 벤모Venmo라는 서비스가 2009년 미국에 등장했다. 지인 기반 온라인 무료 송금·결제 플랫폼인 벤모는 계좌가 없어도 ID가 있으면 돈을 마음대로 보내고 받을 수 있다. 물론 수수료는 없다. 음식점이나 주점에서 친구들과 더치페이를 하는 경우 ID를 입력하고 금액을 누르기만 하면 돈을 낸 친구에게 바로 송금이 끝난다. 미래에는 스마트폰 음성비서에게 말만 하면 송금해준다. 네이버페이, 삼성페이, 카카오페이 등도 전화번호, 이메일, 페이스북에 등록된 계좌나 신용카드 정보만으로 송금이 자동으로 이뤄진다.

충격5: 은행 없는 개인 간 거래가 뜬다

영국 핀테크회사 트랜스퍼와이즈TransferWise는 기존 은행보다 훨씬 저렴한 수수료로 국제 송금이 필요한 사람과 사람을 연결해주는 서비스를 제공하고 있다. 앱 하나만 깔면 은행을 통하지 않고 미국의 자녀에게 저렴한 송금 수수료로 돈을 보낼 수 있다.

충격6: 은행 대신 개인에게 돈 빌린다

개인이 돈을 빌리려고 굳이 은행을 찾을 필요가 없다. P2P 대출을 이용하면 된다. P2P 대출은 개인이 개인에게 돈을 빌려주는 대출 사업을 말한다. 미국 회사 소피Social Finance, SoFi는 은행을 거치지 않고 온라인으로만 대학생들에게 학자금을 대출해주는 P2P 대출로 대박을 터트렸다. 대출 신청부터 승인까지 단 15분 만에 끝난다. 은행처럼 까다로운 절차도 거치지 않고 서류도 필요 없다. 대출금은 자신의 학교 동문 출신들이 투자를 해준다. 신청자가 현재 자신의 대출 상태와 신원을 증명할 수 있는 문서를 스마트폰으로 찍거나 PC 화면을 캡처해 올리면 된다.

충격7: 수수료 없는 로봇에게 투자 상담을 받는다

주식 투자나 펀드 투자 등 자산 관리 분야에서는 앞으로 로보어드바이저가 빅데이터를 분석한 결과로 인간보다 더 높은 수익률을 안길 전망이다. 환전도 문자메시지를 통해 미국 사람과는 달러를, 일본 사람과는 엔화를, 유럽 사람과는 유로화를 직접 교환할 수 있다. 은행 수수료를 내지 않고 개인 간 거래를 통해 거액의 환전이 가능한 시대가 되는 것이다.

충격8: 개인이 벤처에 투자하며 고수익 노린다

새로운 투자처를 찾는 개인과 투자금이 필요한 사람을 연결해주는 크라우드펀딩crowd funding이 은행 역할을 하게 된다. 현재는 벤처캐피탈이 창업 회사에 투자를 하고 이 기업을 상장해 고수익을 창출한다. 그런데 개인이 직접 원하는 비즈니스에 소액의 자금을 투자하는 크라우드펀딩에 참여할 수 있다. 영국의 조파닷컴zopa.com은 창업을 원하는 사람의 프로젝트를 인터넷 등을 통해 알리고 개개인에게 투자금을 받아 창업자금을 빌려준 뒤 성공하면 투자금에 배당금을 지급한다.

충격9: 100년 은행들 문 닫는다

IT는 금융의 미래를 바꾸는 혁명적인 변화를 일으킬 전망이다. 미래학자 토머스 프레이는 '금융산업이 죽는 날'이라는 논문에서 "2037년까지 체이스, 씨티그룹, 골드만삭스, 웰스파고가 차례로 문을 닫는다"고 예견했다. 그는 "미래 초연결 사회에서는 모든 소비자가 스스로 네트워크를 지니고 스마트폰과 모바일 웨어러블이 은행 영업지점은 물론 신용카드와 지갑, 대출과 보험 대리인, 주식시장을 모두 대체할 것"이라고 말한다.

이 같은 미래에서 어떻게 승자가 될 수 있을까. 새로운 비즈니스를 막는 규제를 제거하고 법을 바꿔야 한다. 예를 들어 우리나라는 개인 간 환전은 '환치기'라고 해서 불법이다. 이래가지고서야 어떻게 새로운 미래를 만들 수 있겠는가. 법이 변해야 대한민국의 미래가 달라진다. 정치권과 공무원들이 정신을 바짝 차리고 미래 지도를 그리고, 안전한 거래의 미래를 설계해야 한다. 또 금융회사는 기존의 틀을 깨는 비즈니스 모델을 찾아내야 한다.

사각지대는 없다, 위험한 감시 혁명

1948년 조지 오웰이 펴낸 소설 《1984》에서 경고했던 감시사회surveillance society가 현실이 되고 있다. 《1984》는 '빅브라더가 당신을 지켜보고 있다'는 포스터가 곳곳에 나붙은 미래 사회를 경고하고 있다. 모든 공공장소와 사무실, 식당 그리고 집 안에 설치된 텔레스크린이라는 감시카메라가 모든 시민의 삶을 들여다보는 사회를 그렸다. 그리고 우리는 벌써 그런 세상에 살고 있다. 교통카드와 신용카드 사용이 보편화되면서 개인의 모든 이동 경로와 결제 정보가 노출되어 있다. 어느 지점에서 버스나 전철을 타고 어느 지점에서 내려 지하철이나 택시로 갈아탔는지 초 단위로 정확히 기록된다. 와이파이에 연결하는 순간, 사용자 이름과 패스워드, 이메일, SNS, 블로그, 문자메시지 등이 순식간에 해킹 대상이 된다.

1초마다 찰칵, 하루 300번 넘게 찍힌다

카메라와 CCTV 등 수많은 센서로 연결된 사물인터넷이 비밀이 없는 세상, 누구나 감시당하는 세상을 만들고 있다. 우리는 하루에 CCTV에 몇 번이나 찍힐까? 2010년 국가인권위원회에 따르면 수도권 시민들은 하루 평균 무려 83차례, 거리를 다닐 때는 9초마다 한 번씩 찍히는 것으로 조사됐다. 지하철 환승 때 50여 차례, 백화점에서 세 시간 쇼핑하면 45차례 찍는다. 당시 국내에 설치된 CCTV는 약 250만 대였다. '2015 행정자치통계연보'에 따르면 범죄 예방과 교통 단속 등 공공 목적의 CCTV는 73만 9,232대에 달한다. 여기에 어린이집 등 민간이 설치한 CCTV 약 360만 대, 자동차 블랙박스 700만 대까지 합하면 1,100만 대의 카메라가 우리를 실시간으로 감시하고 있다. 4차 산업혁명의 산물인

사물인터넷에 설치된 카메라 센서까지 포함하면 우리는 하루 평균 400여 회 카메라에 노출되고 있다.

미국 위스콘신주 리버폴스 소재의 마이크로 기술기업인 스리스퀘어마켓Three Square Market은 50여 명의 자사 직원들에게 RFID 기술이 적용된 쌀알만 한 크기의 마이크로칩을 엄지와 검지 사이에 이식하도록 했다. 출퇴근 기록뿐 아니라 식당 결제, 출입문 개폐, 복사기 등 사내 기기 사용, 명함 공유, 의료·건강 정보 저장, 컴퓨터·유무선 전화기 보안 등을 위한 것이다. 칩을 이식한 직원은 언제 어디서 무슨 일을 하는지 추적당하고 감시당한다.

올해 초 독일 정부는 스마트토이 마이프렌드 카일라My friend Cayla의 판매를 금지했다. 심지어 이미 구입한 인형은 파괴하라고 권고했다. 카일라 인형은 내장된 마이크로 아이들과 인형이 대화할 수 있는 인공지능형 장난감이다. 그런데 이 마이크를 통해서 아이들 관련 정보가 새나갈 수 있다. 아이와 부모 사이에 오간 대화 내용을 인형이 녹음하면 회사나 해커는 녹음 파일을 원격으로 다운 받아 가정에서 일어나는 모든 비밀을 탐지할 수 있다.

얼마 전 미국에서는 테디베어 해킹 사건이 발생했다. 이 곰 인형은 부모와 자녀가 음성메시지를 주고받을 수 있는 스마트 인형인데, 이 인형으로 2016년 크리스마스부터 이듬해 1월 사이에 무려 80만 명의 정보가 유출됐다. 이를 만든 스파이럴토이Spiral Toys는 고객들의 음성메시지 정보를 인터넷에 저장했는데, 이 정보가 해커들의 손에 들어가게 된 것이다. 장난감회사 마텔Mattel이 내놓은 헬로바비도 위험한 인형으로 간주된다. 바비 인형은 마이크와 스피커가 내장되어 있고 소유자의 목소리를 알아들을 수 있도록 프로그래밍되어 있다. 문제는 인터넷과 연결되어 소유자와 인형이 주고받은 대화를 저장할 수 있다는 점이다. 보안 전문가들은 해커들이 계정을 뚫을 경우 실시간으로 인형과 아이가 주고받는 대화를 훔쳐들을 수 있다고 경고한다.

독일 회사 감마인터내셔널이 개발한 디지털 감시 장비 핀피셔FinFisher는 휴대폰이나 SNS, 온라인 활동 전반에 걸쳐 동시에 수천 명을 감시할 수 있다. 모로코 정부는 주요 언론인들의 일상을 추적하다 적발됐다. 중동 '아랍의 봄' 당시에는 수백만 건에 달하는 트위터와 페이스북 게시글을 정부가 추적해 저항 세력을 찾아내는 도구로 활용했다. 화상통화를 위해 집 안에 설치된 웹카메라는 사용자를 들여다보는 무기가 된다. 감마의 웹캠은 주요 인사들의 동정, 컴퓨터로 작성한 문서, 문자메시지, 인터넷 이용 기록 등을 들여다볼 수 있도록 설계되었다.

페이스북과 구글은 안전할까? 전혀 그렇지 않다. 두 곳은 우리가 방문했던 웹사이트 경로를 고스란히 알고 있다. 구글은 인터넷 접속자의 행방과 접속 위치를 가장 정확히 알고 있다. 구글은 우리의 방문 기록을 토대로 적절한 광고를 게시한다. 스마트폰 회사들은 GPS를 켜놓은 고객의 모든 이동 경로를 정확히 추적할 수 있고 고객이 휴대폰을 어떤 목적으로 어떻게 사용하는지에 대한 정보도 갖고 있다. 이들 정보를 광고회사에 주고 돈벌이를 할 수도 있다. 인터넷과 연결되는 스마트 기기를 소유했다면 자신의 사생활을 해커에게 공개하기로 결정했다고 간주해야 한다. 해커가 가정용 스마트홈 시스템에 침투한다면 해커는 거주자가 누구인지, 몇 시에 출근하고 몇 시에 집을 비우는지, 언제 휴가를 갈 계획인지를 모두 알게 된다. 그는 마음만 먹으면 언제든 빈집을 털 수 있다.

2014년 1월 전 CIA 요원 에드워드 스노든은 미 국가안보국NSA, FBI 등 정보기관이 앵그리버드 등 인기 스마트폰 게임을 활용해 무차별적으로 개인 사생활을 감시했다고 폭로했다. 정보기관이 스마트폰 앱을 이용해 사용자의 실시간 위치, 나이, 성별, 결혼 유무, 심지어는 성적 취향과 정치적 성향까지 모든 개인정보를 감시한 것이다. 스노든은 이들이 사용자의 이메일과 검색 기록, 동영상과 사진, 채팅 정보 등을 수집해왔다고 밝혔다. 프리즘PRISM이라는 일급기밀 프로젝트를 통해 구글, 야후, 애플, 마이크로소프트 등 인터넷 회사들의 서버에 접속해 고객 정보를 들여다본 것이다. 스노든의 폭로는 스마트폰 앱의 위험성에 경각심을 불러일으키고 있다. 앱은 단순히 업데이트하는 것만으로도 수백 가지 스마트폰 사용 내역이 생성되어 감시기관의 정보 수집 활동에 노출될 수 있다.

사람이 없어도 알아서 결제되는 거래 혁명

물건을 사면 자동 결제되는 무인 매장 시대가 시작됐다

사람과 제품, 금융, 매장을 연결하는 초연결성은 무인 쇼핑 시대를 앞당기고 있다. 깜짝 놀랄 일들이 미국 대형 슈퍼마켓에서 일어나고 있다. 세계 최대 할인점인 월마트가 계산대 없는 무인 매장을 속속 도입하고 있다. 미국 최대 쇼핑몰 아마존도 점원이 필요 없는 신개념 오프라인 매장 아마존고Amazon Go를 미국 시애틀에 선보였다. 문제는 스마트폰으로 자동 결제가 이뤄지면서 계산을 도와주는 점원이 필요 없게 된다는 점이다. 월마트는 직원 7,000여 명을 감원할 방침이다.

아마존이 2016년 12월 선보인 계산대가 필요 없는 오프라인 무인 쇼핑 매장 아마존고에서는 선반에서 원하는 물건을 꺼내 들고 나가기만 하면 된다. 줄을 설 필요도 없고, 신용카드를 지갑에서 꺼낼 필요도 없다. 자신의 스마트폰에 올라온 구매 제품 목록을 보고 결제하기만 하면 된다. 제품을 쇼핑백이나 가방, 장바구니에 담기만 하면 스마트폰 앱의 가상 장바구니에 자동으로 제품 목록과 가격이 올라온다. 물론 결제를 안 하고 몰래 나올 수가 없다. 매장에 설치된 카메라와 RFID 등 센서들이 방문 고객들의 얼굴을 실시간 녹화하고 있다. 더욱이 스마트폰을 작동시켜야 입장이 가능하고 결제가 이뤄져야 매장 밖으로 나올 수 있다.

아마존이 도입한 저스트 워크아웃Just Walk Out 기술은 컴퓨터 시각화, 인식 센서, 딥러닝 기술을 융합한 것으로, 어떤 상품을 선택했다가 다시 가져다놓을 경우 아마존 계정의 장바구니에서는 이를 정확히 인식해 가감할 수 있다.

세계 1등 유통업체 월마트가 자회사인 샘스클럽Sam's club을 통해 사람 없는 점포 시대를 열었다는 점에서 파급 효과가 클 전망이다. 월마트는 스캔앤고Scan&Go라는 무인 점포 앱도 선보였다. 매장 방문 고객들은 스캔앤고 앱을 다운로드한 뒤 QR코드를 스캔하면 매장에 들어갈 수 있고, 사고 싶은 제품의 바코드를 스마트폰으로 스캔만 하면 된다. 스캔한 제품은 앱에 제품 목록이 뜨고 매장을 나갈 때 월마트 직원에게 전자 영수증을 보여주기만 하면 된다. 샘스클럽은 이 앱을 미국 내 645개 매장에서 활용하고 있다.

세계 최대 전자상거래 업체로 성장한 중국의 알리바바 또한 미국의 아마존과 월마트에 이어 무인 점포 시대를 열었다. 온라인 시장을 장악하고 있는 알리바바가 이제는 오프라인 시장인 마트까지 장악하겠다는 구상이다. 그런데 놀라운 것은 고용 창출이 이뤄지지 않는다는 점이다. 계산원이 필요 없는 무인 점포인데다, 물건 판매에서 결제까지 인공지능이 모든 것을 알아서 처리하기 때문이다. 과연 알리바바는 미래의 쇼핑 시대를 어떻게 준비하고 있는 것일까?

알리바바가 선보인 무인 편의점 타오카페Tao Cafe는 알리바바의 쇼핑몰 타오바오 앱과 지불 결제 시스템인 알리페이만 스마트폰에 내려 받아 설치하면 모든 쇼핑 준비가 끝난다. 아마존, 월마트와 마찬가지로 들고 나오기만 하면 알리페이로 자동으로 결제가 이뤄진다. 매장 곳곳에 설치된 카메라가 센서 기능을 발휘해 매장 안에 들어온 고객의 얼굴을 알아보기 때문이다. 놀라운 것은 카메라가 매장 내 고객의 동선과 물건을 집었을 때 나타내는 표정, 행동 등을 포착하면 인공지능은 제품에 대한 고객의 구매 행태를 정확하게 분석한다. 이를 통해 인기 제품과 물건의 진열 방법까지 제시한다.

알리바바는 인공지능 편의점을 선보이면서 스스로를 슈퍼 디지털 회사라고 소개했다. 온·오프라인 비즈니스가 통합되고 고객의 구매 패턴을 빅데이터화하는 등 첨단 기술로 비즈니스를 최적화한 미래형 기업이라는 의미다. 알리바바는 슈퍼 디지털 회사의 시작을 알리고 젊은 창업가들의 메이커 정신maker spirit을 독려하기 위해 2017년 7월 열린 제2회 타오바오 메이커 페스티벌Taobao Maker Festival에서 무인 편의점 타오카페를 선보였다. 스마트홈 음성비서인 티몰지니Tmall Genie X1을 공개해 아마존 에코, 구글 홈과 경쟁을 시작했다. 특히 고객의 질문에 무엇이든 답변해주는 인공지능 쇼핑 도우미 챗봇 알리꿀벌阿里小蜜을 개발해 24시간 고객을 응대하고 있다. 도저히 사람이 할 수 없는 일을 인공지능이 대신하고 있는 것이다.

식음료를 판매하는 자판기회사 바이트푸드Byte Foods는 제품에 RFID를 부착해 고객이 원하는 제품을 꺼내면 자동으로 인식해 결제한다. 신용카드나 직불카드를 자판기 냉장고에 갖다 대면 문이 열리고 문이 닫혔을 때 없어진 품목에 요금이 부과된다. 회사와 병원, 피트니스 센터, 아파트 단지 등에서 24시간 사람을 대신해서 물건을 팔 수 있다. 항목도 다양해서 음료와 샌드위치, 샐러드 등 간단한 식사가 가능한 품목들이다. 이들 냉장고는 인공지능이 빅데이터를 분석해 팔리는 제품만 채운다. 잘 팔리지 않는 제품은 가격이 자동으로 인하되고 커피가 떨어지면 매일 오후 커피를 사러오는 사람에게 미리 알려준다.

일본 가전기업 파나소닉은 편의점 로손과 손잡고 무인 편의점 시스템인 레지로보를 선보였다. 바코드 리더기가 삽입된 장바구니를 들고 원하는 제품을 장바구니에 담아 스캐너 박스에 내려놓기만 하면 자동으로 계산이 이뤄지고 잠시 뒤 자동으로 봉투에 담겨 구매자에게 전달된다. 한국에도 햄버거 무인 주문대(키오스크)가 등장했다. 맥도날드와 롯데리아 등 패스트푸드점에서 길게 줄을 설 필요 없이 기계에서 먹고 싶은 햄버거와 음료를 선택한 뒤 결제하면 된다.

무인 쇼핑 시대가 열리면서 스캔 기술도 진화하고 있다. 스위스 회사 스캔딧Scqandit은 2미터 넘게 떨어진 제품도 스마트폰으로 빠른 속도로 스캔할 수 있다. 바코드가 훼손되거나 희미하더라도 정확히 읽어낸다. 구매자들이 쇼핑하면서 상품을 스캔해서 올리면 온라인 리뷰를 받아볼 수도 있다.

온·오프 결합으로 쇼핑 혁명이 시작된다

온라인과 오프라인의 완전한 결합이 새로운 세상을 열고 있다. 제4의 혁신에 가장 적극적인 곳이 바로 유통업계다. 제4의 혁신이 만들어준 O2OOnline to Offline의 등장으로 소비자는 온라인과 오프라인을 넘나들며 최적의 조건에서 쇼핑하는 세상이 열리고 있다.

O2O플랫폼이 상거래 영역의 핵심 경쟁 요소로 떠오르고 있다. 음식, 식자재 등의 배달, 이사, 부동산, 숙박, 금융, 세차, 세탁 등 생활밀착형으로 진화하며 사업 영역이 전 방위로 확대되고 있다. 이미 네이버는 윈도라는 서비스를 내놓았다. 전국 3,800개 오프라인 매장의 물품을 온라인에서 확인하고 바로 구매할 수 있는 신개념 플랫폼이다. 카카오도 쇼핑, 의료, 운수, 숙박 등 수많은 생활편의 서비스와 카카오 이용자를 연결하는 O2O얼라이언스alliance를 조직했다. 이렇게 되면 오프라인 고

객이 더 싼 제품을 찾아나서는 대이동이 예상된다.

개인 스타일을 살려주는 쇼핑 천국이 열린다

2011년 미국 샌프란시스코에 설립된 쇼핑몰 스티치픽스Stitch Fix 는 요즘 떠오르는 패션업계 혁신기업이다. 쇼핑몰www.stitchfix.com이지만 온라인 매장에는 옷을 입은 모델 사진이나 심지어 옷과 관련된 사진이 한 장도 없다. 그런데 연매출이 2016년 기준 7억 3,000만 달러를 웃돈다. 비결은 무엇일까? 빅데이터 분석을 통해 인공지능과 스타일리스트가 개인이 원하는 취향을 찾아 정확히 맞춤형으로 제공하는 데 있다. 직원 구성도 특별하다. 데이터 과학자 60명, 스타일리스트 2,800명이 핵심 인력이다.

"이번 주 친구 결혼식에서 나를 주목받는 여인으로 만들어줘."

소비자는 이 같은 주문만 하면 된다. 소비자들이 자신의 정보(신체 치

빅데이터를 분석해 스타일을 제안하는 쇼핑몰 스티치픽스

수, 취향), 희망사항을 입력하면 그 데이터를 토대로 의상을 추천하고 배송해준다. 고객이 좋아할 만한 옷 리스트를 인공지능이 뽑아내면 전문 스타일리스트는 이 가운데 다섯 가지를 골라 고객에게 배송한다. 고객들은 옷을 입어보고 마음에 들지 않으면 반품하면 된다. 수없이 등장하는 신제품과 유행 등에 상관 없이 셔츠, 바지, 스웨터, 재킷 등을 내 맘대로 선택해서 입고 싶은 고객의 마음을 파고들었다. 놀랍게도 고객 가운데 80퍼센트는 추천한 옷 중 한 벌을 구매했고, 80퍼센트의 고객은 첫 구매 후 90일 이내에 재구매했다.

나의 피부와 스타일에 맞는 최적의 화장법은 무엇일까? 어떤 화장품이 나에게 가장 좋을까? 일본 최대 화장품 정보 사이트인 해피카나Hapi-cana, 富士通는 고객이 원하는 화장품과 화장법, 나아가 구매 사이트까지 추천한다. 고객은 얼굴 사진을 찍어 사이트에 올리고 화장 타입, 연령, 희망사항 등을 적기만 하면 된다. 해피카나는 빅데이터를 인공지능으로 분석해 고객에게 최적의 해답을 제공한다. 5만 장의 얼굴 이미지 데이터를 토대로 인공지능이 80만 번의 학습과 분석을 통해 얼굴 형태, 눈, 코, 입술 등 여덟 종류의 얼굴 특징을 제시한다. 고객이 원하는 얼굴형을 선택하면 해피카나는 화장법과 화장품을 추천한다.

020. 쇼핑뿐 아니라 산업 현장도 바꿔놓는다

온라인과 오프라인이 결합되면서 산업 현장에서도 놀라운 변화가 시작된다. 즉 또 다른 인터넷, 산업인터넷이 만들어진다. 산업인터넷이란 모든 산업 장비에 인터넷이 접목된다는 의미로 사물인터넷을 대신하는

산업 현장에서 작동하는 모든 것의 인터넷

말이지만, 사물인터넷과 달리 산업 현장의 대형 기계가 중심이라 산업 인터넷으로 불린다.

예를 들어 미국 사우스웨스트 항공은 GE의 산업인터넷 소프트웨어 플랫폼 프리딕스Predix를 이용해 온도와 습도, 풍향·풍속, 비행기 무게, 각 비행장 사정 등 다양한 변수를 고려한 최적의 비행 시간표를 산출한다. 사우스웨스트 항공은 이 시스템을 활용해 1억 달러 어치의 항공유를 절감했다. 산업인터넷은 빅데이터 분석과 첨단 기계를 결합해 생산성을 높이는 동시에 기계에서 발생하는 사고와 고장을 사전에 예측함으로써 자원 낭비를 최소화하는 역할을 하고 있다. 각 회사나 기관마다 비슷한 개념이지만 핵심 역량이 무엇인가, 지향하는 바가 무엇인가에 따라 달리 부르기도 한다. 네트워크 장비업체인 시스코는 이를 '모든 것의 인터넷'internet of everything이라 부르고 있다.

04

경계가 허물어지고 융합되는
초산업 사회

스마트팩토리가 제조 혁명을 일으키다

제4의 혁신에 가장 적극적인 나라는 독일이다. 제1의 혁신으로 제조업 강국의 기틀을 다진 독일은 공장의 개념 자체를 바꾸고 있다. 독일은 공장의 해외 이전으로 산업 공동화 현상이 심해지고 저출산·고령화로 젊은 기술자가 급감하자, 인공지능으로 무장한 스마트팩토리 구축을 골자로 하는 '인더스트리 4.0'을 선언했다. 3D프린팅, 사물인터넷 등의 기술을 활용해 기계와 생산품 사이의 정보 교환이 가능한 완전 자동생산 프로세스 구축에 나선 것이다. 전통 제조업의 컨베이어 대량 생산을 넘어서는 차세대 맞춤형 생산 체제를 구축하는 것이 목표다.

스마트팩토리는 설계·개발, 제조, 유통·물류 등 모든 생산 과정에 디지털 자동화 솔루션이 결합된 지능형 공장을 말한다. 공장 내 설비와 기계에 사물인터넷이 설치되어 공정 데이터가 실시간으로 수집되고, 데이터에 기반을 둔 의사결정이 이루어짐으로써 생산성을 극대화할 수 있다. 특히 스마트팩토리는 공장의 정보를 통합적으로 관리하는 가상 시스템과 실제 생산라인의 물리적 시스템이 통합된 CPS를 기반으로 작동한다.

GE는 2015년 인도 푸네에 '브릴리언트 공장'을 세웠다. 소프트웨어와 하드웨어가 결합한, 이름처럼 똑똑한 공장이다. 그런데 이 공장에서는 특이하게 제트엔진부터 기관차 부품에 이르기까지 항공·오일·가스·철도에 필요한 모든 종류의 부품을 생산한다. 어떻게 한 공장에서 여러 분야에 사용되는 부품을 만들 수 있을까? 비밀은 데이터를 실시간으로 활용해 공정을 최적화한 데 있다. 모든 공장 설비에 센서가 부착되어 있어 데이터를 실시간으로 수집한다. 설비의 이상 유무나 제품의 오류는 자동으로 확인된다. GE는 축적된 빅데이터를 활용해 제품 설계 단계부터 자유롭게 시뮬레이션을 해본 뒤 실제 부품을 생산할 수 있어 부품 개발 기간을 크게 단축할 수 있다.

로봇이 생산성 혁명을 가져오다

아디다스가 만든 스피드팩토리는 직원 600명이 하던 일을 단 열 명이 해내고 있다. 지능형 로봇이 24시간 지치지 않고 연간 50만 켤레의 신발을 생산한다. 인공지능과 자동화 장비, 3D프린팅 등의 기술이 결합해 과거와 전혀 다른 공장을 탄생시킨 것이다. 사람은 지능화된 로봇이 운동화를 만들 수 있도록 기계가 인식할 수 있는 위치에 소재만 갖다놓으면 된다. 아이다스는 이 생산공장을 독일에 만들었다. 인건비 상승으로 중국과 베트남 등 아시아에 공장을 설립했던 저임금 공장 시대를 끝내고 아예 '프리미엄 공장'을 독일 땅에 설립한 것이다. 1993년 독일 공장을 문 닫은 지 23년 만의 일이다.

나이키도 로봇을 투입해 제품을 생산할 채비를 하고 있다. 나이키가 도입을 준비 중인 로봇 생산 시스템은 플렉스Flex다. 플렉스로 주력 상품 가운데 하나인 에어맥스 운동화를 제조할 경우 인건비와 소재 비용이 각각 50퍼센트, 20퍼센트 급감할 전망이다. 나이키의 신발 사업 부문 생산직 노동자는 75퍼센트 이상 베트남과 인도네시아, 중국에 집중돼 있다. 이렇게 되면 전 세계 100만 명에 달하는 나이키 생산직 노동자가 로봇에 밀려 일자리를 잃게 된다.

운동화 제작 과정에서 노동력이 가장 많이 투입되는 공정은 바로 발등을 감싸는 갑피upper 제조 공정이다. 갑피는 바느질한 곳이 보이지 않아 마치 하나의 재료로 만들어진 것처럼 보이지만 실제로는 40개의 조각에 열을 가해 붙인 것이다. 이 공정에는 그동안 로봇을 투입할 수 없었지만, 로봇 스타트업인 그래비트Grabit는 사람이 작업하는 것보다 20배 가까이 빠른 속도로 갑피를 제작할 수 있는 로봇을 개발했다. 이 로봇은 사람이 10~20분 걸려 만들 수 있는 갑피를 1분 만에 제작한다. 한 대의 로봇이 여덟 시간 동안 300~600켤레의 갑피를 만들 수 있으며 사람은 한 명이 모니터링만 하면 된다.

1인 1품의 맞춤 생산 제조 혁명이 일어난다

이 세상에 하나뿐인 나만의 신발, 나의 개성을 잘 살린 나만의 옷, 나만의 서랍장과 소파, 내가 디자인한 프리미엄 스포츠카… 앞으로 기업들은 소비자가 원하는 지구상에 하나뿐인 '1인 1품' 맞춤 욕구를 충족하기 위해 맞춤 생산의 제조 혁명을 일으키게 된다. 한계생산비용 제로 시대가 열리기 때문이다. 따라서 기업들은 다품종 대량 생산 시대를 접고 소품종 소량 생산 시대에 맞는 생산 시스템을 구축해야 한다. 생산 현장도 공단이나 공장일 필요가 없다. 도심 한가운데서 무소음으로 제품을 척척 생산할 수 있다.

컴퓨터를 이용한 첨단 디지털 가공장비, 즉 디지털 패브리케이션digital fabrication은 기존의 제조 공법과 디자인, 설계 등의 한계를 뛰어넘어 산업의 판도를 바꿔놓을 전망이다. 그 핵심에 3D프린터가 있다. 엔지니어, 디자이너, 건축가는 컴퓨터 설계, 입체 가공, 소재공학, 합성생물학 등의 기술을 결합하고 융합해 우리가 소비하는 제품, 사는 집까지 탈바꿈시킨다. 특히 정보통신기술과 결합한 공장은 개인의 피부색, 성향 등 소비자 개인별 특성을 고려한 1인 1품 생산이 가능할 정도로 완전 자동생산 체제를 완성한다.

아디다스의 스피드팩토리는 단순히 공장만 자동화한 게 아니다. 각 개인에게 최적화된 제품을 단시간에 만들어 공급한다. 공장 이름처럼 제품 생산 '스피드'가 빠르다. 신발 끈부터 깔창, 뒷굽 색깔까지 수백만 가지 옵션 중 소비자가 원하는 것을 선택하면 다섯 시간 안에 로봇과 3D프린터로 제품을 생산한다. 소비자가 원하는 스타일의 신발을 주문하면 제작 하루, 배달 하루, 이틀 만에 맞춤형 신발을 공급하는 제조 혁명을 일으킨 것이다.

이 같은 1인 1품 시대의 탄생은 소비자가 원하는 유행에 신속하게 대처할 수 있도록 해준다. 신제품 개발 기간을 열흘 이내로 단축해 시장 변화에 빠르게 대응할 수 있다. 지금 많은 운동화 제작회사는 디자이너가 그린 새 운동화를 매장에 진열하려면 통상 1년 6개월이 걸린다. 하지만 스피드팩토리는 열흘 이내에 소비자가 원하는 신발을 매장에 공급할 수 있다.

값싼 노동력과 분업화로 사람이 물건을 생산하던 공장이 스마트팩토리로 속속 변신하고 있는 것이다. 나이키, 리복 등 경쟁사들도 지능형 공장 건설에 뛰어들고 있다.

1인 생산 시대를 연 3D프린터

3D프린터, 마술 같은 미래를 연다

1인 1품 시대를 여는 미래 기술의 핵심에는 인공지능과 3D프린팅 기술이 자리 잡고 있다. 3D프린팅은 거의 불가능한 게 없는 마술 같은 미래를 열어준다.

3D프린팅은 디지털 디자인 데이터를 이용해 2차원 이미지를 3D로 변환한 후 이 모양으로 고분자·금속·세라믹 같은 소재를 층층이 쌓아 실물을 만드는 기술을 말한다. 물, 공기, 불, 흙 등 네 가지 구성비만 알

면 원하는 물질을 마음대로 만들 수 있다던 중세 유럽의 연금술과 같은 것으로 21세기형 연금술이라고 할 수 있다. 놀라운 것은 컴퓨터 기술을 통한 설계도와 플라스틱 등 다양한 소재를 활용해 인공 장기는 물론이고 요리, 권총, 자동차, 자동차 부품, 보석, 핸드백, 시계, 신발, 주택, 교량 등 거의 모든 제품을 만들 수 있다.

입체로 된 설계도만 있으면 종이에 인쇄하듯 3차원 공간에 실제 사물을 만들 수 있어 21세기 첨단 기술이 결집된 '꿈의 기기'라 할 수 있다. 1984년 미국에서 처음 개발됐지만 그간 프린터나 소재가 너무 비싸 극히 제한된 용도에만 사용되었다가, 플라스틱 소재에서 나일론과 고무, 금속, 세라믹, 바이오 물질까지 소재의 범위가 확장되고 있다.

네덜란드는 최근 3D프린팅 기술로 자전거 전용 다리를 만들어 세상을 놀라게 했다. 8미터 길이의 이 다리는 3D프린터로 콘크리트 구조물을 만든 뒤 현장에서 조립하는 방식으로 만들어졌다.

지난 100년 동안 자동차는 대규모 공장에서 대량 생산됐다. 하지만 로컬모터스는 세계 최초로 3D프린터로 전기차 스트라티Strati를 제작했다. 2015년 미국 디트로이트에서 열린 모터쇼에 설치한 3D프린터로 44시간 만에 차량을 완성해 현장해서 주행 시범까지 보였다. 당시에는 일주일 동안 스트라티 세 대를 만들었지만, 지금은 하루 한 대 제작도 가능하다. 2016년에는 단 하루 만에 3D프린터로 IBM의 인공지능 왓슨을 장착한 자율주행 전기버스 올리Olli를 만들어 선보였다.

첨단 부품의 결정체인 항공기까지 3D프린터로 생산하는 시대가 열렸다. 2011년 7월 영국 사우스햄튼 대학은 무인 비행기 설사SULSA를 3D

프린터로 만들어 띄우는 데 성공했다. 날개 길이 2.1미터에 무게 3킬로 그램으로 제작된 이 비행기는 시속 160킬로미터로 비행했다. 비록 무인 비행기였지만 연결 부위에 볼트나 나사를 전혀 사용하지 않고 400와트 모터엔진을 사용한데다 3D프린터로 '찍어냈다'는 점에서 의미가 컸다. 보잉787 같은 거대 비행기까지 만들어진다면 제조 분야에 혁명적인 변화가 올 수밖에 없다.

머지않아 3D프린터는 텔레비전, 냉장고, 세탁기처럼 가정 내 필수 가전제품으로 등장할 전망이다. 슈퍼마켓에서 원하는 재료를 구입해 원하는 디자인만 입력하면 원하는 제품을 생산해 사용할 수 있다. 자신의 발 특성을 고려한 운동화, 슬리퍼도 직접 만들어 신을 수 있다. 즉 생산공장을 한 집에 하나씩 가지고 복잡하지 않고 간단한 제품은 직접 생산해 사용하는 '가정 물품 제조' 시대가 열린다.

바이오 3D프린터가 온다

3D프린터만 있으면 개인의 구강 구조에 맞는 틀니, 인공 치아, 치아 교정기를 저렴한 비용에 만들 수도 있다. 간이나 콩팥, 심장과 같은 인공 장기는 어떻게 만들까? 조류algae 등 다종의 세포를 이용해 만든 바이오잉크에 연골세포를 넣어 원하는 모양의 연골 조직을 만든다. 바이오잉크는 인공 장기나 피부 같은 세포 구조체를 만들 수 있는 원료를 사용한다. 교통사고나 화재사고를 당한 중증 환자 등에게는 긍정적인 평가를 받고 있지만, 생명 윤리 논란을 일으키고 있다.

영국인 에릭 모거는 얼굴 피부 아래에 생긴 테니스공 크기의 종양(코

암) 때문에 왼쪽 눈과 턱뼈 등 왼쪽 얼굴 대부분을 잃었다. 종양 제거 수술로 얼굴의 반쪽을 잃은 뒤 4년이나 참혹한 삶을 살아야 했다. 말을 제대로 할 수도 없었고 음식물도 튜브로 먹어야 했다. 절망적이었던 그에게 2013년 4월 바이오 3D프린터가 새 희망을 줬다. 자신에게 딱 맞는 얼굴을 3D프린터로 출력해 새 삶을 살게 된 것이다.

2016년 미국 켄터키주의 한 병원에서는 14개월 된 아기의 선천성 심장병 수술을 해야 했다. 하지만 심장이 너무 작고 직접 심장을 보기 전에는 어디가 잘못된 것인지 알 수가 없었다. 수술을 맡은 외과의사 에리 오스틴은 3D프린터를 떠올렸다. 어디에 문제가 있는지 아이의 심장을 본 뜬 인공심장을 만들기로 한 것이다. 오스틴은 루이스빌 대학의 도움을 받아 심장 CT스캔을 통해 3D프린팅 기술로 실제 아기 심장보다 1.5배 큰 모형 심장을 만드는 데 성공했다. 오스틴은 모형 심장을 보며 수차례 수술을 연습한 끝에 심장병의 원인을 정확히 제거해 성공적으로 수술할 수 있었다.

2007년 설립된 미국의 생명공학회사 오가노보Organovo는 3D프린팅 기술을 활용해 장기나 신체의 일부를 생산하고 있다. 2013년 간·내피 등 수만 개의 세포로 이루어진 바이오잉크를 사용해 1센티미터도 안 되는 크기의 인공 간을 만드는 데 성공했다. 이 인공 간은 42일간 실제 세포처럼 살아 움직였다. 2016년에는 3D프린터로 신장을 만드는 데도 성공했다. 2016년 초 미국 웨이크포레스트 의대 연구팀은 바이오 3D프린터를 이용해 만든 인공 귀를 쥐에게 이식하는 데 성공했다. 연구팀은 토끼의 연골세포와 말랑말랑한 하이드로겔로 바이오잉크를 만들었

다. 여기에 생분해성 플라스틱을 섞어 인공 귀를 만들었고 이 연골세포
는 2개월간 건강하게 생명을 유지했다.

아직 태어나지 않은 임신부 배 속의 태아도 3차원 조형물로 복사할
수 있다. 일본의 3D프린팅 회사 파소텍FASOTEC은 MRI 단층촬영으로
태아를 스캔해 양수 속에 거꾸로 떠 있는 9센티미터 크기의 태아 형상
을 만들어주는 서비스를 제공하고 있다. '천사의 형상'Shape of an Angel이
라는 이 서비스는 10만 엔에 달한다.

모든 기술이 결합된 신개념 쇼핑

초지능, 초연결의 융합은 소비자의 구매에도 영향을 미쳐 쇼핑 혁명을
일으키게 된다. 제품의 바코드와 QR코드가 온라인과 오프라인을 하나
로 통합하는 기폭제 역할을 한다. 이 바코드가 온·오프라인의 경계를
무너뜨린 데 이어 융합 시대를 열고 있기 때문이다.

온라인과 오프라인이 하나로 통합되고 융합되는 새로운 제4의 혁신
이 곳곳에서 진행되고 있다. 미래 쇼핑의 시작은 가상현실 쇼핑에 있다.
스마트폰 속에 들어 있는 가상현실 장비를 통해 수많은 상품 중에서 원
하는 물건을 골라 주문을 하면 오프라인의 물류센터에서 원하는 곳으
로 물건을 배달해준다. 컴퓨터 화면을 보고 평면적으로 물건을 고르는
방식과는 차원이 다르다. 360도로 물건을 돌려보면서 입체적으로 관찰
할 수 있어 지금까지와는 전혀 다른 쇼핑의 재미를 선사한다. 타오바오

淘寶가 선보인 가상현실 쇼핑 바이플러스Buy+는 가상현실 기술을 활용해 3D쇼핑 환경을 구현했다. 앞으로 가상현실 페이 기능이 추가되면 터치, 응시, 고개 끄덕이기, 음성 등 다양한 방식으로 결제가 가능하다.

고객에게 맞춤형 서비스를 제공하는 데이터커머스

맞춤형 서비스 데이터커머스가 온다

수많은 소비자가 축적한 빅데이터가 돈이 되는 시대가 시작됐다. 스마트폰과 SNS가 활성화되면서 수많은 소비자 정보가 빅데이터를 만들어냄에 따라 이를 효율적으로 활용하기 위한 데이터커머스Data Commerce 또한 진화하고 있다. 데이터커머스는 빅데이터를 기반으로 한 고객 맞춤형 큐레이션 상거래 서비스를 말한다. 인공지능이 빅데이터를 분석해 이 결과를 토대로 개인의 라이프스타일에 맞는 상품, 뉴스, 서적, 의류, 음악 등 거의 모든 것을 추천해준다.

연간 매출 3조 위안(약 540조 원)을 넘어선 초산업 기업 알리바바는 18년 전 18명이었던 직원이 5만 4,421명으로 늘었다. 연간 거래액이 세계 21번째 경제 규모를 가진 아르헨티나의 GDP와 맞먹는 알리바바는 시가총액 기준으로 세계에서 여섯 번째로 큰 회사로 성장했다. 놀라운 사실은 알리바바의 창업자 마윈은 초산업 플랫폼을 완성해 전 세계에 1억 개 일자리를 해결하고, 20억 소비자에게 서비스하는 세상을 꿈꾸고 있다. 이렇게 되면 그는 이 플랫폼에서 1,000만 개 중소기업이 수익을 내는 비전을 이룰 수 있다고 단언한다.

이 같은 엄청난 성공의 비결은 어디에 있을까? 바로 데이터커머스다. 알리바바가 상거래에서 성공한 이면에는 빅데이터 분석 프로그램 천인천면千人千面이 숨어 있다. 천인천면은 '천 사람이 천 가지 얼굴을 한다'는 뜻으로 똑같은 알리바바 사이트에 들어온 고객이라도 저마다 완전히 다른 화면을 보게 된다. 소비자 개개인의 검색 기록, 행동 유형 등을 분석해 각자에게 다른 화면을 보여주고 상품도 본인 취향에 맞게 추천하기 때문이다. 당연히 고객의 구매 전환율이 증가한다.

KT의 빅데이터 기반 모바일 커머스 쇼닥ShoDoc은 말 그대로 쇼핑 박사 역할을 한다. 구매자의 상품 정보를 빅데이터 기반으로 연결해 소비자 성별, 연령, 지역 등 정보에 따라 맞춤 상품을 추천한다. 여성 의류 렌탈회사 렌트더런웨이Rent the Runway는 고객이 원하는 유명 브랜드의 옷과 가방, 액세서리를 빌려준다. 고객 신체 정보와 이미지 데이터를 토대로 고객이 원하는 제품을 찾아 맞춤형으로 제공하기도 한다.

모든 기술이 응축된 자동차 산업의 혁신

100년 석유차 시대의 종언, 전기차가 온다

열차와 자동차의 등장은 인류 역사를 뒤바꾼 기폭제가 되었다. 원동력은 열에너지를 기계에너지로 바꿔준 증기기관과 엔진의 개발에 있었다. 엔진의 등장은 오토바이, 자동차, 비행기, 모터보트, 발전기 등을 탄생시키며 교통 혁명과 산업혁명의 기폭제가 됐다. 이들은 가솔린 또는 디젤 엔진을 장착했다. 20세기 가솔린 자동차는 인류의 문명을 바꿨지만, 반면에 공해와 지구온난화라는 부작용을 안겼다. 이제 이 엔진이 전기모터로 움직이는 무공해 모터엔진으로 대체되고 있다. 전기모터의 특징은 엔진 출력이 가솔린보다 더 세기 때문에 구동력이 강하다는 것이다.

전기차에 사용되는 모터엔진은 무소음 차를 구현할 수 있다. 그리고 배기가스가 없어 무공해 차 또한 만들 수 있다. 휘발유차 한 대를 전기차로 바꾸면 소나무 450그루를 심는 효과가 있다. 전기를 충전하는 것이기 때문에 연료 값도 더 싸다. 예를 들어 서울에서 부산까지 가는 데 휘발유차는 5만 원이 들지만, 전기차는 8,500원이면 된다. 연료를 싣지 않아도 되기 때문에 차량이 가벼워지고 차량 가격도 크게 낮출 수 있다.

제4의 혁신은 석유차 시대의 종언을 알리고 전기차 시대를 여는 기폭제가 된다. 원래 전기차가 가솔린차보다 먼저 태어났다. 스코틀랜드의 사업가 로버트 앤더슨이 1832년경 발명한 전기 마차가 효시다. 1835년 네덜란드에서 소형 전기차가 만들어졌고 1842년 미국과 영국에서도 연달아 전기자동차 개발에 성공했다. 이후 1884년 세계 최초로 불리는 전기차가 영국인 발명가 토마스 파커에 의해 태어났다. 진동과 소음이 없어 1900년대를 전후해 전기차는 전성기를 맞았다. 하지만 1920년대 미국 텍사스에서 원유가 발견되면서 휘발유 값이 떨어지자 가솔린차가 전기차를 시장에서 밀어내기 시작했다. 무거운 배터리, 기나긴 충전 시간, 비싼 가격 등이 전기차의 발목을 잡은 것이다. 이로 인해 전기차는 역사 속으로 사라졌다. 그리고 180여 년 만인 지금 다시 전기차가 부활의 날갯짓을 시작했다.

전기차는 초지능, 초연결의 모든 것이 응축된 초산업의 결과물이다. 투자은행 JP모건은 카제노브 보고서를 통해 전기차가 빠른 속도로 대중화될 것으로 전망했다. 오는 2025년까지 전 세계 시장에서 전기차가 차지하는 비율이 35퍼센트까지, 2030년이 되면 전기차의 비중은 48퍼센트로 증가할 전망이다. 앞으로 8년 후 전체 자동차의 3분의 1이, 10여 년 뒤 차량 두 대 중 한 대가 전기차로 바뀌게 된다는 놀라운 전망이다.

지구촌 곳곳에서 전기차 시대의 도래를 예고하고 있다. 프랑스와 노르웨이에 이어 2017년에는 영국 정부도 2025~2030년까지 전통 내연기관 차량 판매를 금지하겠다고 발표했다. 볼보는 전통 자동차업계 최초로 2019년부터 석유차 출시를 완전 중단한다. 독일은 2030년부터 화석연료 자동차 판매를 금지하기로 결정했다고 2016년에 발표한 바 있다. 블룸버그 뉴에너지파이낸스BNEF는 전기차가 향후 20년 안에 휘발유차 판매를 넘어설 것으로 전망했다. 모건스탠리는 이보다는 보수적으로 2040년까지 전기차 점유율이 51퍼센트로 올라선 뒤 2050년에는 69퍼센트에 달할 것으로 예상했다.

1회 충전에 140킬로미터를 질주하는 900만 원대 차가 온다

인도 마힌드라는 도심형 스마트 전기차 e2oPlus를 내놨다. 한 번 충전하면 140킬로미터를 달릴 수 있는 이 차는 가격이 54만 6,000루피, 우리 돈으로 926만 원에 불과하다. 최대 시속 85킬로미터로 성인 네 명이 탈 수 있다.

전기차 대중화의 핵심은 1회 충전 주행 거리와 충전 속도, 충전소 수에 달려 있다. 현재 시판 중인 차량 중 주행 거리가 가장 긴 전기차는 테슬라의 모델S로 1회 충전에 507킬로미터를 주행할 수 있다. 폭스바겐은 1회 충전으로 600킬로미터를 달리고, 15분 만에 배터리 용량의 80퍼센트를 충전하는 컨셉트전기차 버드-e를 내놨다. 아우디는 최대 출력 500마력, 1회 충전 주행 거리 500킬로미터인 e-트론 콰트로를 2018년부터 양산할 계획이다. 메르세데스벤츠는 파리 모터쇼에서 500킬로미터 주행이 가능한 전기차 콘셉트카 비전 메르세데스-마이바흐6를 공개했다. 이제 1회 충전으로 600킬로미터 이상을 주행하는 도전이 이뤄지고 있다. 카이스트는 충전 속도를 100배 향상시킨 차세대 하이브리드 전지를 개발했다. 1회 충전으로 600킬로미터 주행, 1~5분 내 100퍼센트 충전 시대가 열리면 전기차 시장이 폭발적으로 늘어나게 된다.

첨단 기술로 자동차가 진화한다

전기차에 첨단 기술이 탑재되면서 자동차는 '첨단 기기'로 진화하고 있다. 후방카메라 연동 디지털 룸미러, 스마트폰 연동 블루투스, 고효율 에너지, 자율주행 기능, 손동작 무인 주차 등이 대표적인 기술이다. 디지털 룸미러는 일반 룸미러보다 세 배 이상 시야를 확보할 수 있도록 해준다.

테슬라는 오토파일럿이라는 자율주행 기능을 탑재했다. BMW는 손동작만으로 주차할 수 있는 무인 주차 기능을 선보였다. 현대자동차는 위험물이 나타나면 자동으로 멈추는 자동 긴급제동 시스템AEB, 스스로 스티어링 휠을 조절하며 차선 이탈을 막아주는 주행조향 보조 시스템 LKAS, 앞차와의 간격을 자동으로 조절하고 앞차가 멈추면 차가 정지되는 어드밴스드 스마트 크루즈 컨트롤ASCC 기능을 전기차에 탑재할 예정이다.

전기차로 기존 협력업체 대부분이 사라진다

휘발유와 디젤을 연료로 사용하는 차량이 역사의 뒤안길로 사라지고 전기차가 그 자리를 차지하게 되면 자동차업계에는 그 후폭풍을 거세게 맞을 전망이다. 석유차와 전기차의 구조적 차이 때문이다. 전기차의 부품 수는 내연기관 자동차의 3분의 2 정도에 불과하다. 전기차는 전기모터를 사용하고 간단한 감속기를 사용한다. 배터리를 사용하기 때문에 연료탱크나 연료펌프 등도 필요 없다. 사라질 부품을 생산하는 협력업체는 서둘러 또 다른 비즈니스를 찾거나 새로운 제4의 혁신에 나서야 한다. 조립공 수도 크게 줄어 일자리의 대변혁이 예상된다. 폭스바겐은 2025년 전기차를 총생산량의 20~25퍼센트(200~300만대)로 늘릴 계획을 발표하면서 세계적으로 노동자 3만 명을 감축하는 계획을 내놓았다.

한편 전기차는 자동차 바닥이나 뒷좌석 밑에 엄청난 무게의 배터리가 설치되기 때문에 자동차가 더 무겁고 타이어의 마모 속도가 빠르다. 타이어에도 제4의 혁신이 기대된다. 배터리의 한계에 대한 기술력 향상 또한 요구되고 있다. 내연기관 자동차에서 전기차로 산업이 재편됨에 따라 고용 불안이 심각한 사회문제로 등장할 수 있다.

전기차가 모든 산업의 판도를 흔든다

전기차의 대중화는 단순히 에너지원의 변화를 뜻하는 게 아니다. 기존 자동차 산업의 구조와 세계 경제의 근간을 송두리째 바꿔놓는다. 전기차의 부상은 글로벌 자동차산업의 지각변동을 일으킬 전망이다. 스마트폰이 등장하면서 휴대폰 시장이 격변하고 필름 시대가 끝나고 디지털카메라 시대가 열리면서 카메라 시장의 판도가 바뀐 것보다 더 충격적인 변화가 예상된다. 글로벌 전기차 대전에서 전통을 고수하는 기업은 추락하고 혁신을 주도하는 뉴챔피언이 등장하는 대전환기를 맞게 된다. 나아가 자동차 딜러와 자동차 금융, 석유 산업 역시 격랑을 맞을 전망이다.

전기자동차의 대중화는 소비자들의 유지, 보수, 보험 등 차량 관리비를 낮추게 된다. JP모건은 "내연기관 자동차에는 움직이는 부품이 최대 2,000개가 필요한 반면, 전기자동차에는 20개만 들어간다"며 "이로 인해 유지, 보수 서비스 비용이 대폭 감소하고 자동차의 수명은 많이 늘어날 것이다"라고 설명했다. 그러면서 전기자동차의 유지비용을 내연기관 자동차의 10퍼센트 수준으로 예측했다. 차량 고장과 사고가 줄어들면 이에 따라 자동차 AS회사, 카센터, 부품회사는 수익성에 타격을 입을 전망이다.

특히 자동차 부품 수가 크게 줄면 자동차 산업의 설비 투자가 줄어 관련 산업이 위축될 수밖에 없다. 내연기관 자동차를 중심으로 한 할부와 리스 시장도 영향을 받는다. 전기차가 부상하면 휘발유 차량의 가격이 떨어지고 특히 내연기관 중고차 값은 추락한다. 차량 수명도 전기차가 훨씬 길므로 대출 필요성이 줄고 자동차의 전체 수요도 감소한다.

　석유 산업도 수익성에 영향이 생기게 된다. JP모건은 "현재 전 세계 석유 수요의 20퍼센트를 자동차 연료가 차지하고 있지만, 2035년까지 석유 수요가 15퍼센트 정도 줄어들 것"으로 예측했다. 반면에 삼성전자, SK하이닉스 같은 반도체회사는 수혜를 입게 된다. JP모건은 일반적인 전기자동차는 내연기관 자동차보다 금액 기준으로 2~3배 많은 반도체 부품을 사용한다고 밝혔다. 동시에 반도체는 전기차 충전소에도 다수 사용된다.

　원자재 시장까지 판도 변화가 불가피하다. 전기차 수요가 늘면 자연스럽게 코발트, 리튬, 구리, 알루미늄, 니켈 수요가 급증한다. 세계 최대 광산업체 글렌코어에 따르면 휘발유와 디젤 자동차보다 전기차 제조에 들어가는 구리의 양이 세 배 이상 많다. 전기차 한 대에 들어가는 배터리에는 구리 약 38킬로그램, 코발트 11킬로그램, 니켈 11킬로그램이 사용된다. 이 때문에 2025년까지 전기차 인프라에 따른 구리 수요가 5퍼센트 증가할 것이란 전망이 나오고 있다(엑산 BNP파리바). 반면 납, 철강 생산업체들은 타격을 입게 된다. 납은 주로 휘발유와 디젤 자동차의 시동 배터리에 사용되지만, 전기차는 리튬이온 배터리를 사용하기 때문이다. 또 알루미늄이나 초경량 고강도 합금 같은 경량 금속이 빠르게 철강을 대체하고 있다. 내연기관 차량의 배기가스 정화장치에 사용되는 백금 역시 타격을 받게 된다. 백금 수요의 절반 가까이가 자동차산업에서 나오는데 전기차에는 백금이 쓰이지 않는다.

초실감 콘텐츠로 교육의 미래가 달라진다

새처럼 자유롭게 하늘을 날 수 없을까? 가상현실 비행 장치인 시뮬레이터 버들리Birdly를 이용하면 새가 된 것 같은 경험을 할 수 있다. 오큘러스 리프트를 착용하고 시뮬레이터에 올라타면 마천루 위를 나는 것 같은 초실감 현장을 체험할 수 있기 때문이다. 아이플라이iFly 는 세계 최대 규모의 실내 스카이다이빙 체험장에서 하늘을 나는 체험을 할 수 있다. 땅에 떨어지지 않고 비행기 밖으로 점프하는 경험도 제공할 예정이다. 현재 건설 중인 아이플라이 토론토는 30분간 하늘을 나는 교습실을 운영할 계획이다.

미국 의과대학의 교육 현장이 바뀌고 있다. 과거 해부학 시간에 학생들은 익명의 시체를 앞에 놓고 해부학 공부를 해야 했다. 시체에서 나오는 냄새 때문에 해부학 공부를 제대로 할 수 없는 학생들이 대다수였다. 지금은 상황이 달라졌다. 미국 실리콘밸리 아나토마지Anatomage 의 창업주 최원철(미국명 잭 초이) 박사는 세계 최초로 3D기술을 활용해 가상 해부 테이블을 개발하는 데 성공했다. 미국 톨레도 대학 의대생들은 이 가상현실을 이용해 해부학을 공부하고 있다. 가상 해부는 실제 시체를 해부하는 것보다 더 자세하고 선명한 화면으로 여러 가지 시도를 해볼 수 있다. 영화처럼 인체 기관 속으로 들어가 인체 여행을 할 수도 있다. 마음대로 신체를 절단해볼 수도 있다. 심장이나 위, 신장 등 장기들을 허공에 띄워놓고 위에서, 아래에서, 옆에서 입체적으로 들여다볼 수 있다. 미국 케이스웨스턴리저브 대학도 홀로렌즈를 활용해 인체 모형 홀로그램을 허공에 띄워놓고 해부학을 공부한다.

스페이스VR은 가상현실 카메라인 오버뷰원Overview One을 우주에 쏘아 올릴 예정이다. 이 카메라가 우주의 모든 장면을 속속 촬영해 오면 사람들은 가상현실 플랫폼을 통해 가상 우주 체험을 할 수 있다. 오버뷰원에 탑재된 고프로 열두 대로 360도 우주 영상을 촬영하기 때문에 실제 우주여행보다 더 생생한 전율을 느낄 수 있다.

싱가포르 난양폴리텍 대학교 실습실. 이 학교 공대생들은 고글을 쓰고 가상현실로 터빈에 대한 공부를 한다. 손에 기름을 묻히지 않고 엔진이 어떻게 생겼는지, 엔진 안이 어떤 부속들로 채워졌는지 등을 자세히 학습한다.

가상현실이 교육 산업과 결합해 교육 패러다임을 바꾸고 있다. 글만 읽고 사진만 보던 교육에서 가상현실을 활용해 직접 현장을 체험하고 만져보고 분해해보며 현실 세계보다 더 생동감 있는 현장 교육이 이뤄지고 있다. 교육 방식의 대변혁이다. 학생들은 시간과 장소에 관계 없이 기기만 착용하면 대화형 쌍방향 체험 교육이 가능하다.

시장조사업체 IDC는 세계 가상현실 시장 규모가 올해 67억 달러에서 2020년 700억 달러로 늘어날 것이라고 전망한다. 오큘러스VR 창립자 팔머 러키는 "가상현실이 교육 산업과 결합하면 무궁한 잠재력이 생길 것이다"라며 "가상현실이 교육의 미래를 바꿔놓을 것이다"고 말한다.

손 안의 새로운 세상, 모바일 산업의 진화

음성으로 지시하는 인공지능 스마트폰이 온다

스마트폰은 사용자가 말만 하면 무엇이든 해결해주는 만능 개인비서로 진화하고 있다. 스마트폰이 인공지능으로 무장해 다시 태어나기 때문이다. 스마트폰 속 음성비서는 지능을 갖고 끊임없이 이용자의 특성을 학습해 이용자의 개인비서 역할을 하게 된다. 인공지능 휴대폰 속 개인비서는 사용자가 자주 가는 곳, 습관, 가족과 친구 관계, 행동 패턴, 생활방식 등을 모두 빅데이터로 관리해 사용자에게 필요한 조언을 해주는 핵심 참모이자 친구와 같은 존재가 된다.

중국, 인공지능 스마트폰을 가장 먼저 내놓다

미래 폰이 될 인공지능 휴대폰은 어떤 서비스를 제공할까? 화웨이가 가장 먼저 아너매직Honor Magic을 2016년 말 내놓았다. 아너매직은 휴대폰이 주변 환경과 사용자의 행동, 생활 패턴을 스스로 학습해 사용자에게 최적의 서비스를 제공한다. 예를 들어 영화 예약 후 영화관에 가면 스마트폰에 전자 티켓이 자동으로 뜬다. 앞으로는 이 같은 기능이 더욱 진화하게 된다. 비행기를 탑승하기 위해 스마트폰을 꺼내면 항공권이 자동으로 화면에 나타난다.

화웨이는 인공지능 모바일 칩셋 기린970을 세계 최초로 국제가전박람회IFA 2017에서 선보였다. 칩셋은 중앙처리장치CPU, 주기억장치(램), 보조기억장치(하드디스크) 등이 하나의 세트로 결합된 핵심 반도체 칩을 일컫는다. 기린970은 세계 최초로 인공지능에 필요한 신경망 연산 전용 프로세서 NPU_{Neural Network Processing Unit}를 적용해 설계된 칩셋이다. 옥타코어 CPU와 열두 개의 차세대 GPU로 구동되며 10나노미터(10억 분의 1미터)급 신형 프로세스를 활용해 55억 개의 트랜지스터를 1제곱 센티미터 넓이에 저장할 수 있다. 이렇게 되면 스마트폰의 성능은 최대 25배, 에너지 효율은 50배 높아진다. 이미지도 분당 2,000장까지 인식할 수 있다. 전기 소비가 줄어 배터리 시간이 극대화된다. 사진 1,000장을 인식하는 데 배터리 소모율이 0.19퍼센트에 불과하다. 실시간 이미지 처리, 저전력 증강현실, 정확한 언어 인식 등이 가능해진다. 그리고 이 칩셋이 새로 등장할 스마트폰 메이트10에 탑재된다.

제로 UI 시대, 터치가 필요 없다

지금 우리가 스마트폰에서 문자메시지를 보내거나 검색을 하려면 스크린을 터치해 글자를 입력해야 한다. 하지만 곧 스마트폰을 주머니에서 꺼내 손가락으로 누를 필요가 없는 세상이 열린다. 스마트폰에 대고 원하는 것을 말만 하면 된다. 인간과 기계가 중간에 아무런 매개장치 없이 직접 대화를 하게 되는 제로터치_{zero-touch} 시대가 열리기 때문이다. 스마트폰뿐 아니라 모든 전자기기가 사용자의 말을 알아듣고 원하는 기능을 수행할 수 있게 된다. 특히 기계가 스스로 학습하는 딥러닝이나 머신러닝 기능으로 무장해 사용자의 사투리와 억양, 말 습관까지 정확하게 인식할 수 있게 된다.

　기계와 인간 사이에 상호작용을 할 수 있도록 도와주는 기술을 사용자 인터페이스User Interface, UI라고 하는데, 음성이 인터페이스의 핵심 기술로 자리 잡게 된다. 현재 UI는 키보드와 마우스 터치 기술이 핵심 역할을 하고 있지만, 앞으로는 사용자의 음성과 제스처가 이를 대체한다. 장비를 터치하지 않고 말만으로 인터페이스 없이 작동시키는 것을 제로 UI라고 한다.

헤드셋만 끼면 자동 통역을 해준다

전자통신연구원은 제로 UI 자동 통역 기술을 선보였다. 이 기술은 스마트폰을 터치하지 않고 헤드셋을 통해 통역이 가능한 기술로, 헤드셋을 착용한 후 자국어로 말하면 상대방이 통역된 음성을 들을 수 있다. 놀라운 것은 자동 통역할 상대방을 미리 알아보고 해당 국가 언어를 자동으로 선택해 즉시 통역할 수도 있다는 점이다.

미국 시장조사업체 가트너에 따르면 2019년 스마트폰 사용자와 스마트폰 간 상호 교류 과정의 20퍼센트가 인공지능 음성비서를 통해 이뤄질 전망이다. 인공지능으로 무장한 가상 개인비서가 IT제품 속으로 들어오게 된다.

가트너는 음성을 통해 스마트폰을 완전하게 활용할 수 있게 되면 기존 스마트폰 UI 시장을 지배해온 터치스크린 방식의 조작이 사라지게 된다고 전망한다. 그리고 2020년까지 20억 대의 사물인터넷 기기가 직접 누르지 않아도 작동하는 제로터치 시대가 된다고 예측한다.

삼성전자의 인공지능 음성비서 빅스비는 말만 하면 내비게이션은 물론 원하는 사람을 연결해주고 인터넷에서 원하는 정보를 찾아준다.

심지어 "당신은 몇 살입니까"를 일본어로 알려달라고 하면 원하는 정보를 정확히 찾아준다.

고통 없이 질병을 치료하는 의료산업 나노 혁명

몸속 암세포만 찾아내 공격하는 나노로봇이 온다

제4의 혁신은 의학계를 어떻게 바꿔놓을까? 사람의 몸속을 스스로 걸어 다니며 암세포를 죽이는 나노로봇nanorobot이 등장해 환자의 운명을 바꿔놓는다. 사람 몸속으로 들어가 혈액 속을 헤엄쳐 다니며 의사가 원하는 대로 임무를 수행한다. 심장병이나 뇌졸중 위험도 확 줄여준다. 심장이나 뇌의 혈관 내부가 혈전으로 막히면 혈액이 잘 흐르지 않아 심장병이나 뇌졸중, 뇌출혈 위험이 높아진다. 이 때 나노로봇이 혈관 내벽에 쌓인 침전물을 녹이거나 뚫는 역할을 한다. 나노로봇을 이용하면 안구 내부 망막 등에 발생한 병소를 수술할 수 있고 암세포만 찾아 파괴할 수 있어 암을 정복할 수 있다. 과학자들은 현재 나노로봇의 개발 속도를 봤을 때 그런 세상이 2030년쯤이면 도래한다고 단언한다.

나노로봇 아이디어를 처음 발표한 사람은 20세기 최고 천재 중 한 명인 물리학자 리차드 파인만Richard P. Feynman이다. 그는 마이크로 로봇보다 1,000배 정도 더 작은 10억 분의 1미터, 즉 1나노미터 크기의 초소형 로봇 개념을 1959년 제시했다. 지금 개발 중인 나노로봇의 크기는 1나노미터도 안 되는 초소형으로 마이크로스위머micro swimmer라는 별명을 갖고 있다.

초소형 나노로봇은 어떤 능력을 가졌을까? 인체 속에는 체액(혈액과 척수액)이 60~65퍼센트를 차지한다. 나노로봇은 이 체액 속을 이동할 수 있다. 이렇게 되면 로봇은 질병 치료에 필요한 약을 정확한 장소에 투입할 수 있고 정밀한 수술까지 할 수 있다. 미국 캘리포니아 공대 생명공학과 룰루 치엔 교수팀은 최근 DNA의 두 가닥이 서로 결합하는 원리를 적용해 스스로 돌아다니며 탐사가 가능한 DNA 나노로봇을 개발했다. 이 로봇은 다리 하나에 발이 두 개 달렸고, 물건을 집을 수 있는 손도 두 개가 달렸다. 움직이면서 나노 물질을 스스로 분류해 운반하기 때문에 짐을 분류하는 DNA로봇A cargo-sorting DNA robot 으로 이름이 붙었다. 별다른 에너지를 공급하지 않아도 로봇이 돌아다니도록 DNA의 원리를 적용한 게 특징이다. 원하는 물질을 찾은 뒤 이것을 들어올려 적합한 목적지에 내려놓는 임무의 성공률이 80퍼센트에 달한다. 이렇게 되면 나노로봇은 혈류나 세포에 약물을 운송하고 암세포 같은 몸속 찌꺼기를 끌어다 버리는 의사와 같은 일을 할 수 있다.

성균관대 화학공학과 박재형 교수팀은 초음파로 원격 제어하는 종양 치료용 스마트 나노로봇을 개발해 이를 통해 암세포를 사멸시키는 활성산소종을 과량 방출하는 데 성공했다. 이 로봇이 상용화되면 외과 수술이나 항암제 없이 암을 치료할 수 있다. 특히 쥐에게 나노로봇을 주입해 실험한 결과 간, 폐, 비장, 신장, 심장 등 신체 내 주요 장기에서 손상이나 독성이 나타나지 않았다는 사실까지 확인했다.

박종오 전남대 로봇연구소장은 줄기세포 로봇을 이용해 퇴행성 관절염 환자의 무릎 연골 재생 효율을 높이는 연구를 진행 중이다. 일본 도호쿠 대학 과학자들은 연구자가 움직임을 자유롭게 제어할 수 있는 아메바처럼 움직이는 나노로봇을 개발했다.

몬트리올 대학 나노로보틱스 연구소 실뱅 마텔 교수팀은 혈관을 오가면서 정확하게 암 종양을 공격할 수 있는 나노로봇을 개발하는 데 성공했다. 이 로봇이 실용화되면 항암제로 인한 부작용이 사라지게 된다. 이 로봇은 1억 개에 이르는 박테리아를 운반할 수 있어 몸속 종양 부분까지 항암제 등의 약물을 직접 나를 수 있다.

나노로봇, 동력 확보가 과제다

극소형 로봇의 최대 도전 과제는 동력을 확보하는 일이다. 미국 UC샌디에이고 나노엔지니어링팀은 나노로봇은 워낙 소형이어서 기어나 배터리를 탑재하는 게 쉽지 않다고 말한다. 이 때문에 화학 반응, 외부의 자기장, 광선·열 등을 에너지로 사용하는 에너지 기술을 활용한다. 앞으로의 과제는 인간의 개입 없이 스스로 작동하고 오랫동안 지속 가능한 에너지원을 개발하는 일이다. 이 연구팀은 위나 식도에 있는 위액을 이용해 추진력을 얻을 수 있는 나노로켓을 개발했다. 이 팀이 개발한 마이크로 로봇은 위장에서 빠르게 헤엄쳐 위산을 중화하고 약물을 방출하는 기능을 갖고 있어 위장 속 박테리아 감염을 치료할 수 있다.

슈퍼푸드와 개인 맞춤형 식사가 등장한다

알약 하나로 식사를 끝내는 미래 음식이 온다

제4의 혁신은 사람이 먹는 음식의 미래도 바꿔놓는다. 중국이 일곱 번째 유인 우주선 선저우神舟 11호 발사에 성공했다. 우주선에 탑승한 두 우주인(50세, 38세)은 실험용 우주정거장 톈궁天宮 2호와 도킹해 그곳에서 33일간 생활했다. 이들은 우주에서 어떻게 지내고, 무엇을 먹고 생활하게 될까? 미래엔 어떤 음식이 등장하게 될까?

1962년 2월 20일 우주선 프렌드십7에 올라탄 선장 존 글렌 대령은 알루미늄 튜브에 사과 소스를 담아 우주에서 이것을 짜 먹었다. 이것이 첫 우주식이었다. 음료수는 탕Tang이라는 오렌지향 분말을 물에 탄 것이었다.

많은 사람이 수년 동안 미래에는 캡슐 한 알만 먹으면 될 것이라는 상상을 해왔다. 이 같은 시대가 곧 다가온다. 하지만 음식을 먹는다는 것은 큰 즐거움이다. 따라서 알약 식사가 인기 상품이 될 수 있을지는 미지수다. 알약 식사는 먹는 즐거움을 빼앗기 때문에 우주여행이나 환자 건강 관리, 군사용, 비상식량, 등반 등 특수한 상황에서만 사용될 것이다. 그리고 앞으로 등장할 식용 알약은 화학 성분이 아닌 실제 비타민과 미네랄을 응축한 슈퍼푸드가 될 전망이다. 예를 들어 과일 알약, 생선 알약, 쌀 알약, 소고기 알약, 삼겹살 알약, 야채 알약 등 실제 음식의 농축물이 알약 형태로 등장하게 된다. 2050년까지 개인별 유전체 특징을 정확히 분석해 어떤 영양소가 개개인의 몸에 공급되는 게 좋은지 알려주는 기술이 등장할 것이다. 따라서 알약 식사는 몸의 영양 균형을 맞춰주는 역할을 하게 된다.

알약 식사의 가장 큰 관건은 알약을 먹고도 배가 불러야 한다는 것이다. 실제 많은 양을 먹고 배가 부른 것처럼 포만감이 들도록 하는 게 관건이다. 과학자들은 이런 점을 고려해 몸을 속일 수 있는 상상 음식을 개발하고 있다. 대표적인 것이 식용 상상 알약imaginary meal pill이다. 미국 솔크 연구소 연구팀은 최근 상상 음식을 비만 치료에 적용해 포만감을 느끼면서 지방을 분해하는 알약을 개발하는 데 성공했다. 페사라민Fexaramine으로 불리는 이 알약은 음식을 먹을 때 발생하는 담즙산 분비와 지방 연소 등을 유도해 다이어트 효과를 낸다.

텐궁 2호에서 우주생활을 시작한 두 명의 중국인들은 우주여행 시대에 필요한 사항들을 실험하게 된다. 우주의학, 공간과학, 공간응용 기술, 수리유지 기술 등 다양한 실험도 이뤄진다. 오는 2022년 완공 예정인 우주정거장을 본격 가동하기 위한 사전 실험인 셈이다. 따라서 이들의 주 임무는 장차 인간의 우주여행과 우주생활을 대비한 탐사에 초점이 맞춰져 있다.

우주인은 아무 음식이나 먹을 수 없다. 우주여행 중 상한 음식을 먹고 배탈이 나거나 식중독에라도 걸리면 낭패를 보게 되고 맹장염이라도 걸리면 우주 생활 자체가 불가하기 때문에 우주음식에는 과학의 과학, 영양학의 영양학이 반영돼 있다. 우주식품은 오래 둬도 부패하지 않도록 완벽하게 살균해 미생물을 최소화했다. 특히 우주선에서는 조리를 할 수 없기 때문에 손쉽게 포장만 벗겨 그대로 먹거나, 뜨거운 물을 부어 데워 먹을 수 있도록 간편식이면서 풍부한 영양소가 담겨야 한다.

경량화도 중요하다. 1킬로그램의 물체를 우주정거장으로 쏴 올리는 데 약 5,000만 원이라는 큰돈이 든다. 따라서 동결건조시켜 극도로 가볍게 만든 식품이 대부분이다. 그런데 중국에서 개발한 우주식은 무려 100여 종(주식, 부식, 즉석식품, 음료수, 조미료, 기능식품)에 이른다. 우주인의 영양과 건강을 동시에 유지할 수 있도록 5일 주기 식단으로 과학적으로 짜였다. 중국 우주인들은 첫 식사로 총 여덟 가지 음식을 먹었다. 주식으로 오곡 비스킷, 부식으로 통조림 사과, 오향 가자미 요리, 매콤한 건두부 요리, 장향醬香 닭고기 요리, 겨자 요리, 레몬차 등이다.

2008년 4월 한국 최초 우주인 이소연 씨는 10일간 지구에서 약 350킬로미터 떨어진 국제우주정거장ISS에 머물렀다. 그녀는 이때 어떤 음식을 먹었을까? 김치와 라면, 수정과, 생식바 등 4종이 전부였다. 한국원자력연구원 첨단방사선연구소에서 개발한 제품이었다. 이후 2010년 비빔밥, 불고기, 미역국, 오디 음료 등 4종이 개발됐고 2011년 12월 부안참뽕 바지락죽, 부안참뽕 잼, 상주곶감 초콜릿, 당침블루베리, 단호박죽, 카레밥, 닭죽, 닭갈비, 사골우거지국이 우주식품으로 승인 받아 총 24종의 한식이 우주인들의 식탁에 오르고 있다. 이처럼 초밥, 피자, 커피 등 거의 모든 음식이 우주식으로 개발되고 있다. 다가올 미래를 겨냥한 미래 음식, 맛과 영양이 균형을 이룬 새로운 식음료에 대한 연구 개발이 중요한 과제다.

인공 눈이 시각장애인 없는 세상을 연다

시력을 잃은 실명 환자가 세상을 볼 수 있는 '전자 눈'이 곧 등장한다. 전자 눈의 이름은 오리온Orion으로 미국 식품의약국은 2017년 8월 망막 세포 일부만 손상된 실명 환자는 물론 사고나 질병으로 눈에 심각한 손상을 입은 실명 환자를 치료할 수 있는 전자 눈 임상실험을 허용했다. 임상시험 허가를 받은 회사는 미국의 의료기기 전문기업 세컨드사이트Second Sight다. 이 회사는 미국 베일러 의대와 함께 실명 환자 다섯 명을 대상으로 임상시험을 진행할 계획이다.

실명을 초래하는 안과 질환을 예방하고 치료까지 해주는 콘택트렌즈형 전자 눈도 곧 등장하게 된다. 전 세계적으로 시각 장애를 앓고 있는 사람들은 약 2억 8,500만 명으로 추정되는데, 전자 눈은 이들 저시력자와 시각장애인의 시력을 회복시켜주는 획기적인 소식이다.

세컨드사이트가 개발 중인 오리온은 선글라스에 달린 소형 카메라로 영상을 찍고, 이 정보를 전기신호로 바꿔 뇌의 신경계로 보내 시각을 인식하는 방식이다. 선글라스에 달린 소형 카메라가 영상을 촬영해 컴퓨터로 전송한다. 선글라스에 연결된 컴퓨터는 영상을 전기신호로 바꿔 안테나로 신호를 전송한다. 이 전기신호는 두개골에 장착된 수신기로 무선 전송된다. 전기신호를 받은 수신기는 뇌 표면에 부착된 전극에 신호를 전달한다. 최종적으로 전극은 뇌의 시각중추를 자극해 영상을 인식하도록 해준다. 그러니까 선글라스에 달린 카메라가 실시간으로 찍은 영상 정보를 뇌신경이 실제 눈이 보는 것처럼 인식하도록 해주는 방식이다.

세컨드사이트에서 개발한 아르구스Argus 2는 이미 개발돼 판매 중인 전자 눈이다. 이 전자 눈은 망막에 칩을 이식하는 방식이다. 선글라스에 달린 소형 카메라가 영상을 촬영하면, 이 영상이 망막에 이식된 칩에 전달되고 다시 시신경을 거쳐 뇌로 영상 정보를 보내 영상을 인식한다. 망막색소변성증을 앓는 환자만 혜택을 누릴 수 있다는 한계가 있다. 망막색소변성증은 빛을 전기신호로 바꾸어 시신경에 전달하는 세포 기능이 망가져 끝내는 시력을 잃는 질환이다. 전 세계에 150만 명 정도가 이 질환을 앓고 있다.

독일과 프랑스에서도 각각 알파-AMS, 아이리스V2라는 이름으로 망막 이식 방식의 전자 눈을 판매 중이다. 일리노이 공대와 호주 모나시대학 연구진도 뇌를 직접 자극하는 방식의 전자 눈을 개발하고 있다. 인공 눈 가격은 15만 달러 선이다.

호주 멜버른에서는 시각장애인에게 다이아몬드-전극 바이오 눈 이식에 성공했다. 인조 다이아몬드 눈은 전극으로 망막을 자극해 메시지를 뇌로 보내고 빛을 인지시키는 방식이다. 상대방의 표정을 인식하고 책을 읽는 전임상시험까지 돌입했다.

인공 눈의 등장은 미래 사이보그 개발의 기반이 될 전망이다. 인공 눈은 그 자체가 인공지능 컴퓨터이기 때문에 눈에 보이는 모든 정보를 실시간으로 기록할 수 있고 저장, 분석할 수 있다. 기준치를 넘으면 렌즈에서 약물도 흘러나오게 할 수 있다. 구글은 혈당 측정용 콘택트렌즈를 개발하고 있다. 스위스 센시메드는 녹내장 환자를 위해 안압 측정용 콘택트렌즈를 개발해 판매하고 있다. 과학기술의 발달이 시각장애인 없는 세상을 앞당기고 있다.

전기자극으로 질병을 치료하는 시대가 온다

식물인간을 깨우고 불치병이 정복되는 전자약이 온다

제4의 혁신이 가져다줄 미래 과학기술의 발달은 식물인간 상태의 환자에게도 희망이 될 전망이다. 프랑스 국립인지과학연구소의 안젤라 시리구 박사 연구진은 15년 동안 식물인간 상태로 있던 환자의 의식을 깨우는 데 성공했다. 국제학술지 〈커런트바이올로지〉에 실린 보고서에 따르면 교통사고로 15년간 의식이 없던 35세 환자의 신경에 3개월 동안 전자약으로 자극을 준 결과 환자가 주변 사람들의 말과 행동에 반응을 나타내며 의식이 돌아오기 시작했다.

전자약은 약물 대신 전기자극으로 질병을 치료하는 것을 일컫는다. 넓은 의미에서 심장박동기나 인공 고막 등 전통적인 의료용 이식 장치도 전자약으로 분류된다. IT산업과 제약산업이 융합한 결과물로 뇌와 신경세포에서 발생하는 전기신호로 질병을 치료하는 장치다. 천연물질 혹은 화학물질로 만들어진 기존 약이나 의료 시술보다 안전하게 질병을 치료할 수 있는 연구 분야로 이를 생체전자공학bioelectronics이라고 한다.

프랑스 연구진은 환자의 쇄골 안쪽에 있는 미주신경에 전선을 감고 전기자극을 줬다. 미주신경은 뇌와 인체의 모든 장기 사이를 오가며 신경신호를 전달하는 통로 역할을 한다. 이 미주신경은 신경을 연결해 원하는 행동을 실행할 수 있도록 해주는 몸속의 통신망과 같은 역할을 하는 것으로 미주신경에 이상이 발생하면 병이 생기게 된다. 전자약은 마치 통신망의 잡음을 제거하듯 인위적인 전기자극을 가해 잘못된 신경신호를 교정함으로써 치료 효과를 내는 전자장치에 해당한다.

쇄골 안쪽에 있는 미주신경에 전기자극을 지속적으로 주면 뇌에서 운동과 감각, 의식을 담당하는 영역의 뇌 혈류량이 늘어나고 활동이 활발해지면서 식물인간이 의식을 회복하게 된다. 환자는 눈앞의 물체를 따라 눈동자를 움직이거나 연구진의 요청에 따라 고개를 돌리는 반응을 보였다. 환자의 얼굴에 갑자기 얼굴을 들이밀면 눈을 크게 뜨고 놀라는 반응도 나타냈다.

비만 치료부터 난치병 극복까지

전자약은 광범위하게 개발되고 있다. 위 신경에 전기자극을 줘서 비만을 치료하는 전자약이 미국 식품의약국 허가를 받았다. 위장을 관장하는 신경다발에 전자약을 이식하면 식욕을 차단해 허기를 느끼지 못하게 한다. 신경을 자극해 수면무호흡증을 치료하는 전자약도 있다. 고혈압도 치료할 수 있다. 심장 박동을 증가시키는 교감신경을 차단해 고혈압을 예방한다. 뇌에 직접 전극을 삽입해 파킨슨병을 치료하는 전자약, 우울증을 치료하는 전자약, 류머티즘 관절염이나 크론병(만성 염증성 장질환) 같은 자가면역 질환 치료를 돕는 전자약 등 다양한 상품이 개발됐다. 몸이 마비된 사람이 두뇌 활동을 할 때 발생하는 전기신호를 컴퓨터에 입력해 팔이나 다리 등을 움직일 수 있게 해주는 뇌-컴퓨터 인터페이스, 통증이 나타나면 적절한 전기신호를 이용해 통증을 없애주는 통증 완화 전자약도 있다.

현대 의학에서 태동시킨 생체전자공학은 아직 정복하지 못한 난치병을 치료할 수 있는 미래 의학이 될 전망이다. 뉴런으로 구성된 신경계는 세상과 신체 조직으로부터 정보를 받아들이고 의사결정을 내리며 신체 조직에 명령을 내리는 역할을 한다. 현재 기술로 사람의 눈에 보이지 않을 정도로 작은 신경세포 뉴런을 시술하는 것은 사실상 불가능하다. 그런데 전자약은 뇌와 신경세포 사이에서 전기신호를 발생시켜 문제점을 치료하고 있다.

알츠하이머, 파킨슨, 고혈압, 천식, 류머티즘 관절염, 간염, 암, 비만, 당뇨, 만성염증(루푸스), 과민성 방광, 과민성 장 증후군, 염증성 장 질환 등 수많은 불치병을 완치할 수 있는 길을 연다.

구글의 모회사 알파벳이 생체전자공학 사업에 뛰어들었고, 영국 최대 제약사 글락소스미스클라인GSK과 합작해 갈바니 바이오일렉트로닉스를 출범시켰다. 갈바니는 인체에 이식이 가능한 초소형 전자장치를 삽입해 신경의 전기신호를 조절하는 생체전자공학 기술을 활용해 당뇨, 관절염, 천식 등 만성 질환의 치료법을 찾을 계획이다.

즉석에서 충전되는 배터리 세상이 온다

스마트폰 20초 만에 '완충'되는 배터리 혁명이 온다

스마트폰 만능 시대가 됐다. 전화와 문자는 기본이고 텔레비전을 보고 사진을 찍고 음악을 듣고 동영상까지 찍는다. 하지만 배터리가 방전되면 아무런 역할을 하지 못한다. 그래서 보조배터리를 갖고 다니고 먼 길을 갈 때는 항상 충전기를 들고 다녀야 한다. 한 번 충전으로 일주일을 쓸 수 있고 10초 만에 충전되는 배터리는 없을까? 이 같은 초고속 충전 기술을 스마트폰에 적용하면 배터리 혁명이 일어난다. 나아가 전기자동차용 배터리 등 충전 기술의 미래를 바꿔놓게 된다.

영국의 전력기술회사 인텔리전트에너지Intelligent Energy는 한 번 충전하면 휴대폰을 일주일 동안 사용할 수 있는 수소 배터리 프로젝트를 시작했다. 이 회사는 이미 2017년 초부터 드론에 쓰이는 수소 배터리를 생산하고 있다. 다만 문제는 충전 방식이다. 수소 배터리는 기존 전지처럼 플러그를 꽂는 방식으로 충전할 수 없기 때문에 배터리에 들어 있는 수소를 직접 교체해야 한다. 따라서 일회용 카트리지를 삽입해 사용하는 방법이 대안으로 부상하고 있다. 또 수소 배터리는 산소에서 수소의 화학작용을 일으켜 전기를 만들기 때문에 부산물로 물이 발생한다. 배터리에서 발생하는 물을 처리하는 방법도 과제다. 그만큼 수소 배터리는 이론은 좋지만, 넘어야 할 장벽이 높다.

카이스트는 지난 6월 초고속으로 충전이 가능한 리튬이온 배터리 음극 소재를 개발했다. 충·방전이 가능하고 1만 번 이상 작동해도 용량 손실이 없다. 1분 이내에 130mAh/g의 용량을 완전히 충전하는 데 성공함에 따라 이 기술을 스마트폰에 적용하면 스마트폰을 충전하는데 약 20초밖에 걸리지 않는다. 전기자동차에 적용하면 현재 3~4시간 걸리는 자동차 배터리 충전 시간도 획기적으로 줄어들 전망이다.

휴대폰 단말기 제조사인 중국 기업 오포Oppo는 2016년 2월 스페인 바르셀로나에서 열린 모바일월드콩그레스MWC에서 완전 방전 상태 휴대폰을 15분 만에 100퍼센트 충전할 수 있는 슈퍼부크SuperVOOC라는 초고속 배터리 기술을 공개했다. 중국 화웨이도 스마트폰을 5분 만에 48퍼센트나 충전할 수 있는 급속충전 리튬이온 배터리를 개발했다. 이 배터리는 3000mAh짜리로 기존 리튬이온 배터리와 견주면 충전 속도는 열 배 빠르다. 용량도 3000mAh인 만큼 기존 스마트폰에 곧바로 채택할 수 있다. 화웨이는 급속충전 가능한 600mAh짜리 리튬이온 배터리도 개발 중이다. 이 제품의 경우 2분이면 68퍼센트까지 충전할 수 있다.

이스라엘 회사 스토어닷StoreDot은 2015년 8월 나노 기술을 이용해 방전된 휴대폰 배터리를 30초 이내에 충전할 수 있고 전기자동차도 5분 안에 충전할 수 있는 초고속 충전 시스템을 개발했다. 이 회사는 이미 스마트폰 충전용 배터리 시제품을 선보였으며 차량용 배터리 충전 시스템 상용화를 위해 1억 1,700만 달러를 투자 받은 상태다. 스토어닷은 현재 개발한 초고속 충전기 크기를 줄여 스마트폰용으로 상용화를 시도하고 있다. 스토어닷의 가장 큰 목표는 최초로 즉석 충전이 되는 차량 시제품을 만드는 일이다.

배터리는 스마트폰뿐만 아니라 노트북, 전기자동차 등 전기를 필요로 하는 전기제품에는 무엇이든지 사용할 수 있다. 그런데 배터리의 핵심 원료는 바로 리튬이다. 배터리 사용이 늘어남에 따라 리튬 수요 또한 증가해 리튬이 '흰색 황금'으로 귀한 몸이 되고 있다. 리튬은 스마트폰한 대에 5~7그램 사용되고 전기차 한 대에는 스마트폰 약 1만 대 분량인 40~80킬로그램이 들어간다. 리튬을 이용한 신기술 개발과 리튬 자원 확보에 기업과 정부가 눈을 떠야 한다.

모든 엔터테인먼트를 텔레비전 하나로 즐기다

텔레비전, 어떻게 진화할까?

많은 집에 거실 가장 중요한 자리에 텔레비전이 있다. '바보 상자'가 전하는 뉴스와 드라마, 스포츠 중계, 노래, 영화 등을 시청하며 사람들은 희로애락을 함께 한다. 독일에서 열린 유럽 최대 가전전시회 IFA 2016에서는 손가락 하나 까딱하지 않고 말만 하면 모든 가전제품이 작동하는 미래 가전이 화두였다. 특히 삼성전자의 퀀텀닷TV와 LG전자의 올레드TV가 차세대 TV로 주목을 받았다.

미래 TV는 단순한 텔레비전이 아니다. 기본적으로 컴퓨터, 인공지능과 결합하게 된다. 모든 가전제품은 한 개의 리모컨과 음성 명령으로 작동한다. 미래 텔레비전의 핵심은 '말을 알아듣는 TV'가 된다는 사실이다.

"아침 여섯 시, 감미로운 음악과 함께 잠을 깨워줘"라고 주문만 하면 다음 날 아침 텔레비전이 켜지고 감미로운 음악 소리가 잠을 깨워준다. 날씨를 물어보면 알려주고 전화가 오면 텔레비전으로 전화한 사람 얼굴이 나타난다. "텔레비전 켜", "텔레비전 꺼", "채널 돌려", "볼륨 올려" 등 사용자가 요구하는 대부분의 것들이 말로 작동한다. 애플, 구글, 마이크로소프트, 아마존 등이 개발한 인공지능 음성비서가 텔레비전에 탑재되기 때문이다. 앱 기반으로 돼 있어 원하는 앱을 다운 받아 금융거래는 물론 쇼핑, 검색, 문자메시지 전송 등 멀티태스킹이 가능해진다. 텔레비전과 스마트폰이 연동하기 때문에 즉시 결제가 이뤄지고 취소도 아무 때나 가능해진다. 여러 채널을 틀어놓고 동시에 볼 수 있고 텔레비전을 보면서 유튜브나 인터넷을 동시에 검색할 수도 있다.

콘텐츠의 장벽이 사라진다

메뉴, 영상, 게임 등 콘텐츠 간의 장벽이 사라진다. 삼성전자가 선보인 퀀텀닷 디스플레이 SUHD TV는 하나의 리모컨으로 모든 엔터테인먼트를 간편하게 즐길 수 있다. 텔레비전을 켜면 모니터에 앱처럼 2단의 밴드가 나타난다. 하단에 TV 방송, 앱, 스마트싱스, 플레이스테이션, HBO, 아마존, 넷플릭스, 유튜브 등이 표시되어 있고 그중 HBO를 누르면 콘텐츠업체인 HBO에서 제공하는 최신 영화가 상단 밴드로 나타난다. 이어 유튜브를 누르면 상단에 유튜브 추천 동영상이 7~8개 등장한다. 게임, 넷플릭스를 누르면 마찬가지로 주요 게임과 세계 최대 유료 동영상인 넷플릭스 영상들이 나타난다.

텔레비전에는 여러 단자가 있어 다양한 기기를 연결해 모니터로 활용할 수 있다. 멀티게임기인 X박스는 물론 셋톱박스, 블루레이플레이어, 사운드 기기 등을 연결할 수 있고 스마트폰과 리모컨 하나로 이 모두를 제어할 수 있다.

TV를 보다 갑자기 음악을 듣고 싶으면 어떻게 할까? TV와 스마트폰을 연동해 음악 커서를 띄울 수 있고 듣고 싶은 음악을 텔레비전으로 나오게 할 수 있다. 가족 서너 명의 스마트폰과도 연동해 다른 사람 스마트폰에 담겨 있는 노래도 TV에서 번갈아 나오도록 할 수 있다. 동시에 스마트폰으로 찍은 가족 행사 사진을 텔레비전에 띄워 가족들이 모여 추억을 되새기며 이야기꽃을 피울 수 있다. 가족 외식 장소를 고민할 때도 맛집을 검색한 뒤 이미지를 띄워놓고 마음에 드는 식당을 정할 수도 있다.

애플, 구글, 마이크로소프트, 아마존까지 미래 TV 시장에 뛰어들고 있다. 마이크로소프트와 애플은 TV와 컴퓨터를 통합하는 시도를 하고 있고 아마존과 구글은 TV와 인터넷을 연결하는 네트워크화를 시도하고 있다. 애플은 "TV의 미래는 앱이다"라고 단언한다. 앱을 중심으로 동영상 콘텐츠가 소비되는 소비자 환경이 텔레비전 안에 구축된다는 것이다.

넷플릭스, HBO NOW, 쇼타임은 가입자들에게 수많은 동영상을 텔레비전을 통해 제공하고 있다. 이렇게 되면 '나오는 대로 보는 TV'가 '찾아보는 TV'로 바뀌게 된다. 시청자들이 목적의식을 가지고 원하는 콘텐츠를 골라보는 린포워드 시청lean forward viewing 시대가 되는 것이다. TV 방송을 텔레비전은 물론 인터넷이나 스마트폰으로 언제 어디서

건 볼 수 있게 된다.

중국 가전회사 스카이워스Skyworth는 세계 첫 증강현실 스마트TV를 선보였다. 이 TV는 방송을 시청하다가 원하는 제품을 클릭하면 해당 제품에 대한 정보가 자세히 등장한다. 증강현실과 연계해 게임을 할 수 있고 쇼핑 앱을 통해 원하는 제품을 구매, 결제할 수 있다.

이 같은 변화는 TV를 철저히 개인 기호품으로 바꿔놓는다. 개인이 원하는 콘텐츠를 찾아서 보므로 그에 맞게 방송에 등장하는 광고나 PPL 제품을 인위적으로 바꿔 광고 효과를 높일 수 있다. 얼마나 많은 사람이 광고를 봤는지 측정할 수도 있다. 가상현실 광고, 증강현실 광고가 등장해 광고 효과를 높인다.

꿈의 경량 소재가 철을 대체한다

제4의 혁신은 인류의 발전에서 핵심적인 역할을 했던 석유, 철강 등의 소재 분야에서도 혁명적인 변화를 일으키게 된다. 2016년 7월 26일 스위스인 탐험가 베르트랑 피카르는 태양광 에너지만으로 비행하는 솔라임펄스 2호를 타고 지구를 한 바퀴 도는 데 성공했다. 505일간에 걸친 대장정은 신재생에너지를 이용한 탄소 제로 비행이라는 새 장을 열었다. 솔라임펄스 2호의 비행 성공은 탄소섬유를 사용해 비행기 무게를 획기적으로 줄였기 때문에 가능했다.

이렇듯 미래에는 비행기와 자동차, 로봇, 드론, 열차 부품 등의 재료인 타이타늄(티타늄)과 알루미늄, 마그네슘 , 탄소섬유 등 경량 소재가 꿈의 소재로 각광받을 전망이다. 특히 타이타늄은 꿈의 신소재·만능 소재로 불리는 미래 소재로 항공·국방·의료산업에서 철강을 대체하게 된다. 이들 경량 소재의 등장은 소비재에도 적용할 수 있다. 등산, 낚시, 사이클링 분야에서 더욱 가볍고 저렴한 레저스포츠 용품이 탄생할 전 망이다.

제3장

시장을
지배하는
뉴챔피언이 온다

4차 산업혁명은 어떤 기업들을 승자로 만들까? 지금까지 상상으로만 가능했던 꿈같은 일들을 현실로 만들어주는 유니콘unicorn 기업들이다. 유니콘 기업이란 여성 벤처 투자자인 에일린 리가 2013년 처음 사용한 용어다. 기업가치가 10억 달러 이상인 비상장 스타트업 기업을 말한다. 유니콘 기업은 유니콘처럼 상상 속에서나 존재할 수 있다는 의미와 우뚝 솟은 유니콘의 뿔처럼 기업가치가 급등했다는 의미를 모두 뜻한다. 차량 공유서비스 기업 우버, 휴대폰 돌풍을 일으킨 샤오미, 숙박 공유 기업 에어비앤비, 사무실 공유 기업 위워크, 모바일뉴스회사 토우티아오, 드론회사 DJI 등이 바로 제4의 혁신을 앞세워 기업의 판도를 바꾼 대표적인 유니콘 기업이다. 더욱 놀라운 점은 이 유니콘 기업들은 과거 〈포춘〉 500대 기업이 20년 걸려 창출한 기업가치 1조 원을 단 4.4년 만에 만들어냈다는 사실이다. 그리고 이들 유니콘 기업은 4차 산업혁명 기술을 활용해 제4의 혁신을 일으켰다는 공통점이 있다.

유니콘 기업보다 큰 데카콘decacorn 기업도 있다. 데카콘은 기업가치가 100억 달러 이상인 비상장 스타트업 기업을 말한다. 데카콘은 뿔이 열 개 달린 상상 속 동물로, 〈블룸버그〉에서 이 용어를 처음 사용했다. 4차 산업혁명 기술을 활용해 제4의 초혁신을 일으킨 기업들을 가리킨다.

과연 현재의 선도 기업인 삼성전자, 구글, 아마존, 페이스북, 알리바바, IBM 등은 어떻게 현재의 자리를 지킬 수 있을까? 향후 어떤 기업들이 출현해 글로벌 산업 지도를 바꿔놓게 될까? 제4의 혁신을 일으킨 유니콘 기업들의 성공 비결은 어디에 있는 것일까?

01

차량 공유서비스
우버와 그랩

차량과 이용자를 연결해 유니콘이 되다

유니콘 기업 우버와 에어비앤비의 창업자들은 '공유'라는 아이디어 하나로 제4의 혁신을 일으켜 수백 억 달러 가치의 스타트업을 일궈냈다. 창업 아이디어는 아주 단순한 데서 나왔다. 창업자 트레비스 캘러닉은 택시를 잡는 데 30분이나 걸린다는 사실에 짜증이 났다. 서른세 살이었던 그는 휴대폰 터치만으로 택시를 부를 수 없을까 고민한 끝에 '모든 운전자를 기사로 만들겠다'는 구상을 한다. 차량 이용자와 차량을 가진 사람을 스마트폰 버튼 하나로 연결하는 플랫폼 회사 우버가 2009년 그렇게 탄생했다. 스마트폰으로 부르는 콜택시 서비스가 탄생한 것이다.

우버는 자체 소유한 택시가 한 대도 없고 운전기사도 없지만, 택시와 같은 역할을 한다. 차량을 가진 사람(운전기사)과 차량 이용 희망자(승객)를 이어주는 허브 역할을 한다. 별도의 결제도 필요 없다. 카카오택시처럼 우버 앱에 미리 등록한 신용카드로 자동 결제가 이뤄진다. 요금은 날짜와 시간, 요일, 이동 거리 등에 따라 차등적으로 결정된다. 목적지만 알려주면 요금도 미리 알 수 있다. 수요와 공급에 따라 가격이 변동되는 자체 알고리즘에 따라 눈이나 비가 오는 날에는 가격이 올라가고 평일 낮 시간대는 가격이 내려간다.

우버는 일반 택시보다 비싼 고급 콜택시 서비스인 우버블랙, 운전자가 자신의 차를 택시로 활용하는 우버X, 두 종류가 있다(우리나라에서는 현재 우버블랙만 허용하고 있다. 택시기사들의 반발과 저항 때문이다). 우버는 20퍼센트 안팎의 수수료를 가지고 나머지는 운전기사의 몫으로 지급한다. 그럼에도 이 혁신적인 서비스에 시민들은 환호했고 전 세계 주요 도시로 확산된 결과 우버의 기업가치는 700억 달러로 급등해 유니콘 기업 중 챔피언이 됐다.

하버드 비즈니스스쿨에 다니던 앤서니 탠은 택시 호출 앱을 구상했다. 그리고 2011년 동남아시아판 우버로 불리는 그랩Grab을 창업했다. 말레이시아에서 마이택시라는 이름으로 시작된 그랩은 혁신적인 서비스로 각광을 받으며 필리핀, 싱가포르, 태국, 인도네시아 등 8개국 168개 도시로 급속히 확산됐다. 등록된 운전자 수만 230만 명이 넘는다. 동남아시아 차량 공유경제 시장은 중국, 미국에 이어 세 번째로 큰 시장으로 급성장했다.

우버의 혁신적인 비즈니스 모델은 전 세계로 확산되어 중국 최대 차량 공유서비스 업체 디디추싱滴滴出行이 태어났고, 그랩, 리프트Lyft, 올라 Ola, 오포Ofo, 택시파이Taxify, 카림Careem 등 후발 주자를 탄생시켰다.

초연결성으로 제4의 혁신을 만들다

4차 산업혁명 시대의 초연결성은 제4의 혁신을 촉발하는 핵심 비즈니스 모델 중 하나다. 스마트폰은 초연결성의 촉매제 역할을 하며 과거에는 불가능했던 일들을 실현시키고 있다. 스마트폰만 있으면 수요자와 공급자, 사람과 사람, 사람과 사물, 사물과 사물이 연결된다. 여기에 비즈니스 창출의 노하우가 숨어 있다.

차량 호출 서비스는 차량 운전자와 이용자를 스마트폰으로 연결해준다. 운전기사와 이용자는 스마폰 앱, 즉 차량 이용 플랫폼이라는 가상세계(온라인)에서 결제하고 현실 세계에서 이용한다. 여기에 온라인(가상세계)과 오프라인(현실 세계)을 통합하는 O2O라는 제4의 혁신이 숨어 있다. 동시에 스마트폰의 초연결성은 온디맨드 서비스를 구현하는 제4의 혁신 비즈니스 모델이 되고 있다. 온디맨드는 이용자의 요구에 따라 상품이나 서비스가 찾아오는 서비스를 말한다.

IT기술의 초연결성이 수요자와 공급자를 긴밀하게 연결하는 온디맨드 O2O 비즈니스를 탄생시키는 기폭제 역할을 한다. 우버, 카카오택시, 배달의민족 등이 온디맨드 O2O 서비스의 대표적인 사례다.

E2E 비즈니스를 탄생시키다

우버가 탄생시킨 제4의 혁신은 기존 택시 서비스가 제공해온 기업 대 고객, 즉 B2C 비즈니스 모델을 4차 산업혁명형 비즈니스 모델로 업그레이드했다. 스마트폰의 초연결성 덕분에 플랫폼만 있으면 운전기사와 고객, 즉 공급자와 수요자를 직접 연결하는 E2Eend to end 비즈니스 모델이 가능하다. E2E 비즈니스는 개인과 개인이 웹 서버에 접속해 서로 직접 파일을 주고받는 P2P를 진화시킨 것으로 공급자와 수요자, 판매자와 구매자를 플랫폼에서 직접 연결directly matching 한다. 동시에 최종 제품과 서비스를 최종 소비자에게 직접 전달한다. 중간 프로세스를 없애 최적화된 결과와 효율성을 가져다주는 것이다.

차량 공유 추격자
디디추싱

제4의 혁신, 추격해도 늦지 않다

우버가 각광을 받자 30세의 한 청년이 2012년 중국판 우버 택시인 디디추싱滴滴出行(옛 디디다처)을 출범시켰다. 창업자는 중국 최대 쇼핑몰 알리바바에 영업사원으로 입사해 알리페이를 성공시키며 승승장구하던 임원 류칭이었다. 그는 중국의 불편한 택시 서비스를 바꿔보겠다는 꿈을 안고 과감히 사표를 냈다. 그의 추격은 대성공을 거뒀다. 중국 공유택시 시장의 80퍼센트를 장악했다. 중국의 400개 이상 도시에서 4억 명의 가입자를 확보하며 돌풍을 일으켰다. 디디추싱은 2015년 알리바바가 투자한 콰이디다처와 합병하며 더 크게 도약했다. 창립 3년도 안 돼

데카콘 기업으로 급성장했으며 2016년 우버 중국지사를 인수하면서 기업가치가 560억 달러로 뛰어 아시아 최대 스타트업으로 성장했다. 중국이 갖고 있는 막대한 인구와 대중교통 이용의 편의성 증진을 앞세워 미국 우버의 추격자였던 후발 기업이 초고속 성장의 신화를 만들어 낸 것이다.

디디추싱은 4차 산업혁명 시대에는 후발 기업이나 추격자라도 뛰어난 플랫폼과 언어 특수성, 시장 환경을 특화한 서비스를 제공한다면 얼마든지 성공할 수 있다는 사례가 되고 있다. 디디추싱은 중국에서의 성장을 발판으로 삼아 브라질의 차량 호출 앱 99를 인수해 남미, 중동, 아프리카 등 전 세계로 활동 영역을 확대하고 있다. 또 자전거 공유 업체인 오포, 블루고고bluegogo에도 투자를 확대하고 있다. 나아가 신에너지 차량 서비스, 교통 신기술, 인공지능 등에 대한 투자를 늘려 또 다른 제4의 혁신 비즈니스를 찾고 있다.

후발 주자, 서비스 차별화가 답이다

디디추싱은 우리나라 카카오택시와 비슷하면서도 카카오택시보다 이용 방법은 더 편리하다. 카카오택시와 모바일 결제, 우버의 세 가지 서비스가 결합되어 있다. 가장 큰 장점은 차량 이용을 선택할 수 있다는 점이다. 콰이처快车는 빠른 차란 뜻으로 운전기사가 개인 자동차를 갖고 나타난다. 그만큼 쾌적한 서비스를 제공 받을 수 있다. 좀 더 고급스런

중형차를 이용하려면 콴처快车를 이용하면 된다. 콰이처보다 기본요금과 미터당 요금이 비싼 대신 정복 차림의 기사가 고급 세단 차량을 운행한다. 생수도 서비스로 제공하고 7인승 밴도 호출이 가능하다. 최고급 승용차 서비스 하호처豪华车도 있다. 아우디, 벤츠, BMW 같은 최상급 차량이 제공된다.

이들 공유택시가 등장하면서 중국에서도 한국과 마찬가지로 전국 택시기사들이 파업까지 벌이며 대대적인 시위를 벌였다. 그런데 놀랍게도 중국 정부는 디디추싱의 영업을 중단시키지 않았다. 4차 산업혁명 시대에 중국 기업이 가야 할 제4의 혁신으로 생각한 것이다. 그 결과 디디추싱은 중국 대도시의 만성적인 택시 부족 현상을 해결하고 중국 국민에게 새로운 부가가치를 창출해주는 비즈니스 모델로 자리 잡았다. 새롭게 등장하는 제4의 혁신에 국가가 어떻게 대응하느냐가 혁신을 성공의 길로 이끌 수도 있고 좌절의 길로 안내할 수도 있음을 시사한다. 제4의 혁신에서 중요한 것은 특정 기업이나 이익 집단의 권익을 보장하는 것이 아니라, 소비자의 주권, 국민의 편익 향상 측면에서 정책 결정이 이뤄져야 한다는 점이다.

03

휴대폰 돌풍 샤오미

가성비를 앞세워 1등 기업이 되다

샤오미小米는 '좁쌀'이란 뜻을 가진 중국의 토종 스마트폰 제조업체다. 레이쥔이 구글 엔지니어 출신인 친구 린빈과 2010년 창업했다. 창업 1년도 안 돼 300만 대 판매라는 돌풍을 일으키며 레이쥔은 중국의 스티브 잡스로 떠올랐다. 샤오미의 최대 장점은 저렴하면서도 성능이 뛰어난 스마트폰이라는 점이다. 이 때문에 '대륙의 실수'라는 별명까지 얻었다. 놀랍게도 창업 4년 만인 2014년에 샤오미는 삼성전자를 제치고 중국 스마트폰 시장 1위에 올랐다. 기업공개를 하면 기업가치가 1,000억 달러 이상이 될 수 있다는 관측도 나오고 있다. 휴대폰의 성공을 앞세워 태블릿

PC인 미패드, TV 셋톱박스 미박스, 공기청정기 미에어, 보조배터리 등 각종 IT기기로 사업 영역을 빠르게 넓히고 있다.

샤오미의 경쟁력은 어디에 있는 것일까? 직접 만든 운영체제로 제4의 혁신을 선도하고 있다는 점이다. 중국에 진출한 많은 스마트폰 회사들이 고가 휴대폰 판매에 집중할 때 샤오미는 저가 고성능 스마트폰을 만들었다. 기능 면에서는 애플 아이폰이나 삼성 스마트폰에 뒤지지 않지만, 가격은 20퍼센트 선에 그쳤다. 아이폰이 790달러를 받을 때 320달러를 받았다. 이렇게 싼 휴대폰에 농민, 중저소득층 소비자들이 열광했다. 샤오미는 몇 년 사이에 중국을 국민 스마트폰 시대로 탈바꿈시켰다.

저가 휴대폰 생산은 샤오미가 일으킨 제4의 혁신으로 가능했다. 창업자 레이쥔은 생산 라인이나 판매 조직을 없앴다. 모든 직원은 소프트웨어 개발과 스마트폰 디자인, 공급망 관리만 했다. 제품 생산은 모두 위탁해 생산했다. 판매는 100퍼센트 인터넷 사전예약으로만 했다. 광고도 전혀 하지 않는다. 사용자들이 입소문으로 제품을 홍보했다. 샤오미는 소비자들이 제품에 개선 의견을 제시하면 이를 즉시 반영했다. 모토롤라와 구글, 마이크로소프트 출신 경력직만을 직원으로 채용해 이 글로벌 기업들의 노하우를 이용했다.

4차 산업혁명 시대에는 기업의 핵심 역량과 창의적인 아이디어만으로도 비즈니스가 가능하다. 관건은 소비자가 원하는 제품을 만들어내는 제4의 혁신을 어떻게 일으키느냐에 있다. 샤오미는 '저가 고성능 스마트폰'을 만든 제4의 혁신으로 중국 스마트폰 1등 기업이라는 뉴챔피언이 됐다.

04

온라인 배달 혁명
메이퇀디엔핑

온라인 구매, 배달 혁명을 일으키다

메이퇀디엔핑美团点评은 알리바바가 투자한 메이퇀 그리고 텐센트가 투자한 맛집 리뷰업체 다종디엔핑이 합병해 탄생한 중국 최강 O2O 기업이다. 중국 O2O 시장 1, 2위 업체가 결합해 이용자 수 6억 명, 기업가치 330억 달러, 등록된 상점 수는 2억 9,000개에 달한다.

합병 전 메이퇀은 2010년 공동구매 소셜커머스 O2O 플랫폼으로 출범했다. 지역 식당들과 제휴를 맺어 공동구매로 쿠폰을 산 고객들은 할인된 가격으로 음식을 사 먹는 방식이다. 동시에 배달의민족처럼 온라인 음식배달 서비스도 제공한다. 식당, 술집, 스파, 미용실 등 거의 모든 상점을 할인된 가격으로 이용할 수 있게 되면서 이용자가 급증했다. 특히 '먹고 마시고 노는 것이 다 있어'吃喝玩乐全都有라는 카피를 내세워 유명해졌다. 디엔핑은 '평가하다'라는 뜻으로 음식점 등 서비스 후기를 남기는 앱이다.

메이퇀과 디엔핑의 합병은 중국의 오프라인에 존재하는 모든 상점을 플랫폼 안으로 진공청소기처럼 빨아들였다. 음식점, 마사지숍, 헬스장, 학원, 사우나, 호텔, 수영장 등 중국에서 간판이 달린 모든 상점은 메이퇀디엔핑 앱에 들어 있다.

메이퇀디엔핑의 성공 비밀은 오프라인에 존재하는 상점의 상품을 온라인으로 구매할 수 있도록 함으로써 오프라인 상점과 온라인 고객을 연결시킨 데 있다.

또 메이퇀디엔핑이 성공한 데는 소비자 신뢰 시스템 구축이라는 비밀이 숨어 있다. 온라인 고객들의 신뢰를 위해 '7일 이내 사용하지 않으면 조건 없이 환불', '소비자가 불만족하면 무료 제공', '사용 기간 만료 후 원클릭 환불' 등 소비자 보장을 시스템으로 구현했다. 일일이 전화해서 환불을 요청하고 불만을 제기하는 것이 아니라 클릭 한 번으로 미사용 쿠폰을 환불 받을 수 있도록 한 것은 놀라운 대응이다.

05

숙박 공유서비스
에어비앤비

안 쓰는 방으로 부가가치를 창출하다

에어비앤비는 2008년 미국 샌프란시스코에서 시작된 세계 최대 규모의 숙박 공유서비스다. 사용하지 않는 방을 원하는 사람에게 빌려주고 에어비앤비는 이를 중개한 대가로 수수료를 받는다. 자신의 방이나 집, 별장 등 사람이 지낼 수 있는 모든 공간은 임대 대상이 된다. 방을 빌려준 사람을 '호스트', 방을 빌린 사람을 '게스트'라고 부른다.

에어비앤비는 20대 중반 두 청년의 절박한 현실에서 탄생했다. 에어비앤비 공동 창업자인 브라이언 체스키와 조 게비아는 직업을 구하지 못해 자신이 살고 있는 집의 월세를 낼 돈이 없었다. 고민하던 중 집 근처 샌프란시스코에서 미국 산업디자인학회 컨퍼런스가 열리는데, 숙소를 구하지 못한 많은 참석자가 발을 동동 구른다는 사실을 알고 자기 아파트 일부를 숙박용으로 빌려주고 받은 돈으로 월세를 갚았다.

두 사람은 이것이 사업 아이템이 될 수 있음을 직감하고 바로 에어비앤비를 창업했다. 이 회사는 불과 10년 만에 전 세계 2억 명 이상의 사용자, 20개 지사, 26개 언어를 지원하는 글로벌 숙박 공유서비스로 거듭났다. 기업가치는 310억 달러로 급등했다. 힐튼, 메리어트 등 100년 전통을 자랑하는 호텔 브랜드를 제치고 전 세계에서 가장 가치 있는 숙박 관련 기업이 된 것이다.

에어비앤비는 자산을 공유하면 부자가 되는 제4의 혁신의 대표 비즈니스 모델이다. 우버는 차량을, 에어비앤비는 집을 공유해 수익을 창출한다. 둘의 공통점을 자산을 빌려 쓴다는 데 있다. 우버는 운전기사의 서비스와 차량을 동시에 빌려 사용하는 것이다. 에어비앤비는 집이나 빈방을 빌려 사용하는 것이다. 중요한 것은 구매해서 빌려주는 것이 아니라 사용하지 않는 유휴 차량과 방을 공유한다는 점이다. 기존의 자원을 활용하는 것이기 때문에 원가가 추가로 들지 않아 기존의 호텔업이나 택시 비즈니스보다 원가 경쟁에서 우위에 있다.

이처럼 자산을 공유하는 제4의 혁신은 자원의 효용성을 높인다. 어떤 자산을 공유할 수 있도록 할 것인가가 제4의 혁신을 불러오는 중심이다. 에어비앤비나 우버 같은 플랫폼만 만들면 자산을 이용하기를 희망하는 사람과 자산을 가진 사람을 연결해 돈을 벌 수 있다.

06

우주선 개발회사
스페이스X

화성 이민 시대를 꿈꾸다

스페이스X는 일론 머스크가 2002년 설립한 민간 우주선 개발회사다. 화성 유인 탐사와 인류의 우주 이민을 목표로 한다. 구체적으로 100만 명 이상의 사람이 자급자족하면서 50~150년 살게 하는 것이 일론 머스크의 꿈이다. 그는 대형 로켓 팰컨을 만들어 세계 어느 도시든 30분 안에 도달하도록 만들겠다는 꿈도 꾸고 있다.

스페이스X는 설립한 지 불과 6년 만인 2008년, 민간 기업 최초로 액체연료 로켓 팰컨1을 지구 궤도로 쏘아 올렸고, 그해 말 NASA와 우주 화물운송 계약을 체결했다. 이후에는 화물 운송용 로켓 팰컨9을 개발해

2012년 처음으로 우주 화물수송에 나섰다. 2016년 9월 팰컨9의 엔진 가동 시험 중 폭발사고가 발생해 안전성 논란이 일었지만 4개월 만인 2017년 1월 팰컨9에 통신위성 열 개를 실어 성공적으로 발사했다. 2017년 6월에는 재활용 우주선 드래곤 카고 캡슐을 팰컨9에 실어 발사해 재활용 우주선 발사에서도 성공을 거뒀다.

스페이스X는 우주 시대를 향한 인류의 도전이다. 현존하는 모든 과학기술을 집약해 놀라운 혁신을 앞당기고 있다. 머스크의 혁신은 로켓의 개념을 송두리째 바꿨다. 2016년 4월에는 사상 처음으로 발사한 로켓을 해상에서 회수하는 데 성공하면서 로켓 재활용 시대를 열었다. 재사용 로켓 개발의 꿈에 도전한 지 15년 만에 이뤄낸 것이다. 엔진 아홉 개를 묶어 사용하는 1단 로켓은 통상 전체 발사 비용의 약 3분의 2를 차지한다. 1단 로켓의 착륙과 회수 시스템을 개발하는 데 약 10억 달러가 들지만, 이 로켓을 재사용하게 되면 인공위성 발사 비용을 기존의 10분의 1로 줄이는 대혁신이 가능하다. 그리고 이는 스페이스X가 민간 우주산업의 패권을 장악할 수 있는 고속도로를 구축했다는 뜻이다.

07

빅데이터 분석
팔란티어 테크놀로지

빅데이터 분석의 미래를 열다

팔란티어는 〈반지의 제왕〉에서 시공간을 초월하는 '보는 돌'을 말한다. 엘프의 기술을 엿보게 해주는 신비로운 마법의 도구다. 이 이름을 본딴 팔란티어 테크놀로지Palantir Technologies는 페이팔의 공동 창업자 피터 틸이 2004년 창업한 빅데이터 분석 전문 기업이다. 그는 미국 CIA를 첫 고객으로 확보했다. 이곳에서 제공 받은 수많은 범죄 정보를 활용해 팔란티어는 2008년 빅데이터 분석 소프트웨어 고담Gotham을 완성했다. 대규모의 이질적인 데이터를 연결하고 페타바이트(기가바이트의 100만 배) 규모의 데이터를 자연어로 질의해 데이터 간의 연결 관계와 패턴을 시각화한 것이다.

이를 통해 CIA에 이어 국가안보국NSA, FBI, 마약단속국DEA, 국방부, 해병대, 공군, 특수전사령부, 질병예방통제센터, 뉴욕 경찰청 등 다양한 정부기관에서 수상한 활동 감지, 자금 흐름 추적, 사제 폭발물 설치 패턴 파악, 해외 해커 집단 추적, 미아·실종자 추적, 질병 전파 경로 분석 등에 활용하도록 다양한 데이터를 분석하는 길을 열었다.

2010년에는 민간용 분석 도구인 메트로폴리스Metropolis를 완성해 부정 거래 적발, 부실 대출 해결, 제약사 약효 분석, 카드회사 거래 내역 분석, 마케팅 분석 등 업무를 획기적으로 혁신했다. 미국 금융사 중 60퍼센트가 팔란티어의 금융정보 분석 플랫폼을 사용할 정도다. 2011년에는 마약 조직원, 밀매 루트, 자금 유통 경로, 마약 사용자, 정보원 보고서, 감청 자료 등 방대한 자료를 종합 분석해 마약 조직의 핵심 인물의 거주지, 주요 활동 지역, 자금 흐름 등을 밝혀냈다.

제4의 혁신은 수많은 데이터를 정확히 분석해 고객의 니즈를 찾아내고 국가와 사회 안보에 필요한 해법을 찾는 데시 나온다. 빅데이터를 활용하면 미래의 시장 흐름을 예측할 수 있고 위험 요인을 미리 차단하거나 최소화할 수 있다. 특히 향후 전개될 움직임이나 문제 해결책, 사업 기회도 찾아낼 수 있다. 이처럼 빅데이터 분석은 단순히 마케팅 차원의 솔루션을 제공하는 데 그치지 않고 세상을 바꿀 잠재력을 가지고 있다. 팔란티어의 성공 비결 또한 가치 정보를 추출한 데 있다. 즉 고객이 필요한 정보, 고객이 활용할 수 있는 유의미한 정보를 제공해 사업 또는 서비스에서 부를 창출할 수 있도록 하고 있다.

08

오피스 공유기업
위워크

남는 사무 공간을 빌려주고 돈을 벌다

위워크weWork도 공유서비스 기업의 대표적인 비즈니스 모델이다. 위워크는 공간, 커뮤니티, 서비스를 제공하는 플랫폼을 구축해 대박을 터뜨렸다. 이 플랫폼은 온라인 세계만이 아니라 현실 세계에 실재하는 플랫폼이란 점에서 파괴적이다. 위워크는 2010년 미국 뉴욕에서 공유 사무실을 제공하는 스타트업으로 출범했다. 이스라엘 출신의 사업가 애덤 노이만과 건축설계사 미겔 매켈비가 공동으로 창업했다. 소규모 회사를 운영하던 노이만은 작은 사무실을 구하지 못해 비싼 임대료를 내고 큰 사무실을 임대해야 했다. 여기에서 사업 아이디어가 나왔다. 큰 사무실을 작게 쪼개 임대하고 회의실과 주요 사무기기를 공동으로 사용하면 효율성이 높아질 것으로 생각했다. 이들은 회사를 설립하고 건물 한 층을 통째로 빌려 작은 사무실 15개로 공간을 나눠 재임대했다. 예상은 적중했다. 돈이 벌리기 시작했다.

여기서 한 단계 발전시켜 단순히 공간만 빌려주는 게 아니라 입주 기업의 성장을 돕는 다양한 서비스까지 제공하기 시작했다. 비즈니스는 순식간에 전 세계 16개국, 50여 개 도시로 확산되어갔다. 전 세계 최대 규모의 사무실 공유 서비스 회사가 됐고, 설립 7년 만에 기업가치는 200억 달러를 넘어섰다.

위워크의 비즈니스 모델은 어떻게 보면 너무 평범하다. 전통적인 부동산 임대와 큰 차이가 없기 때문이다. 하지만 위워크는 사무실 임대의 개념을 바꿨다. 2년씩 사무실을 임대하는 전통적인 구속을 없앴다. 필요하면 언제든 떠날 수 있다. 이사를 위해 고생할 필요도 없다. 교통이 편리한 도심지는 임대료가 비싸 창업자들이 엄두를 내지 못하지만 위워크의 공간에서 자기 분수에 맞는 면적만 빌리면 된다.

제4의 혁신은 이 같은 고객의 욕구를 맞춘 제품과 서비스를 만들어내는 데서 출발한다. 위워크의 성공 비밀은 공유를 통해 사무 공간의 효율성을 높인 데 있다. 소자본 창업자들이 저비용으로 고가 빌딩을 임대할 수 있는 기회를 제공했다. 특히 위워크는 입주 회원들이 사업 아이디어를 얻고 협업을 하거나 필요한 인력도 온라인 플랫폼에서 구할 수 있다.

4차 산업혁명의 초연결성을 비즈니스에 접목해 회원사들이 필요한 서비스를 제공 받거나 회원사들끼리 정보를 교환할 수 있도록 돕는다.

이렇게 플랫폼이 하나의 커뮤니티로 발전하자 삼성전자, IBM, 아마존, 마이크로소프트 같은 글로벌 대기업들도 위워크의 공유 사무실을 이용할 정도로 인기가 높아지고 있다.

4차 산업혁명 시대에는 쉽게 사업을 시작할 수 있다. 성공한 비즈니스 모델을 벤치마킹해서 초연결성을 가속화하는 기업이 더 큰 돈을 벌게 된다. 위워크의 사업 모델을 그대로 모방한 중국 최대 사무실 공유 기업 유알워크URWORK는 설립 2년 만에 기업가치 13억 달러로 급성장했다. 유알워크는 세계 20개 도시, 78개 지역에 공유 사무실을 운영하고 있다.

09

개인 간 대출업체
루팍스

개인이 개인에게 돈을 빌린다

핀테크는 4차 산업혁명의 핵심 기술 중 하나다. 금융과 정보통신기술을 결합하면 비즈니스의 기회는 무궁무진하다. 중국의 루팍스Lufax는 금전적 여유가 있는 사람이 돈이 필요한 사람에게 직접 대출을 해주는 P2P 금융으로 대출 혁명을 일으켰다. 대출자와 채권자를 이어주는 자금 중개서비스 플랫폼으로 세계 최대 P2P 대출업체로 성장했다. 현재 기업가치가 업계 최고 수준인 185억 달러로 평가 받고 있다.

루팍스는 2011년 9월 상하이 시정부의 막강한 지원을 업고 출범했다. 핑안보험그룹이 최초 자본금 8억 3,700만 위안 중 일부를 투자해 최대 주주가 됐다. 이 P2P 금융은 돈을 빌리는 사람과 빌려주는 사람 모두 원원하도록 설계한 것이 성공 비법 중 하나다. 돈을 빌리는 사람은 은행이나 제2금융권보다 낮은 이자로 자금을 조달할 수 있고, 돈을 빌려주는 사람은 기존 금융상품에 투자하는 것보다 높은 수익을 올릴 수 있다는 장점이 결합한 것이다.

핀테크를 적용해 대출 방법과 투자 방법도 아주 간단하다. 루팍스 홈페이지에 가입한 뒤 이름과 휴대폰 번호를 남겨 대출 신청을 하면 콜센터 직원이 전화를 걸어 대출 여부를 결정한다. 투자자는 루팍스 홈페이지에 가입한 뒤 실명 확인을 마치고 금융상품에 가입하듯 투자금을 충전하면 된다. 특징은 거래 수수료가 없다는 점이다. 핀테크 기술의 혁신으로 거래 수수료 부담 역시 줄였기 때문이다.

P2P 금융의 시작은 2005년 영국에서 설립된 조파zOPA다. 대출자와 출자자 양쪽으로부터 수수료만 받고 별도의 이자는 받지 않는 비즈니스 모델이었다. 매년 200만 파운드의 투자금을 유치해 이탈리아, 미국, 일본 등으로 사업 영역을 확장하고 있다. 핀테크로 무장한 기업들은 제4의 혁신을 앞세워 더 큰 돌풍을 일으켰다. 온라인 플랫폼으로 거래를 더욱 효율화한 것이다. 기존의 공급자와 소비자 개념에서 벗어나 개인을 직접 연결해 모든 참여자가 공급자인 동시에 수요자가 되는 시스템을 구현했다. 금융회사를 거치지 않고 개인 간 필요한 자금을 지원하고 빌려 쓸 수 있도록 하는 혁명적인 변화를 일으켰다. 핀테크의 핵심은 금융시스템 자체를 바꾼 것이 아니라, 기존 금융서비스를 편리하게 이용할 수 있도록 기술을 접목한 것이다.

⑩

온라인몰 플립카트

아마존의 성장 모델을 그대로 따르다

플립카트Flipkart는 2007년 사친 반살과 비니 반살이 설립한 인도 최대의 전자상거래기업이다. 미국의 아마존을 벤치마킹해 창업했지만, 불과 10년 만에 기업가치가 150억 달러로 급성장했다. 두 창업자는 창업을 꿈꾸고 대학 졸업 후 아마존에 입사했다. 그리고 인도 전자상거래 시장의 성장 가능성을 염두에 두고 웹사이트를 만들어 사업을 시작했다.

비즈니스 모델도 아마존과 동일했다. 도서 판매로 시작해 전자제품, 전자책, 문구류, 패션, 생활용품 등으로 상품군을 확대하며 종합 온라인 쇼핑몰 형태를 완성해나갔다. 이들의 혁신은 착불 서비스에 있다. 인도는 신용카드가 확산되지 않은데다 온라인 결제를 신뢰하지 않는 편이다. 이들은 물건을 받은 후 현금과 카드로 결제할 수 있도록 아이디어를 냈다. 상황과 환경에 따라 시장은 비슷한 발달의 역사를 갖게 된다. 플립카트는 오프라인 시장에 이어 온라인 시장이 급성장했던 미국의 패턴을 그대로 따르며 성공 신화를 만들었다.

모바일뉴스회사
토우티아오

맞춤형 뉴스, 전통 미디어를 이기다

토우티아오今日头条는 하루 평균 4,000만 명이 이용하는 중국의 대표적인 뉴미디어 플랫폼이다. 중국의 콘텐츠(뉴스) 플랫폼은 유명 블로거 왕홍网红이 가장 인기가 있고, 그다음이 1인 미디어自媒体记者, 그다음 차례가 전통 미디어 콘텐츠다. 이미 뉴미디어가 방송국과 신문사를 능가하고 있다. 토우티아오는 빅데이터 기반의 기술로 사용자들의 취향과 관심사를 고려해 큐레이팅한 각종 콘텐츠를 제공하면서 중국 콘텐츠 업계의 주류로 부상했다.

희소성, 전문성, 실용성 등을 바탕으로 사용자에게 최적화된 최고의 글을 추천하는 시스템을 갖추고 있어서 같은 플랫폼에서도 접속하는 사람에 따라 그에 맞는 글을 보여준다. 기존의 뉴스 플랫폼이 운영자의 추천에 따라 설계되는 방식과 달리 수시로 맞춤형 뉴스가 등장한다. 사용자가 가장 선호하는 뉴스 주제를 중심으로 인공지능이 좋은 글을 추천해주는 것이다.

파일 공유서비스
드롭박스

언제 어디서나 자유롭게 데이터를 저장한다

드롭박스Dropbox는 온라인 저장 공간인 클라우드로 파일 공유서비스를 제공하는 회사다. 드루 휴스턴과 아라시 페르도시가 2007년 창업했다. 문서나 동영상 파일을 드롭박스에 저장하면 누구든 언제든 어디서든 필요할 때 온라인에 접속해 사용할 수 있는 이 서비스를 전 세계 5억 명이 이용 중이다. 20만여 개 기업에서는 '드롭박스 비즈니스'를 이용해 일상 업무뿐만 아니라 기업의 중요 데이터를 관리하고 있다.

성공의 비밀은 누구나 이름과 이메일, 비밀번호만 입력하면 손쉽게 이용할 수 있다는 점이다. 구글 계정이 있으면 드롭박스를 더욱 손쉽게 이용할 수 있다. 1년 이상 로그인하지 않으면 계정이 삭제된다. 다시 드롭박스를 사용하기 위해 같은 이메일 계정으로 가입하면 이전 데이터도 고객센터에 요청해 복구할 수 있다.

　이제 아마존, 애플, 마이크로소프트, 구글 등 많은 기업에서 드롭박스 같은 무료 클라우드 저장 비즈니스를 벌이고 있다. 아마존 클라우드, 애플의 아이클라우드 드라이브, 마이크로소프트 윈드라이브, 구글 드라이브, 백블레이즈, 박스, 플립드라이브, 하이드라이브, 휴빅, 점프셰어, 메가, 피클라우드, 오지박스, 싱크닷컴, 싱클립시티, 얀덱스디스크 등 다양하다.

드론 제조회사 DJI

드론에 카메라를 달아 혁신하다

DJI는 중국의 프랭크 왕이 2006년 선전에 설립한 세계 최대의 드론제
작회사다. 개인용 무인기 시장의 70퍼센트를 장악할 정도로 급성장했
다. 왕은 〈포브스〉가 선정한 기술 부문 아시아 최연소 억만장자로 자리
매김했다. 창업 당시 비행 제어기 등 항공기 부품을 생산해 주목받지 못
하는 회사였던 DJI는 드론에 카메라를 장착한 제품을 세계 최초로 선
보이면서 상황이 달라졌다.

드론에 카메라가 달리자 그동안 일반인들은 불가능했던 항공 촬영
이 폭발적으로 대중화되었다. 마니아가 생겨났고 방송국의 중요한 장

비로 자리 잡았다. 특히 상업용으로 팔리던 드론을 취미용 제품으로 용도를 바꿔 새로운 시장을 개척했다.

DJI는 여기서 혁신을 그치지 않고 카메라 진동을 흡수해 흔들림을 막아주는 짐벌 카메라를 개발했다. 이어 프로펠러 네 개로 떨리지 않고 나는 자세 제어 기술, 장거리 비행에도 통신이 끊어지지 않는 기술 등의 혁신 또한 끌어냈다. 처음부터 중국이 아닌 세계 시장을 겨냥한 것도 DJI의 성공 비결이다. DJI의 해외 매출은 전체 매출의 85퍼센트에 달한다.

부동산 중개회사
리엔지아

온라인으로 부동산 거래를 중개하다

리엔지아鏈家는 중국에서 가장 큰 부동산 중개 O2O 기업이다. 중국 31개 성에서 총 8,000여 곳의 지점을 운영하고 있다. 중국의 부동산·건설분야 기업 가운데 기업가치 1위(6조 7,500억 원) 기업이다. 리엔지아는 2011년 부동산을 사고 싶은 사람과 팔고 싶은 사람, 집을 빌려주고 싶은 사람과 빌리고 싶은 사람을 온라인에서 연결하는 플랫폼을 만들었다. 여기서 그치지 않고 부동산 구매자를 위해 자금을 빌려주는 금융회사 역할까지 병행하고 있다.

중국은 땅이 넓어 특정 지역으로 주거를 옮길 경우 현지 부동산에서 매물이나 임대 부동산을 찾기가 쉬운 일이 아니다. 이럴 경우 리엔지아에 접속하면 원하는 주택을 쉽게 구할 수 있다. 특히 예산, 면적, 출퇴근 거리, 필요 조건 등을 리엔지아 직원에게 알려주면 원하는 집을 찾아 추천한다. 중국어를 몰라도 영어 상담원이 원하는 집을 구해준다.

(15)

핀테크기업
스트라이프

온라인 결제 혁명을 일으키다

핀테크기업 스트라이프Stripe는 아일랜드 출신 20대 콜리슨 형제가 2010년 창업한 회사다. 출범한 지 10년도 안 됐지만 온라인 결제 시장의 최강자 페이팔을 위협하고 있다. 이들의 성공 비결은 복잡하고 까다로운 결제 절차를 아주 쉽게 단순화한 데 있다. 스트라이프는 단 일곱 줄의 코드만 갖다 붙이면 누구나 쇼핑몰에서 결제할 수 있도록 시스템을 단순화했다. 그리고 결제 수수료도 4~5퍼센트에 달하는 카드 수수료보다 더 낮게(2.9~3.0퍼센트) 책정했다.

이 일곱 줄의 코드를 복사해 붙이면 물건 값을 결제할 수 있는 온라인몰이 완성되도록 해 크라우드펀딩 사이트인 킥스타터, 차량 공유업체 리프트, 기업용 메시지서비스 슬랙 등 중소 규모 기업이나 소규모 판매업자들을 주 고객으로 불러들였다. 그리고 페이스북과 트위터, 아마존까지 이들의 고객이 됐다.

구매자도 신용카드 정보만 입력하면 결제 사이트를 방문하지 않고 곧바로 결제할 수 있어 편리하고, 신용카드 정보가 쇼핑몰 서버에 남지 않고 곧바로 신용카드사의 인증을 받도록 해 보안의 염려도 덜 수 있다.

스트라이프는 머신러닝 방식의 인공지능과 빅데이터로 결제 패턴을 파악해 훔친 신용카드로 결제하면 바로 감지하는 시스템도 개발했다. 또 500달러만 내면 미국 외 지역에 있으면서 미국에서 사업을 시작할 수 있도록 은행 계좌와 세금·법률 문제를 척척 처리해주는 아틀라스 시스템을 개발하기도 했다.

$$\textbf{16}$$

기업 메신저서비스
슬랙

기업용 협업 메신저로 돌풍을 일으키다

2014년 출범한 슬랙Slack 은 회사나 조직 내 동료, 부서 간 온라인 메신저 서비스를 제공하는 회사다. 카카오톡이나 라인과는 차원이 다르다. 단순히 실시간 메신저 기능만 제공하는 게 아니라 대화 주제별 채널을 만들어주고 아카이브 관리를 단순화한 것이 특징이다. 모든 대화가 저장되고 검색이 가능하다. 구글 드라이브를 공유할 수 있고 메일로 온 정보를 메시지로 받을 수도 있다. 이른바 협업이 필요한 사람들에게 간결하면서도 꼭 필요한 기능을 제공해 생산성을 향상하는 역할을 하고 있다.

　슬랙의 목표는 이메일을 대체하는 제4의 혁신을 일으키는 일이다.

이를 위해 기록으로 남고 검색이 가능한 서비스를 제공하고 있다. 나아가 슬랙은 기업 내부 소통에 그치지 않고 기업 외부로 채널의 활동 범위를 확대하는 공유 채널 기능을 강화하고 있다. 두 기업 직원 사이에 정기적으로 의사소통이 가능한 게스트 계정뿐만 아니라, 모든 사용자가 공유 채널 속 논의 내용을 보고 토론에 참여할 수 있도록 비공개 대화 기능을 제공한다. 이를 이용하면 고객과 파트너 사이에 대화 내용의 보안을 유지하면서 대화할 수 있다. 대화방에는 초대 받은 사람만 참여할 수 있고 비참가자는 채팅룸의 논의 내용을 검색할 수도 없다.

이러한 혁신적인 서비스에 힘입어 슬랙의 기업가치는 50억 달러를 넘어섰다.

4차 산업혁명
그 이후
미래의 지배자들

제4장

앞으로 10년,
어떤 세상이
펼쳐질까

생각 열기 2030년 세상은 어떤 모습일까?

다가올 2030년, 이때 승자가 되기 위해 우리는 현재 무엇을 준비해야 할까? 단언컨대 우리는 인공지능이 우리 삶의 대부분을 장악하는 세상에 살게 된다. 인공지능은 사람을 대신해 우주를 탐사하고 인간의 오진을 막아줄 뿐만 아니라 질병의 발생을 예고한다. 인공지능이 성생활까지 하는 애인이자, 생활을 도와주며 공유하는 동반자, 반려자 역할을 해주고 개인의 모든 업무를 척척 처리해주는 비서 역할을 도맡는다. 디지털 기기가 건강을 관리해주고 개인의 수명을 예측할 뿐만 아니라 누구나 100세까지 사는 '초초고령화 사회'를 탄생시킨다.

3개월 코스의 우주여행 상품이 등장하고 고가의 우주여행을 다녀온 사람들의 무용담이 화젯거리로 등장한다. 만능 엔터테인먼트 기기가 된 자율주행차가 교통 혁명을 일으킨다. 동시에 자율주행차와 우주선 사고 소식이 주요 뉴스로 등장하게 된다. 입는 로봇이 장애인 없는 세상, 초인 시대를 만들어주고 유전자 가위 혁명이 불치병 없는 세상을 열어준다. 국가는 로봇에게서 세금을 거둔다.

그렇다면 다가올 2030년에 살아갈 사람들은 지금보다 더 행복할까, 불행할까?

01

인공지능이
일상 깊숙이 파고든다

본격적인 인공지능 세상이 열린다

알파고로 시작된 인공지능의 충격이 거세다. 4차 산업혁명의 기폭제가
될 인공지능은 과연 우리의 삶을 어떻게 바꿔놓을 것인가. 세계 최대 가
전제품 박람회인 CES 2017에서도 다가올 세상을 변화시킬 최대 화두
로 인공지능을 꼽았다. 인공지능의 100년 미래를 연구하는 미국 스탠퍼
드 대학 AI100 연구진이 펴낸 '인공지능과 2030년의 삶' 보고서에 따르
면 로봇이 거의 모든 극한 상황에서 인간을 대신하게 된다. 인공지능은
우주를 탐사하고 범죄를 예방할 뿐만 아니라, 교통 정체를 막고 의사의
오진을 없앤다.

연구진은 인공지능이 가장 크게 영향을 끼칠 분야로 교통, 홈서비스 로봇, 건강 관리, 교육, 엔터테인먼트, 빈곤 지역, 공공 안전과 보안, 고용과 작업장 등 여덟 개를 꼽았다.

사람의 감정까지 이해하는 인공지능 애인의 등장

알렉사, 시리 같은 인공지능 음성비서가 머지않아 사람과 대화하고 사람의 감정까지 이해하는 친구나 애인으로 진화한다. 이 애인은 스마트폰 안으로 들어와 나의 친구이자 애인, 엄마와 아빠, 아들딸 역할까지 할 수 있다.

인공지능과 사랑에 빠진 한 남자의 이야기를 그린 영화 〈그녀〉Her의 이야기가 현실이 되는 것이다. 아내와 별거한 후 외롭게 살아가던 주인공 테오도르는 컴퓨터와 스마트폰 속에 들어 있는 인공지능 애인을 만나면서 행복에 빠지고 사랑까지 느끼게 된다. 허무맹랑하게 들릴지 모르지만 2030년쯤이면 '인공지능 애인' 시대가 열리게 된다. 인공지능 로봇은 머신러닝과 딥러닝 기술의 도움으로 사람처럼 학습함으로써 상대방의 감정을 정확히 이해해 친구와 애인처럼 달콤한 대화 상대가 되어준다. 알파고의 비밀 무기는 바로 강화학습reinforcement learning 기능이다. 인공지능이 자신에게 유리한 행위가 무엇인지 스스로 깨달아 결정하고 학습하는 것이다.

사람을 돌보는 간호 로봇이 온다

일본 소프트뱅크가 개발한 인공지능 로봇 페퍼가 주목받는 이유는 바로 감성 기능 때문이다. 감정엔진이 인간의 감정을 인식할 수 있고, 사람에게서 새로운 지식과 기술을 학습해 다른 페퍼에게 그 감정과 정보를 전달할 수도 있다. 인공지능이 요양센터에서 환자를 돌보는 간호 로봇이 되어 사람의 빈자리를 채운다. 하루 종일 환자 곁을 지키며 농담하고 대화하며 잔심부름을 도맡아 하는 간병인이자 보호자의 역할을 하는 것이다. 하루 종일 집 안을 돌아다니며 찍은 사진으로 매일 가족에게 일어난 다양한 삶을 기록으로 남길 수도 있고, 친구나 가족들에게 전달할 수도 있다. 바퀴 달린 웹캠이 사람 말을 알아들어 가족 중 한 명으로 생활할 수도 있다.

환자나 노인들은 간호 로봇의 도움을 받아 옷을 갈아입을 수 있고 화장실에 갈 수 있다. 교육 로봇은 원하는 정보를 찾아 영상과 사진을 보여주고, 반려 로봇은 마치 반려견처럼 친구 역할을 한다.

비서부터 범죄 분석까지, 다양한 역할을 수행한다

대만이 개발한 가정용 로봇 젠보Zenbo는 로봇 안에 인공지능 음성비서가 내장되어 있어 질문을 하면 무엇이든 답을 알려준다. 택시를 불러주고 전화도 대신 받아준다. 집에 비상 상황이 발생하면 119에 화재 신고도 해준다. 홈쇼핑이나 온라인쇼핑도 지시만 내리면 대신 해준다. 일본 벤처기업 빈크루Vinclu는 홀로그램 여자 친구 게이트박스Gatebox를 내놓았다. 이 여자 친구는 대화도 가능하고 문자를 주고받으며 삶을 공유한다. 모닝콜을 요청하면 달콤한 말로 잠을 깨워준다. 집에 도착하기 전에 난방, 조명 등도 미리 켜주고 퇴근한 사람을 반갑게 맞이한다.

10년 안에 사랑을 나눌 수 있는 섹스로봇이 등장해 이 로봇과 사는 사람이 늘어나게 된다. 영국 골드스미스런던 대학 연구팀이 섹스로봇을 구입할 의향이 있느냐고 묻자 응답한 남성 중 40.3퍼센트가 구입 의사가 있다고 밝혔다.

인공지능은 범죄자도 잡는다. CCTV에 나타난 옷 색깔, 얼굴 이미지, 키, 모자, 걸음걸이, 차량, 신발 등 사소한 단서만 있어도 과거 범법자, 다른 CCTV 등에 등장했던 모습과 비교 분석해 용의자를 색출한다. 범행을 계획하는 사람의 행동 패턴도 찾아내 범죄를 예방한다.

스마트 교통 시대가 열린다

자율주행차량에 설치된 센서들이 교통 정체 없는 세상을 만든다. 교차로에 설치된 CCTV 화면과 신호등, 횡단보도, 교차로 등에 설치된 센서들이 차량 숫자와 보행자 숫자를 정확히 판단해 정지 신호와 진행 신호를 자동으로 내보낸다. 사람이 드문 새벽이나 야간에는 차량 신호등이 모두 파란불로 켜져 교통 흐름을 원활하게 하고 갑자기 사람이 나타나면 차량에 신호를 보내 자율주행차가 속도를 줄이도록 유도한다. 무인 택배와 자율주행 택시도 일상생활 속으로 들어온다.

스마트폰으로 원하는 곳의 교통 정보를 한눈에 볼 수 있고 대중교통의 출발·도착 정보, 좌석 유무는 물론 좌석표 구입까지 가능해진다. 나아가 GPS를 켜놓으면 1년 동안 이동했던 모든 개인 일정을 빅데이터로 정리할 수 있다.

의사의 오진이 사라진다

로봇이 산업 현장과 가정 생활 깊숙이 들어온다. 자동 청소 기능을 켜놓으면 생활용 청소 로봇이 수시로 거실과 방바닥 상태를 점검해 알아서 청소해주고 공기청정기가 실내 공기 상태를 점검해 자동으로 작동한다. 병원에서는 환자의 음성과 표정, 침, 혈액 등을 토대로 환자가 앓고 있는 질환을 정확하게 진단하고 유사한 환자의 과거 치료법을 분석해 완치법을 제시한다.

02

누구나 쉽고 간편하게
건강을 관리한다

최첨단 수면 기술로 잠의 질을 높인다

"당신은 지난밤 세 시간 동안 숙면했고 한 시간 동안 잠을 못 이루고 뒤척였습니다. 코를 두 시간 동안 골았고 잠드는 데 30분이 걸렸습니다. 오후 2~3시 사이 10분만 낮잠을 자면 최적의 컨디션을 유지할 수 있습니다."

센서를 활용한 수면 기술이 우리의 숙면을 돕는다. 주요 글로벌 기업들이 사물인터넷과 센서를 활용해 숙면을 도와주는 놀라운 기술을 선보이고 있다. 최근 애플이 인수한 핀란드 기업 베딧Beddit은 양면접착제를 이용해 침대에 수면 측정기를 부착하면 자신의 수면 상태를 정확히 알 수 있다. 심박 수, 코골이 횟수와 시간, 잠에서 깬 시간, 수면 사이클, 얕은 잠, 깊은 잠, 기상 시간, 수면 시간 등을 센서가 측정해 데이터로 전환해준다. 100점 이상이면 정상 컨디션, 85점을 넘지 않으면 컨디션에 문제가 있다는 뜻이다. 수면 중 악몽, 잠투정 등으로 잠을 못 이루거나 물을 마시려고 침대에 일어나면 감점이 된다. 코 고는 시간이 10분 이상이면 역시 감점이 된다.

구글의 생명과학회사 베릴리Verily는 건강 이상 신호를 감지할 수 있는 소형 기기를 개발 중이다. 1년에 한 번 건강검진을 받는 것이 아니라 인공지능을 이용해 매일 몸의 이상을 체크하는 헬스케어 시스템을 만들겠다는 것이다. 질병의 발생 가능성을 조금이라도 빨리 발견하고 적절히 조치해 예방하기 위한 것이다. 이렇게 되면 지금의 건강검진 시장은 설 자리를 잃게 된다. 최신형 자동차에 400개 이상의 센서를 장착해 이 센서가 오일 압력, 타이어 공기압 등을 체크해 자동차의 이상 징후를 찾아내는 원리를 인체에 적용하겠다는 구상이다.

미국 회사 핏비트Fitbit는 손목 밴드형 트래커로 얕은 잠, 깊은 잠 등 수면 단계를 정확히 측정해준다. 걸음 수뿐 아니라 이동 거리, 칼로리 소모량 같은 기본 활동량과 운동량을 모니터링한다. 수면 연구자들은 하루 일곱 시간 미만의 수면과 렘REM 수면 부족 사이에는 상관관계가 있으며, 렘수면 부족이 단기 기억력, 세포 재생, 심리 상태에 영향을 미칠 수 있다고 주장한다. 렘수면은 수면의 여러 단계 중 빠른 안구 운동이 일어나는 수면 기간으로 몸은 자고 있으나 뇌는 깨어 있는 상태의 수면을 말한다. 대부분의 꿈은 렘수면 상태에서 이뤄진다.

삼성전자가 개발한 슬립센스SLEEPsense는 개인의 수면 상태를 측정, 분석하고 숙면을 돕는 최첨단 사물인터넷 제품이다. 약 1센티미터의 얇고 납작한 원형 기기를 사용자의 침대 매트리스 밑에 넣어놓으면 신체 접촉 없이도 수면 중의 맥박·호흡·수면 주기·움직임을 실시간으로 체크하고 분석할 수 있다. 슬립센스에는 미국 식품의약국 승인을 받은 얼리센스EarlySense의 최첨단 센싱 기술이 적용돼 정확한 측정 결과를 보여준다. 사용자가 잠들면 TV가 자동으로 꺼지고 실내온도에 따라 자동으로 냉난방을 가동하는 기능도 탑재되어 있다.

영국 회사 쉬Shhh는 NASA에서 개발한 우주에서도 음료수 온도를 일정하게 유지하는 기술을 활용해 신개념 매트리스를 만들었다. 자는 사람의 체온이 올라가면 매트리스가 열을 흡수해 체온을 낮춰준다. 에몬스는 센서를 매트리스에 탑재해 자는 동안 심박 수, 호흡 수, 코골이, 뒤척임, 수면 환경 변화 등을 휴대폰 앱으로 전송해 수면 패턴을 모니터링한다.

수면을 돕는 최적의 도구들

블루라이트 안경은 수면을 방해하는 빛을 차단해 숙면을 돕는다. TV, 컴퓨터, 스마트폰, 비디오 게임의 LED 스크린에서는 많은 양의 블루라이트가 방출된다. 블루라이트는 수면을 촉진하는 호르몬인 멜라토닌 분비를 억제하는 것으로 알려져 있다. 이 안경이 블루라이트를 차단해 숙면을 돕는다. 배우자의 코 고는 소리 때문에 잠을 제대로 못 자는 사람을 위한 수면 모자도 등장했다. 모자를 쓰면 내부에 장착된 스피커에서 수면을 돕는 소리가 흘러나와 코 고는 소리 등 외부 소음을 차단한다.

현실로 다가온
100세 시대

03

인간 평균수명을 150세까지 늘린다

평균수명이 계속 길어지고 있다. 사람은 앞으로 얼마나 오래 살 수 있을까? 제4의 혁신은 인간의 생명 연장의 꿈을 이뤄준다. 질병과 사고를 당하지 않고 스트레스를 받지 않는다면, 지구상에 존재하는 대다수 동물은 성장한 기간의 여섯 배를 살 수 있다. 그러니까 20세까지 성장하는 인간은 여섯 배인 120세까지 살 수 있다. 사람의 머리카락은 5년 정도에 한 번씩, 평생 25회 정도 반복해서 나온다고 한다. 모두 되풀이되면 125세까지 머리카락은 생명을 갖게 된다.

2016년 8월 12일 덴마크 코펜하겐 대학 존 스펜슨 교수 연구진은 어선 그물에 우연히 걸린 그린란드 상어 스물여덟 마리를 분석했다. 그랬더니 상어의 수명이 짧게는 274세, 길게는 512세로 밝혀졌다. 일부 상어는 임진왜란이 벌어진 1590년대에 태어났을 것으로 추정됐다. 이전까지 알려진 최장수 척추동물은 211세로 추정되는 북극고래였다. 어떻게 이 상어는 500살 넘게 장수하는 걸까? 북극 바다의 낮은 수온이 원인이었다. 수온이 낮으면 신체 대사가 느려 그린란드 상어는 한 해에 1센티미터씩 더디게 자랐고 그만큼 수명이 늘어났다는 분석이다. 미국 미시간 대학의 숀 수 교수는 2013년 선충 실험에서 온도가 낮아지면 DNA 손상을 막아 노화를 억제하는 유전자가 작동한다는 사실을 밝혀냈다.

2017년 4월 학술지 〈네이처〉는 젊은 인간의 혈장에서 발견된 단백질이 늙은 쥐의 뇌 기능을 향상시킨다는 스탠퍼드 대학 연구진의 논문을 게재했다. 신생아의 제대혈에서 분리한 혈장을 늙은 쥐의 정맥에 주입한 결과 늙은 쥐의 학습 능력이 향상됐다. 이 혈장 속에 든 단백질 TIMP2가 기억을 관장하는 해마 영역의 시냅스 형성을 증가시키는 역할을 한 것이다. 머지않아 젊은 사람의 혈장을 모아 나이 든 사람에게 주입하면 알츠하이머 같은 뇌 질환을 막을 수 있는 길이 열리게 된다.

과학이 만드는 무병장수의 시대

과학기술의 힘으로 노화의 원인을 규명해 150세 시대를 열겠다는 구상에 가장 적극적인 곳이 구글이다. 구글의 헬스케어 자회사 캘리코와 다

국적 제약회사 애브비는 2015년 15억 달러를 공동으로 투자해 미국 캘리포니아주에 노화 방지 연구기관을 설립했다. 두 회사는 노화를 일으키는 세포를 탐지해 세포가 늙는 것을 막는 치료를 개발 중이다. 나아가 인공지능이 환자 정보를 정밀하게 학습해 환자 개인의 특성에 맞는 치료제를 제시하는 방법을 연구하고 있다.

캘리코는 장수의 비밀을 벌거숭이 두더지쥐에서 찾고 있다. 아프리카 동부 지역에 사는 이 동물은 몸 길이가 8센티미터에 이름 그대로 털이 거의 없다. 땅속에서 마치 개미처럼 우두머리 암컷을 중심으로 집단생활을 하는 보잘것없는 동물이다. 하지만 수명은 32년으로 같은 크기의 다른 쥐보다 열 배 이상 오래 산다. 사람으로 치면 800세 이상 사는 것이다. 암에 걸리지도 않고, 통증도 느끼지 않는다. 캘리코는 벅 노화연구소에 위탁해 벌거숭이 두더지쥐를 키우며 연구하고 있다. 과학자들은 벌거숭이 두더지쥐가 세포의 변형을 막는 물질을 만들어 암세포 증식을 억제한다는 사실을 밝혀냈다. 이 비밀을 사람에게 적용하는 비법을 찾아낸다면 인간은 암을 막을 수 있고 노화까지 예방할 수 있다.

라파마이신Rapamycin이라는 신약 또한 장수의 꿈에 다가가도록 도와주고 있다. 미국 텍사스 대학 헬스사이언스센터 연구팀이 개발한 이 약품을 쥐에 투약한 결과, 라파마이신을 복용한 쥐가 그렇지 않은 쥐보다 1.77배 더 오래 산다는 결과가 나왔다. 생존 기간이 27개월에서 48개월까지 늘어났다. 이 약품을 사람이 복용한다면 인간의 평균 기대수명이 현재의 80세에서 142세까지 연장될 수 있다는 계산이다. 연구팀은 라파마이신이 노화와 질병 발생을 낮춰주기 때문이라고 설명한다. 생명

연장뿐만 아니라 뇌 기능과 운동 능력까지 향상시키는 효과가 있다. 이 실험 결과가 〈네이처〉에 실려 의학계를 흥분시켰다. 게다가 라파마이신을 먹으면 식습관을 바꾸지 않아도 노화를 늦춰 무병장수할 수 있다는 연구 결과까지 속속 등장하고 있다.

분자생물학자들은 세포의 유전 정보가 담긴 염색체 말단 부위 텔로미어의 기능을 강화하면 노화를 늦출 수 있다고 말한다. 사람은 몸속에서 세포분열이 거듭되면서 텔로미어의 길이가 짧아지고 나중에는 텔로미어의 세포분열이 불가능해져 늙게 된다는 것이다. 따라서 바다가재, 무지개송어 등 노화 현상이 없는 동물이 가진 단백질 텔로머라제를 먹으면 텔로미어의 길이가 늘어나 노화를 지연시킬 수 있게 된다. 동시에 운동 등 신체 활동을 꾸준히 하면 텔로미어의 길이가 급격히 줄어드는 것을 막을 수 있다.

생체전자공학이 온다

노화 방지와 생명 연장은 새로운 제약 분야인 생명공학과 생체전자공학의 핵심 과제다. 생명공학이란 생물의 유전, 생존, 성장, 자기제어, 물질대사, 정보 인식·처리 등을 연구하고 공학적으로 응용해 인간의 삶에 필요한 대상을 만드는 것이다. 생체전자공학이란 여기서 한 단계 더 나아가 생물공학과 전자공학을 합친 학문이다. 이 분야에서 가장 활발히 연구 중인 제품은 바이오센서와 바이오칩이다. 가령 미생물과 실리콘칩을 합해 살아 있는 세포로 암 진단 센서를 만들 수 있다. 단백질 등의 생체 성분으로 바이오칩을 설계해 컴퓨터소자로 사용할 수도 있다. 인체의 감각과 운동신경에 문제가 생길 경우 이를 전기 시스템으로 치료하는 길이 열린다. 파킨슨병에 걸리면 뇌의 신경전달 물질인 도파민이 소실되어 몸이 떨리고 경직되며 정상적으로 움직일 수가 없는데, 뇌 구조물에 전극을 삽입해 자극하면 장애를 치료할 수 있다. 청각장애인이나 실명 환자도 전기자극으로 청력이나 시각 기능을 회복할 수 있다.

맞춤형 의학 시대가 열린다

구글의 지주회사인 알파벳의 자회사 베릴리는 한 사람 한 사람의 질병 원인을 찾아내 맞춤형 의학 시대를 여는 것을 목표로 한다. 이를 위해 개인의 유전자를 분석하고 각기 다른 질병의 특성을 파악하는 연구에 매진하고 있다. 구글과 제약회사 노바티스가 시제품 개발에 성공한 스마트 콘택트렌즈는 눈물로 혈당을 측정할 수 있다. 당뇨 환자들은 지금처럼 손가락을 바늘로 찌를 필요 없이 콘택트렌즈만 끼면 편리하게 혈당을 체크할 수 있다.

유전자 정보와 질병 발생의 상관관계를 확인하는 베이스라인Baseline 연구도 진행되고 있다. 환자들의 소변, 혈액, 침, 눈물 등을 채취해 질병 유전자 정보를 만들고 이를 토대로 개개인의 질병 예방법을 알 수 있도록 하겠다는 것이다. 환자의 유전자 정보를 입력해 심장 질환, 뇌혈관 질환, 암 등 주요 질병이 발생한 요인을 분석하고 질병 치료제까지 개발할 방침이다. 이를 위해 건강한 성인 175명의 유전자 정보를 수집해 건강한 인체의 기준을 만들었다.

04

달과 화성으로 가는
우주여행 시대

2021년, 다시 달로 향하는 사람들

1969년 7월 20일. 영화 〈아폴로 13호〉에서 42세의 우주비행사 짐 러블은 동료 닐 암스트롱의 역사적인 달 착륙 장면을 TV로 지켜본다. 그리고 반드시 달에 가보고 말겠다고 다짐한다. 6개월 뒤 그 갈망은 현실이 되어 러블은 아폴로 13호의 선장이 된다. 이 같은 영화 속 이야기가 이르면 2021년 현실이 된다. 유인 우주 탐사는 1972년 미국 NASA의 아폴로 프로젝트가 끝난 이후 중단됐다. 그런데 NASA와 유럽항공우주국이 달 궤도 프로젝트인 오리온 미션을 이르면 2021년부터 다시 가동시킨다.

1969년 7월, 달에 첫발을 내딛음으로써 인류는 우주에 대한 상상을 현실로 만들었다. 이때까지만 해도 사람이 지구를 벗어나 우주로 간다는 것은 상상하기 힘든 일이었다. 따라서 닐 암스트롱이 아폴로 11호를 타고 달에 첫발을 내디딘 것은 우주 시대를 향한 인류의 위대한 시작이었다고 할 수 있다.

그런데 인류는 왜 달 착륙에 집착할까? 첫 번째는 지구에서 가장 가까운 천체가 달이기 때문이다. 가장 가까이 있는 달부터 정복하고 지구와 가장 조건이 비슷한 화성을 정복하는 게 다음 목표다. 즉 달 착륙은 인류의 화성 정복을 위한 연습 과정이라고 할 수 있다. 더 중요한 것은 달에 있는 자원 때문이다. 아폴로 11호가 가지고 온 토양과 운석 성분을 조사한 결과, 차세대 연료로 주목받는 헬륨3가 전 세계인이 최소 1만 년 동안 사용할 수 있는 양이 쌓여 있다. 이 에너지를 가져오기 위해 미국을 비롯해 중국(2007년 4월 창어 1호), 일본(2007년 9월 가구야) 그리고 인도(2008년 10월 찬드라얀 1호)가 경쟁을 벌이고 있다.

2021년 발사될 우주선 오리온은 우주인 네 명을 태우고 달 궤도에 진입해 궤도 비행을 하다 지구로 귀환할 예정이다. 첫 비행에서는 달에 착륙하지 않고 달을 탐사하는 데 초점이 맞춰져 있다.

달, 그다음 목표는 화성

미국은 화성을 인류가 사는 식민지로 만들려는 큰 꿈을 실현하기 위해 도전을 멈추지 않고 있다. 인류가 달 착륙에 성공하면 2030년 인간을 태운 우주선이 화성에 착륙해 화성 식민 시대를 열게 된다. 현재 화성 식민지 건설에 뛰어든 국가는 미국, 러시아, 유럽연합, 인도, 중국이다. 여기에 일론 머스크의 스페이스X, 제프 베조스의 블루오리진, 리처드 브랜슨의 버진갤럭틱 등 민간 기업도 뛰어들었다.

미국은 2028년 화성 궤도를 도는 우주정거장 마스 베이스캠프를 구축하려는 목표를 갖고 있고, 중국은 2021년 무인 화성탐사선 착륙, 2022년 유인 우주정거장 건설을 계획하고 있다. 스페이스X는 2022년까지 유인 우주선을 화성에 보내 2025년까지 화성 식민지를 건설할 방침이다. 달과 화성으로 가는 우주여행이 실현되기도 전에 영국의 우주여행 회사 버진갤럭틱은 일반인에게 우주관광 상품을 판매하고 있다. 25만 달러짜리 이 상품에 스티븐 호킹, 브래드 피트, 저스틴 비버, 레오나르도 디카프리오 등 700여 명이 이미 예약을 했다.

시속 4,000킬로미터로 100킬로미터 상공까지 올라간 뒤 5분 정도 창밖으로 펼쳐진 아름다운 지구의 모습을 지켜보는 두 시간 코스의 우주관광 상품이 2018년 등장할 예정이다.

지구-화성 간 거리는 가까울 때는 5,500만 킬로미터로 짧아지지만, 멀어질 때는 4억 킬로미터까지 벌어진다. 이로 인해 현재 기술로 지구에서 화성까지 가는 데 평균 80~150일 걸린다. 따라서 우주여행이 성공하면 먼 훗날 3개월 코스 화성 우주여행 시대가 열린다. 유엔 산하 국제민간항공기구ICAO는 우주여행 시대를 대비해 오는 2019년까지 우주관광과 상업 프로젝트와 관련한 가이드라인을 마련할 계획이다.

10년 내 화성 정복, 100만 거주 시대가 열린다

과연 화성에 호텔을 짓고 그곳으로 여행을 다니게 될까? 100만 명가량이 이주해서 살 수 있는 우주 시대가 열리게 될까? 언제쯤 가능할까? 위험하지는 않을까? 우주과학기술은 인류에게 과연 어디까지 가능하게 해줄까?

인류는 왜 화성 정복에 목숨을 거는 걸까? 화성은 여러 행성 가운데 가장 지구와 닮았다. 그래서 오래전부터 인류의 우주기지 건설 후보 1순위로 마음을 끌었다. 목성과 달리 두 발을 딛고 설 수 있는 암석으로 이뤄졌고, 지표면 온도는 평균 영하 60도지만 적도 부근에선 여름에 20도까지 올라간다. 산맥과 협곡이 있고 극지방으로 가면 얼음도 있다. 바람과 폭풍이 이는 환경도 지구와 비슷하다. 이 때문에 인류는 사람이 살 수 있는 제2의 거주지로 화성 정복을 꿈꾸고 있다. 화성 식민지 시대를 열겠다는 구상이다.

화성 여행, 신체 변화가 위협 요소다

우주여행 중에 발생할 신체 변화는 우주여행을 섣불리 시도하지 못하게 가로막는 장애물이다. 우주 공간은 낮과 밤의 구분이 없고 특히 중력이 없다. 지구를 출발해 우주 공간으로 들어온 직후부터 화성에 도착할 때까지 몇 달 동안 우주선 안에서 생활하려면 이 무중력을 이겨내야 한다. 처음에는 슈퍼맨처럼 날아다는 게 신기하고 재미있겠지만, 단조로운 시간이 길어지면 고통이 될 수 있다.

무중력 상태에서는 천장과 바닥을 구분할 수 없어 방향 감각에 문제가 생긴다. 뇌는 극도의 혼란을 겪게 되고 이로 인해 눈이 빙빙 돌고 속이 메스꺼워지는 '우주 멀미'를 경험하게 된다. 더 큰 문제는 중력이 척추를 잡아당기지 않아 척추 간격이 늘어나게 된다. 혈액과 체액이 몸의 중심부와 얼굴에 몰려 얼굴이 퉁퉁 붓는다. 이로 인해 코 안의 혈관이 팽창해 냄새를 잘 맡지 못하고 맛도 느끼지 못한다.

부정맥이 생기고 칼슘이 한 달 평균 1퍼센트 줄어 골다공증도 나타날 수 있다. 게다가 에너지 입자는 방사능을 띠고 있어 암 발생 확률을 높인다. 이런 목숨까지 건 위험을 무릅쓰고 용감하게 화성행 우주선을 탈지는 미지수다.

우주 생활을 하던 중 병이 나면 어떻게 할까? 이소연은 우주 생활 두 시간 만에 키가 3센티미터 늘었고 이로 인해 근육과 신경이 늘어나 혈액 순환이 안 돼 두통에 시달렸다고 했다. 진공 상태기 때문에 음식을 먹는 것도 힘들고, 멀미가 심해 10분에 한 번씩 토했다고 한다. 이처럼 우주에서는 심혈관 기능이 감퇴하고 근육 위축과 골분실 문제가 나타난다. 따라서 우주선에는 원격 의료지원 시스템을 갖추고 우주인 치료나 수술도 진행할 수 있다. 아울러 증강현실 기술을 기반으로 심리치료도 받을 수 있다.

인공 중력을 만들어내는 우주정거장

인류의 우주 진출을 위한 교두보 역할을 하는 국제우주정거장만 해도 상황이 다르다. ISS는 고도 300~400킬로미터의 지구 궤도에 조립한 축구장만 한 크기의 구조물로 인공 중력이 있어 얼굴이 붓거나 우주 멀미를 하는 문제는 없다. 지구와 똑같은 환경을 갖추고 있기 때문에 정거장에서의 짧은 생활은 우주 유영 등의 큰 즐거움을 줄 수 있다. 문제는 화성을 향해 날아가는 우주선 내에서 겪게 될 신체적 문제점을 어떻게 극복하느냐다.

화성 1년 생존 실험, 식물 재배에 성공하다

NASA는 1년간의 화성 체험 생존 실험에 성공했다. 화성과 환경이 비슷한 하와이 산기슭에 11미터의 좁은 돔을 만들어 하와이 대학 과학자 여섯 명이 우주식품만 먹으며 생활하는 데 성공한 것이다. 이들은 우주복을 입고 훗날 화성에서의 생활과 똑같이 가루치즈와 참치 캔 등 동결건조 식품만 먹고 살았다. 영화 〈마션〉에서 화성에 홀로 남겨진 주인공이 감자 농사에 성공해 살아남았듯, 이들도 척박한 토양에서 추출한 물과 LED 조명을 이용해 토마토 재배에도 성공했다.

사람이 화성을 여행하는 시대를 지나 화성에 사는 시대가 열리게 되면 어떤 일들이 생겨날까? 우주에서 농사를 지어 신선한 야채와 과일을

먹을 수 있게 된다. NASA는 어드밴스드 푸드 시스템Advanced Food Systems
을 만들어 우주에서 농사를 짓는 우주정원을 구상하고 있다. 양상추, 시
금치, 당근, 토마토, 양파, 무, 피망, 허브, 딸기, 양배추 등 열 가지 신선식
품을 수경재배로 키울 수 있다. 토양이 부족한 우주에서 물과 특별한 빛
을 이용해 자랄 수 있도록 했고 화성 탐사선에 적용할 예정이다. 이미
러시아는 1996년 우주정거장 미르에서 우주정원 프로젝트로 실시해왔
다. 난쟁이밀 재배에 성공해 식량을 우주에서 생산할 수 있다는 점을 밝
혀냈다. 미국도 이미 우주에서 애기장대를 재배해 40일 만에 열매를 맺
는 성과를 거두기도 했다.

인류를 위협하는 요소들

소행성이 지구에 접근하고 있다

2013년 2월15일. 러시아 중부 우랄산맥 인근 지역에서 섬광이 발생했다. 곧바로 사람 몸이 흔들릴 만큼 강한 충격파가 전해졌고 일부 건물이 무너지고 유리창이 깨지는 피해가 발생했다. 유리 파편에 1,200여 명이 부상을 당했다. 지름 16.8미터, 무게 1만 톤에 달하는 작은 소행성Asteroid 이 지구 대기와 충돌하면서 상공 30킬로미터 부근에서 폭발한 것이 원인이었다. 이처럼 소행성과 충돌해 지구가 멸망한다는 예측이 잇따르고 있다. 소행성 충돌은 얼마나 위협적일까? 지름 1.5킬로미터급 소행성이 지구에 떨어지면 100만 메가톤급 폭발이 일어난다. 이는 히로시

마 원자폭탄의 5,000만 배에 해당하는 폭발력이다. 한때 지구를 지배했던 공룡이 6600만 년 전 멸종한 건 소행성이 지구와 충돌했기 때문이다. 미국 하버드 대학 물리학과 리사 랜들 교수는 은하계 원반면 근처에 이중원반을 형성하고 있는 암흑물질이 소행성 충돌을 유발했다고 주장한다.

앞으로 인류의 종말을 부를 정도의 기상이변이나 대재앙이 과연 지구에 올까? 영국 옥스퍼드 대학 인류미래연구소FHI는 지구가 최후의 날을 맞을 수 있다는 연구 결과를 내놨다. 앤더스 샌드버그 박사팀은 〈사이언스〉에 게재한 보고서에서 태양풍, 우주 충돌, 초대형 화산 폭발, 밀림 대형 화재 등이 인류 생존을 위협할 것으로 전망했다.

앞으로 발생 가능한 위협 요소들

소행성: NASA는 인류의 비극을 막기 위해 2016년 9월 8일 소행선 탐사선 오시리스-렉스OSIRIS-REx를 발사했다. 지름 500미터, 미국 엠파이어 스테이트 빌딩만 한 크기의 소행성 베누Bennu가 목적지다. 이 소행성은 6년 주기로 지구를 스쳐 지나가고 있다. 베누는 2013년 2월 지구로부터 불과 3만 5,000킬로미터 거리로 근접해 지나갔다. 2035년 달의 궤도 안쪽으로 들어오면 지구에 가장 가깝게 다가오는 위기 상황이 발생한다. 과학자들은 2175~2196년 중 베누가 지구와 충돌할 확률이 2,700분의 1에 달할 것으로 전망한다. 따라서 다음 세기 후반, 지구와

충돌 가능성이 가장 큰 소행성인 베누의 정확한 행로를 분석하는 것이 오시리스-렉스의 핵심 임무다.

1998년 개봉한 영화 〈아마겟돈〉Armageddon을 보면 텍사스 크기의 소행성이 시속 3만 5,200킬로미터로 지구를 향해 날아오고 있는 것이 감지된다. 이에 놀란 NASA는 행성에 구멍을 뚫어 핵폭탄으로 소행성을 산산조각 내 결국 지구를 구해낸다. 1998년 5월 개봉한 영화 〈딥임팩트〉 Deep Impact에서는 11킬로미터 너비의 혜성이 지구를 향해 돌진한다. 지구와 충돌하면 대재앙이 불가피한 상황에서 사람들은 이 혜성을 폭파할 계획을 세운다. 2015년 영국 사우샘프턴 대학 연구에 따르면 2100년까지 261개 소행성이 지구와 충돌할 위험이 있고, 충돌 피해 위험도를 계산한 결과 한국은 17번째로 위험도가 큰 것으로 나타났다.

태양풍: "오늘 오전 8시 50분경 강력한 태양 폭발이 발생했습니다. 이로 인해 스마트폰이나 GPS 등의 서비스가 마비되거나 교란될 수 있습니다." 〈더 폰〉은 강력한 태양폭풍이 발생하면서 통신 장애가 일어나고 이로 인해 1년 전 살해된 아내와 1년 후를 살고 있는 남편이 전화로 연결되는 미스터리한 상황을 그린 영화다. 과학자들은 흑점 수십 개가 동시에 폭발하면 자장 현상으로 초강력 태양폭풍이 발생해 여기에서 방출된 막대한 에너지를 가진 고온 가스와 입자가 덮쳐 지구가 멸망의 위기를 맞을 수 있다고 경고한다. 태양풍은 말 그대로 태양에서 불어오는 바람을 말한다. 흑점 대폭발로 시작된 시속 수천 킬로미터의 태양폭풍은 지구의 자기장을 요동시켜 전자기기를 망가뜨리고 전력 시설을 파

괴한다. 전파 장해를 일으켜 통신 시스템을 마비시킨다. 2009년 개봉한 영화 〈노잉〉Knowing에는 지구 자기장에 이상이 생기고 대규모의 태양 흑점이 폭발하는 극한 상황이 나타난다. 이로 인해 열기가 지구 전체를 뒤덮으면서 인류는 종말을 맞는다.

1859년 9월 태양 흑점이 폭발하는 사건이 발생했다. 유럽과 북미에 서는 약 22만 5,000킬로미터에 달하는 전산망이 마비되고 화재가 잇따 라 발생했다. 이 사건은 영국의 천문학자 리처드 캐링턴이 처음 관측하 면서 사상 최대의 태양폭풍 '캐링턴 대폭발 사건'이라는 이름이 붙었다. 이로부터 130년 뒤인 1989년 3월 흑점이 또다시 폭발했다. 이 영향으 로 캐나다 퀘벡에서 변압기가 타버려 600만 명의 주민이 아홉 시간 동 안 공포를 겪어야 했다. 인공위성이 오작동을 일으켰고 지상의 위성통 신 시스템도 작동 불능 상태가 됐다. 미래과학연구소 샌드버그 박사팀 은 캐링턴 사건 때와 유사한 태양폭풍이 10년 내에 발생할 가능성이 약 12퍼센트에 달한다고 분석했다.

초대형 화산 폭발: 화산재가 지구 전체를 둘러싸 햇빛을 차단하면 암흑 세계가 연출된다. 태양의 온기라고는 찾을 수 없는 차가운 밤의 시대를 맞이해야 한다. 연구진은 북미 세 곳, 남미 한 곳, 인도네시아 토바, 뉴질 랜드 타우포, 일본 아이라 화산 등 일곱 곳을 위험군으로 꼽고 있다. 샌 드버그 박사팀은 초신성 폭발로 발생하는 우주 감마선이 유입되거나, 아마존 같은 밀림에서 발생한 대형 화재로 메탄가스가 지구를 뒤덮으 면 인류가 멸망할 수 있다고 경고했다.

06

햇빛과 바람의 에너지 혁명

100퍼센트 재생에너지 기업의 탄생

구글과 애플은 2017년 말까지 완전한 100퍼센트 재생에너지 기업이 된다. 태양열과 풍력으로 생산한 전기만 사용하는 회사가 된다는 뜻이다. 탄소 배출을 줄이고 환경을 보호해야 한다는 기업 철학이 만들어낸 놀라운 결과다. 구글은 2016년 12월 성명을 통해 "2017년부터 전 세계 모든 데이터센터와 사업장에서 사용하는 전력을 재생에너지로 감당할 것"이라며 "현재 구글은 총 2.6기가와트에 달하는 풍력과 태양광 등 녹색 에너지를 구매해 사용하고 있다"고 밝혔다. 전 세계에 열세 곳의 데이터센터와 150여 곳의 사업장을 두고 있는 구글의 지난해 에너지 사용량은 5.6테라와트로 미국 샌프란시스코 전체에서 사용하는 전력과 비슷한 수준이다. 이 가운데 95퍼센트를 풍력으로 조달할 예정이다.

　애플은 사업장과 공장 운영에 필요한 에너지원을 화석연료가 아닌 태양, 바이오매스, 풍력, 지력 등 청정 에너지만을 사용하고 있다. 애플은 2016년 6월 캘리포니아의 쿠퍼티노 본사에 대규모 태양광 에너지 발전 시설인 애플에너지를 출범시켰다. 애플은 데이터센터, 애플스토어, 애플 본사 등에 태양광 에너지 패널을 설치해 전기를 생산한다. 이곳에서 생산한 태양광 에너지를 본사와 데이터센터 등에 사용하고, 남은 에너지는 판매할 방침이다.

속속 등장하는 새로운 에너지 기술

정부가 탈원전 정책을 밝히면서 원전에 대한 논란이 거셌다. 충분한 공론화가 필요하다는 의견이 많았다. 전문가들은 탈원전으로는 에너지 자립이 힘들다는 목소리를 내고 있다. 지금 전 세계는 네 가지 방법으로 에너지를 확보하고 있다. 첫 번째가 석탄, 즉 화석연료를 사용한 화력발전, 두 번째가 천연가스, 세 번째가 원자력, 네 번째가 태양열과 풍력으로 일컬어지는 신재생에너지를 활용하는 방법이다. 이 가운데 가장 친환경적인 방법이 태양광과 풍력 발전이다. 하지만 해가 뜨지 않거나 비가 오면, 또 바람이 불지 않으면 사용할 수 없다. 일사량이 적거나 풍속이 느리면 전력 공급이 끊기는 블랙아웃 사태가 발생할 수도 있다. 이 때문에 아이디어는 좋지만 국내 지리 여건상 현실적으로 불가능할 것이라는 우려가 나오고 있다. 특히 재생에너지는 에너지 개발비가 많이 들기 때문에 전기료가 급등할 가능성이 높다는 우려도 나오고 있다.

그런데 인도가 에너지의 역사를 바꾸는 대사건을 일으켰다. 태양광 전력 생산 가격을 화석연료 가격 아래로 떨어뜨린 것이다. 2017년 5월 인도 태양광 프로젝트 경쟁 입찰에서 전력 가격이 킬로와트당 2.62루피(약 45원)를 기록해 사상 최저 수준으로 떨어졌다. 그전 해 최저 가격인 4.34루피보다 40퍼센트 이상 저렴해졌고, 화석연료 전력 평균 가격인 킬로와트당 3.2루피보다도 싸다. 2014년 취임한 나렌드라 모디 총리가 친환경 에너지 정책을 전폭 지원한 결과물이다. 인도는 10년 이내에 전기 총생산량의 57퍼센트를 친환경 에너지로 바꿀 계획이다.

에너지 혁명의 기폭제는 그리드패리티Grid Parity에 달려 있다. 그리드패리티란 신재생에너지 발전 단가와 기존 화석에너지 발전 단가가 같아지는 균형점을 말한다. 인도처럼 신재생에너지 생산 원가가 화석연료 발전 원가와 같거나 그보다 낮아지면 굳이 환경을 파괴하는 화석연료를 사용할 필요가 없다. 4차 산업혁명을 통한 기술의 진화로 생산 원가가 떨어지고 국제 유가가 상승할수록 그리드패리티는 더 빨리 다가오게 된다. 《에너지 혁명 2030》의 저자 토니 세바는 "화석연료를 쓰는 발전소가 100퍼센트 태양광·풍력으로 대체되고 전기차·자율주행차 시대가 도래하는 에너지 혁명이 일어나게 된다"고 예견하고 있다.

스코틀랜드는 연을 하늘에 날려 전기를 생산하는 연 에너지 풍력발전소를 세계 최초로 세웠다. 500킬로와트급 연 풍력발전소는 폭 40미터의 연을 최고 450미터 높이까지 여덟 가지 대형을 이뤄 하늘에 띄우고, 연들이 공중에서 오르락내리락하면서 발전소 전기 생산 터빈을 잡아당긴다. 연 풍력발전소는 건설 비용이 기존 풍력발전소의 절반에 불과하다는 장점이 있다. 중앙아메리카의 코스타리카도 2016년 한 해 365일 중 250일 이상을 화석연료 없이 100퍼센트 재생에너지로 전기를 공급하는 데 성공했다. 이로써 재생에너지 비율이 전체 전기의 98.1퍼센트에 달했고 화력발전 비중은 1.8퍼센트에 불과하다. 인구 490만 명에 면적이 한국의 절반인 코스타리카의 주된 전력원은 수력이다. 강이 50여 개로 많은데다 연중 비가 많이 오는 덕분이다.

테슬라의 자회사 솔라시티는 기존 주택들의 지붕을 임대해 태양광 패널을 설치한 후 여기서 생산된 전기 에너지를 판매해 수익을 올리고 있다. 하와이 카우아이Kauai섬 18만 제곱미터 부지에 태양광 패널 5만 4,978장을 설치해 여기서 생산한 전기를 파워팩 272대에 저장하고 있다. 이를 통해 연간 160만 갤런의 화석연료를 줄이고 있다.

한국은 태양광, 풍력, 수력 등의 재생에너지를 사용하는 비중이 세계 주요국 가운데 꼴찌 수준이다. OECD '녹색성장 지표 2017' 보고서에 따르면 한국의 전체 에너지에서 재생에너지 비중은 2015년 기준 1.5퍼센트로 조사 대상 46개국 중 45등이었다. 한국보다 재생에너지 사용이 적은 국가는 세계 3대 산유국으로 꼽히는 사우디아라비아(0퍼센트)뿐이었다. 정부가 탈원전 정책을 밝혔다면, 국가 에너지의 미래를 대비한 대안과 준비가 있어야 한다. 에너지의 미래에 대한 구체적인 고려 없이 설익은 정책이 강행된다면 국민의 불안과 갈등을 부추길 수 있다.

(07)

입는 로봇으로
인간의 능력을 증폭시킨다

아이언맨 슈트로 한계를 극복한다

영화 〈아이언맨〉의 주인공 토니 스타크는 보통 때는 평범한 인간이지
만 '아이언맨 슈트'를 입으면 하늘을 날아다니는 전사로 변한다. 입는
로봇이 인간을 슈퍼맨 같은 초인으로 만들어준다. 이 동력형 외골격 로
봇으로 군인들의 전투력을 향상시켜 오랜 기간 전투가 가능해진다. 그
런데 최근 중국 선전에서 광치光啓과학이 세계 최초로 개인용 비행장치
제트팩Jet-pack 개발에 성공했다. 양 옆에 프로펠러 두 개가 달려 있고 사
람이 갑옷처럼 착용할 수 있어 '아이언맨 슈트'라고 불린다. 시험 비행
에도 성공해 120킬로그램까지 짐을 실을 수 있고 1,500미터 상공까지

올라갈 수 있다. 속도도 빨라 최고 시속 80킬로미터로 40분간 비행할 수 있다. 대당 가격은 160만 위안이다. 중동 두바이 소방당국에서 20대를 선주문했고, 중국 내에서도 100대 이상 주문을 받은 상태다.

입는 로봇은 기본적으로 몸에 착용함으로써 사람의 신체적 능력을 향상시켜 인간 한계를 극복하도록 돕는다. 지난해 5월 미국 식품의약국은 발명가 딘 카멘이 개발한 로봇 의수 데카 팔DEKA Arm의 판매를 승인했다. 이 로봇 의수는 실제 팔과 손만큼 정교하고 빠르지는 않지만 상당히 정교한 동작이 가능하다. 방울토마토를 손가락으로 집을 수 있고 물병을 들고 물을 마실 수 있다. 계란을 옮기고 젓가락으로 음식을 집을 수 있다. 암벽 등반까지 가능하다. 팔다리를 잃은 상이군인들이 새로운 인생을 살 수 있는 길이 열린 것이다. 더 정교하고 진짜 같은 로봇 팔이 개발될 날이 머지않았다. 2014년 브라질 월드컵 개막식 때 하반신이 마비된 청년이 시축을 한 일이 있다. 어떻게 하반신이 마비된 사람이 공을 찬다는 말인가. 미국 듀크 대학 니콜레리스 교수가 워크어게인Walk Again 프로젝트를 통해 개발한 입는 로봇 덕분이었다. 하반신 마비 청년은 이 로봇을 착용하고 브라질 월드컵 공인구 브라주카를 발로 힘차게 건드렸다. 공은 2미터가량 굴러갔고 관중석에서는 환호성이 터져 나왔다. 외골격 로봇은 이처럼 노약자나 장애인이 인간의 신체적 한계를 뛰어넘을 수 있도록 도와주는 동반자 역할을 하고 있다. 앞으로는 노약자도 입는 로봇의 도움으로 힘을 들이지 않고 걸을 수 있게 된다. 다리가 없거나 힘이 약해 휠체어에 의지해야 했던 장애인들도 입는 로봇만 있으면 일반인처럼 활동할 수 있게 된다.

입는 로봇이 제2의 인생을 선물한다

입는 로봇은 군사용으로 쓰이는 것은 물론이고 환자들의 재활치료를 돕거나 제2의 인생을 살 수 있는 친구 역할을 하고 있다. 원리는 센서와 와이어에 있다. 넓적다리와 종아리를 감싼 천과 신발 뒤축으로 연결된 와이어가 사람의 다리 움직임을 센서로 포착해 다리를 들어올릴 때 와이어가 작동함으로써 적은 힘으로 다리를 움직일 수 있다. 특히 존스홉킨스 대학은 손가락의 센서가 착용자의 뇌로 직접 생물학적 반응을 보낼 수 있도록 함으로써 몸이 마비된 사람이 생각으로 로봇 팔을 조종할 수 있도록 했다. 기계손에서 뇌로 직접 촉감을 보냄으로써 거의 자연스럽게 손을 움직이는 생명공학의 가능성을 보여준 것이다. 이렇게 되면 생각으로 움직이는 로봇 팔, 로봇 다리 시대가 열리게 된다.

실제 감전 사고로 오른팔을 절단한 드럼 연주자 제이슨 반즈는 미국 조지아 공대에서 개발한 드러머용 로봇 팔을 착용하고 다시 무대에 섰다. 또한 일본은 노약자 이동을 돕는 입는 로봇 할을 개발해 2025년까지 940만 대를 보급할 계획이다.

입는 로봇의 발전은 앞으로 얼마나 더 나아갈지 예측하기 어려울 정도다. 중요한 것은 불의의 사고로 팔다리를 잃은 사람들이 입는 로봇의 도움으로 제2의 삶을 살 수 있게 된다는 것이다. 특히 설 수 없고 걸을 수조차 없는 장애인이나 노약자도 입는 로봇이 걷고 뛸 수 있도록 하는 시대가 열리고 있다. 국내에서도 생산기술연구원이 입는 로봇 하이퍼 개발에 성공했다. 하이퍼를 장착하고 걸으면 오래 걸어도, 무거운 짐을 짊어져도 피곤한 줄 모른다.

상상이 현실이 되는 세상이 우리 앞에 펼쳐지고 있다. 시장조사업체인 ABI리서치는 외골격 로봇 산업이 연평균 39.6퍼센트 성장해 2025년에는 18억 달러 규모로 성장할 것으로 예상한다.

08

유전자 가위로
불치병을 완치한다

중국, 세계 최초로 유전자 조작 개를 복제하다

중국 생명공학업체가 세계 최초로 유전자 조작 개를 복제하는 데 성공했다. 시노진은 체세포 이식 기술을 이용해 질병 치료 등에 활용할 수 있는 유전자 조작 개 룽룽을 복제해 이 분야에서 가장 앞선 기술을 보유하게 됐다. 이로써 중국은 한국에 이어 두 번째로 개 복제 기술을 보유한 나라가 됐다. 우리나라는 2006년 8월 황우석 교수팀이 세계 최초로 체세포 복제 방식으로 사냥개의 일종인 아프간하운드 두 마리를 복제하는 데 성공했다. 유전자 조작에는 3세대 유전자 가위programmable nuclease 기술인 크리스퍼 카스9CRISPR-CAS9 방식이 처음으로 적용됐다.

중국 연구진은 "크리스퍼 카스9 기술을 이용해 질병 치료를 위한 질환 모델 동물을 만들어냈고, 이를 대량 생산할 수 있는 성과를 거뒀다"고 의미를 부여했다.

유전자 가위는 유전체에서 원하는 부위의 DNA를 정교하게 잘라내는 기술을 말한다. 가위질하듯 유전자의 잘못된 부분을 제거해 유전자를 편집하는 기술이다. 쉽게 말해 손상된 DNA를 잘라내고 정상 DNA로 갈아 끼우는 짜깁기 기술이다. 특정 DNA 부위를 자르는 데는 인공효소가 이용된다.

1, 2, 3세대 유전자 가위가 존재하며 2012년 3세대 유전자 가위인 크리스퍼가 개발된 상태다. 이 기술은 크리스퍼라는 RNA가 표적 유전자를 찾아가 카스9이라는 단백질 효소가 DNA 염기서열을 잘라내는 방식이다. RNA가 자르는 대상을 판별하고 카스9이 가위 역할을 한다. 누구나 간단한 조작으로 DNA를 조작할 수 있기 때문에 생명공학계의 혁명으로 일컬어진다.

유전자 조작을 활용한 다양한 기술들

모기가 옮기는 말라리아는 해마다 전 세계에서 60여만 명의 목숨을 앗아간다. 그런데 미국의 과학자들이 말라리아를 획기적으로 줄일 기술을 내놓았다. 2015년 11월 미국 UC어바인 앤서니 제임스 교수 연구진이 유전자 가위를 활용해 말라리아 저항 유전자를 가진 모기를 만드는 데 성공한 것이다. 말라리아에 저항하는 항체를 찾아내 항체를 만드는 유전자를 모기에게 이식하자 모기가 더 이상 말라리아를 옮기지 않게 됐다. 이 모기를 일반적인 야생 모기와 교배시켰더니 후손의 90퍼센트 이상이 말라리아 저항 유전자를 갖고 태어났다. 모기는 그대로 두면서 말라리아만을 막을 획기적인 방법이 개발된 것이다.

국내 연구진이 이끄는 국제 연구팀이 2015년 7월 유전자 교정 기술로 근육량이 훨씬 많은 '슈퍼 돼지'를 만들었다. 기초과학연구원IBS 유전체교정연구단장 김진수 서울대 화학부 교수와 중국 옌벤 대학 윤희준 교수 공동 연구진은 유전자 교정을 통해 일반 돼지보다 근육량이 많은 슈퍼 돼지(이중근육 돼지)를 탄생시켰다. 연구진은 유전자 가위를 이용해 돼지의 체세포에서 근육의 성장을 억제하는 유전자 마이오스타틴 MSTN이 기능을 발휘하지 못하도록 유전자를 바꿨다.

2016년 11월 중국은 크리스퍼 기술을 세계 최초로 암 환자에게 적용했다. 중국 쓰촨 대학 유루 교수 연구진은 악성 폐암 환자의 몸속에 크리스퍼 유전자 가위로 변형한 세포를 주입하는 임상시험을 시작했다. 폐암 환자의 혈액에서 면역세포를 채취한 뒤, 이를 유전자 가위로 편집해 암세포를 공격하는 교정세포를 배양해 암 환자에게 주입했다. 연구진들은 이 면역세포가 암세포를 파괴하기를 기대하고 있다.

미국 국립보건원NIH도 2016년 6월 펜실베이니아 대학 연구진의 유전자 가위 연구에 대한 임상시험을 허가했다. 미국 식품의약국 허가만 떨어지면 인체 시험이 가능해진다. 이로써 인간의 불치병 치료에 대한 도전이 더욱 거세질 전망이다.

영국 정부는 2016년 3월 인간 배아를 대상으로 유전자 가위 시술을 허용했다. 이 기술이 인간에 적용되면 부모가 가진 난치병 유전인자를 제거한 '맞춤 아기'를 태어나게 할 수 있다. 유전자를 선택해서 태어나게 할 수 있다는 영화 〈가타카〉Gattaca 이야기가 현실이 되는 것이다. 중국에서는 2015년 4월 세계 최초로 인간 배아 DNA를 편집한 실험 결과를 발표해 생명 윤리에 대한 논란을 일으켰다. 실험 결과 성공률이 33퍼센트를 밑도는 것으로 나타났고 돌연변이 가능성을 우려해 추가 실험은 중단됐다.

미국 펜실베이니아 주립대학 연구팀은 2016년 9월 갈변현상을 방지하는 양송이버섯을 개발했다. 과일이나 채소들에서 갈변을 유발하는 효소를 유전자 가위로 제거해 만든 것이다. 미국 회사 듀폰은 가공식품, 접착제, 고광택 종이 같은 일상품에 사용되는 다당류인 아밀로펙틴만으로 구성된 전분을 함유하는 찰옥수수를 개발했다. 유전자 가위를 활용하면 병충해나 가뭄에 잘 견디는 농작물이 생겨나 생산량을 크게 늘릴 수 있다. 이미 한국 연구진도 유전자 가위 기술을 활용해 병충해에 강한 상추, 혈압과 콜레스테롤 수치를 낮추는 콩, 병에 강하고 잘 자라는 야생 담배 등을 개발했다.

4차 산업혁명이 가져올 가장 큰 이슈 중 하나는 생명 윤리에 대한 문제다. 유전자 배치를 인간이 인위적으로 조정하는 것은 자연의 이치를 거스르는 일이기 때문이다. 특히 나라마다 생각이 다르므로 국제 기준이 만들어지기는 상당히 힘든 실정이다. 이미 논란이 일었던 GMO(유전자변형생물체, 유전자변형식품)에 대한 정의와 가이드라인도 나라마다 큰 차이가 있다. 유전자 가위 기술도 아직까지 국내는 물론이고 국제적으로도 규제나 가이드라인이 미비한 실정이다. 특히 우리나라는 인간을 대상으로 하는 유전자 가위 임상·연구 등이 생명윤리법으로 금지된 상태다. 무조건 금지할 게 아니라 이제 논의를 시작해야 한다.

09

일자리를 대신한
로봇이 세금을 낸다

일자리 50퍼센트를 로봇이 대체한다

인천 가천대길병원에는 인공지능 로봇 의사 왓슨이 있다. 로봇 암전문 의 왓슨 포 온콜로지는 2016년부터 지금까지 85명의 암 환자를 진료했다. 인간 의사의 진료를 받을 것이냐 로봇 의사의 진료를 받을 것이냐 하는 선택의 기로에서 많은 환자는 로봇 전문의의 수술을 선택했다. 심지어 암 질환 권위자보다 로봇에 더 큰 신뢰를 보냈다. 가천대길병원은 물론 부산대병원, 건양대병원, 계명대 동산병원, 대구가톨릭대병원 등이 왓슨을 의사로 고용했다. 도쿄 대학과 IBM은 암과 관련된 2,000만 건의 논문을 왓슨에 학습시켜 백혈병 환자의 치료법을 왓슨을 통해 10분 만에 찾아낸다. 이처럼 인공지능 의사는 실제 의사 대신 일을 해서 수익을 창출하고 있다.

이렇게 로봇이 창출한 소득에 로봇세Robot Tax를 물리자는 주장이 나오고 있다. 논쟁을 일으킨 주인공은 마이크로소프트 창업자 빌 게이츠다. 그는 미국 온라인 매체 〈쿼츠〉QUARTZ와의 인터뷰에서 "로봇이 사람의 일자리를 빼앗는다면 로봇도 세금을 내야 한다"고 주장했다. 그는 로봇을 활용해 생산성이 향상되고 이로써 더 많은 수익이 창출되거나, 로봇이 수익 창출에 기여했다면 로봇세를 신설해 기업이 세금을 내도록 해야 한다고 밝혔다. 그리고 로봇세로 거둬들인 돈은 일자리를 빼앗긴 사람들의 재교육과 지원에 활용해야 한다고 징수 방법과 사용처에 대해서도 설명했다.

로봇세, 누가 내게 될까

로봇을 고용한 사용자가 로봇세 납부 대상이다. 로봇이 벌어들인 소득에 일반 직장인에게 부과하는 것과 동일한 소득세를 로봇 사용자가 내는 방식이다. 로봇세 도입에 찬성하는 사람들도 늘고 있다. 와이콤비네이터 CEO 샘 알트먼은 "로봇의 능력이 사람을 훨씬 능가할 수 있다"며 "기업에서 로봇을 통해 새로운 부를 창출한다면 당연히 세금을 물어야 한다"고 주장했다. 프랑스 집권 사회당의 대통령 후보였던 브누아 아몽은 아예 로봇세를 공약으로 제시했다. 하지만 하버드 대학 래리 서머스 교수는 "로봇을 일자리 약탈 주범으로 몰아 과세할 논리적 근거가 약하다"며 로봇세 도입에 반대한다.

유럽의회는 지난 2월 로봇의 법적인 실체를 인정하는 로봇시민법 결의안을 채택했다. 로봇에 '전자 인간'electronic personhood의 지위를 부여한 것이다. 이 결의안은 로봇의 지위, 개발, 활용에 대한 기술적, 윤리적 가이드라인을 담고 있다. 눈길을 끄는 대목은 로봇을 고용하는 기업에 로봇세를 물려야 한다는 내용이 포함됐다는 사실이다.

하지만 일단 유럽의회는 로봇세를 당장 도입하는 데는 반대하고 있다. 로봇을 인간에 준하는 법적 존재로 인정하지만, 세금까지 물리는 것은 이르다는 판단에서다. 특히 로봇에게 세금을 물리는 게 기업들의 생산 의욕과 혁신을 감소시킬 수 있다고 지적한다. 이처럼 로봇세 신설이 새로운 논란을 일으키고 있다.

맥킨지는 2055년 로봇이 전 세계 노동자의 절반가량을 대체할 수 있다고 분석했다. 현재 기술 수준으로만 보면 지금 당장 일자리의 50퍼센트, 2050년이면 100퍼센트 인공지능과 로봇이 대체할 수 있다고 전망했다. 옥스퍼드 대학은 로봇이 2023~2033년까지 인간 일자리의 50퍼센트를 대체할 수 있다고 예상했다. 이렇게 되면 기업들은 16조 달러의 임금을 주지 않아도 된다는 계산이다. OECD는 21개 회원국 일자리의 9퍼센트가 자동화될 것이라며 로봇 자동화가 인류의 일할 권리를 위협할 것이라고 경고했다. 실제 무인 트럭의 등장으로 미국에서만 350만 명이 넘는 트럭 운전사들이 일자리를 잃을지 모른다는 보고서가 나왔다. 미국 농무부USDA 보고에 따르면 20세기 초 미국 노동 인구의 50퍼센트가 농업에 종사했지만, 첨단 농기구의 등장으로 현재는 농업 인구 절반이 기계로 대체됐다. 소나 말 같은 농업 가축도 2,200만 마리였지만, 현재는 트랙터 500만 대가 그 일을 대신한다. 이 같은 놀라운 변화가 몇 년 안에 다시 일어난다.

현재 로봇세 도입은 논란이 되는 수준이다. 하지만 머지않아 로봇을 세금을 내야 할 것이다. 만일 많은 연구기관의 예상대로 인간의 일자리 50퍼센트를 로봇이 대체한다면 국가가 예산을 확보하는 데 한계에 봉착할 수밖에 없기 때문이다.

5년 안에 사라질 것들

현재의 인기 상품이 모두 사라진다

기술이 진화하면서 새롭게 등장했다 사라지는 것들이 많다. 삐삐, 시티 폰이 등장했다 사라졌고 디지털카메라가 필름카메라를 퇴출시키고 있다. 디지털카메라조차 스마트폰 카메라에 밀리고 있다. 스마트폰을 대중화한 아이폰이 등장한 것은 불과 2007년이었다. 앞으로 어떤 기술이 등장해 우리의 미래를 바꿔놓을까? 그리고 현재의 어떤 것들이 역사 속으로 사라지게 될까? 북미 최대 IT 온라인매체인 〈테크크런치〉TechCrunch는 5년 안에 사라질 다섯 가지를 꼽았다.

퇴출1: 현금 · 수표 · 신용카드 · ATM

5년 뒤 가장 큰 생활의 변화는 현금 사용이 급감한다는 것이다. 핀테크의 진화로 모바일 결제가 보편화되면 신용카드 또한 사라진다. 대신 디지털 지갑이 미래의 현금 역할을 한다. 스마트폰 제조사부터 유통업체, 이동통신사, 금융권까지 도입 중인 모바일 페이 서비스가 현금과 신용카드를 몰아낸다. 국내에서는 삼성페이를 비롯해 은행권의 앱카드, 카카오페이, 페이코, 네이버페이, BLE 페이먼트, 신세계 SSG페이 등이 춘추전국시대를 열고 있다. 특히 SK텔레콤이 선보인 BLE(블루투스 저에너지) 페이먼트는 근거리 무선통신망을 이용하기 때문에 음식점이나 마트에서 결제할 때 스마트폰을 가방 속에서 꺼낼 필요도 없이 비밀번호만 입력하면 된다.

페이 서비스는 버스와 전철을 탈 때 스마트폰만 갖다 대도록 하고 있고, 미국에 등장한 벤모 서비스를 이용하면 문자메시지를 통해 저녁 식사 비용을 친구와 나누어 낼 수 있다. 2009년 창업한 벤모는 온라인으로 돈을 이체하라는 뜻으로 '벤모하다'라는 말이 쓰일 만큼 인기를 얻었다. 전화번호, 이메일, 페이스북에 등록된 지인들끼리 간편하게 돈을 주고받을 수 있도록 설계됐는데 2013년 페이팔에 인수된 이후 폭발적으로 성장하고 있다.

미국에서 널리 사용되고 있는 수표책과 신용카드도 사라질 날이 다가오고 있다. 미국 퍼스트데이타FirstData가 펴낸 '언뱅크드 제너레이션' The Unbanked Generation 보고서에 따르면 미국 35세 이하 소비자의 94퍼센트가 온라인으로 은행 업무를 처리하고 있다. 이는 은행 시대의 종말을 의미한다. 씨티은행은 '디지털 파괴'Digital Disruption 보고서에서 핀테크가 급성장해 향후 10년간 은행권 일자리의 30퍼센트가 줄 것이라고 전망한다.

퇴출2: USB스틱

네트워크 장비 제조업체 에릭슨은 2020년까지 전 세계 인구의 70퍼센트가 스마트폰을 사용하고 90퍼센트가 모바일 데이터를 이용할 것으로 전망한다. 네이버, 애플, 박스, 드롭박스, 구글, 마이크로소프트가 제공하는 클라우드 서비스가 거의 공짜거나 저가로 무제한 용량이기 때문이다. 자연스럽게 USB를 주머니 속에 넣고 다닐 필요가 사라진다.

퇴출3: 비밀번호 · 열쇠

은행은 물론 주요 기관 홈페이지에 접속하려면 비밀번호를 설정해야 한다. 그러나 입력한 비밀번호를 정확히 기억하지 못해 낭패를 보기도 한다. 더욱이 비밀번호는 손쉽게 해킹당할 수 있다는 단점이 있다. 게다가 자주 바꿔줘야 한다. 5년 안에 이 같은 문제점이 사라진다. 홍채와 지문, 얼굴 모양 등 다양한 형태의 생체 인증이 비밀번호 없는 시대를 만든다. 아파트 열쇠가 이미 사라진 것처럼 생체 인증이 비밀번호와 열쇠를 사라지게 만든다.

퇴출4: 리모컨

앞으로는 텔레비전 리모컨을 찾기 위해 소파나 방석 밑을 뒤질 필요가 없게 된다. 시장조사업체인 스트래티지 애널리틱스Strategy Analytics는 2020년까지 사물인터넷, 스마트홈, 웨어러블 기기 176억 개가 연결될 것으로 전망한다. 아마존의 에코 같은 음성비서가 일상화되어 말만 하면 텔레비전을 틀어주고 채널을 바꿔준다. 스마트폰으로 모든 모바일 기기를 컨트롤할 수 있게 된다.

퇴출5: 고정된 문서, 결재 서류

인쇄, 팩스 전송, 스캔이 필요한 종이 서류가 사라진다. 승인과 결재, 의사결정을 받거나 거래 계약을 위해 필요한 종이 기반 서명 서류도 사라진다. 장차 기업 내에서 이뤄지는 모든 업무는 클라우드 서류가 대신하게 된다. 클라우드 서류는 양 당사자를 연결시켜 계약 조건이 충족됐을 때 대금을 지불하는 것까지 가능하다. 계약 당사자들은 시간이 허락할 때 만나면 된다.

　부동산, 금융, 보험, 첨단 기술, 헬스케어 회사, 심지어 정부까지 효율성을 높이고 비용을 줄이기 위해, 나아가 소비자에게 더 좋은 경험을 제공하기 위해 클라우드 컴퓨팅 모델을 채택하고 있다.

더 정밀하고 빨라지는 일상

맞춤형 정밀 의료 시대가 열린다

국민들의 행복과 삶의 질은 어떻게 바뀌게 될까? 사람이 어떤 질병에 걸려도 완치되는 세상, 쾌적한 환경에서 건강하게 살 수 있는 나라로 다가가게 된다.

2154년을 배경으로 한 영화 〈엘리시움〉Elysium에는 꿈의 의료 장비들이 등장한다. 단 한 번의 짧은 스캐닝만으로 백혈병에 걸린 어린이가 맞춤형 진단을 받아 10초 만에 완치된다. 개인은 가상현실 헬스 아바타로 건강을 관리할 수 있다. 개인의 유전 정보, 진료 기록, 생활습관 정보를 합친 헬스 아바타 플랫폼이 등장하기 때문이다. 사람들은 병원에 가지 않아도 원격으로 자기 건강 정보를 24시간 관리, 예측할 수 있다. 애플은 헬스키트와 리서치키트, 구글은 구글피트, 삼성전자는 사미SAMI의 상용화를 서두르고 있다.

2027년 대한민국은 유전체 정보, 진료·임상 정보, 생활습관 정보 등을 통합 분석해 환자 특성에 따라 최적화된 맞춤형 의료 서비스를 제공한다. 정밀 의료 기술을 개발해 진료의 정확도와 치료 효과를 동시에 높일 수 있도록 의료 패러다임을 바꾼다. 이를 위해 일반인 최소 10만 명의 유전 정보, 진료 정보, 생활환경·습관 정보 등을 실시간으로 수집·축적하는 정밀 의료 코호트를 구축한다. 정부는 이렇게 축적한 연구자원을 연계·분석해 기업체, 병원 등에서 활용할 수 있도록 하는 플랫폼 허브–스포크 모델Hub-Spoke Model을 구축하고, 병원에서 정밀 의료 서비스를 지원할 수 있도록 차세대 병원 의료 정보 시스템을 개발한다.

탄소에서 진주를 캐낸다

탄소는 지구온난화의 주범이다. 그런데 지구온난화의 주범인 탄소 화합물(CO_2, CO, CH_4)에서 진주를 캐내는 탄소 자원화 기술 혁신이 이뤄진다. 온실가스인 이산화탄소와 메탄 혼합가스를 전환해 청정 연료인 메탄올을 생산하고, 발전소에서 배출되는 다양한 산업부산물과 이산화탄소를 활용해 고품질의 시멘트(저탄소 그린시멘트)를 만든다.

제지공장에서 발생하는 이산화탄소는 폐지를 고급 용지로 재활용하는 기술에 활용된다. 이처럼 제철·석유화학·화력발전소 등에서 발생하는 탄소가 자원으로 활용되어 화학 소재 및 광물화 제품 등을 생산한다. 온실가스도 줄이고 자원도 되는 새로운 미래가 열리는 것이다. 실제독일 바이엘Bayer은 2016년 6월 탄소를 전환해 폴리우레탄 폼 생산을시작했다.

사람의 운명을 알려주는 뇌 스캔

"파킨슨병을 주의하십시오."

"알츠하이머, 파킨슨병에 걸릴 가능성이 높습니다."

"당신은 좌절의 상황이 오면 자살할 가능성이 높습니다."

"당신은 상당한 우울증이 우려됩니다."

"당신은 천재 수학자의 뇌 구조를 갖고 있습니다."

"이분은 투신자살이 확실시됩니다."

과학기술이 진화하면서 사람의 뇌 속을 들여다보는 놀라운 세상이시작됐다. 뇌를 스캔해 사람의 재능, 정신 질환, 알츠하이머 등이 발병할 가능성을 예견할 수 있다. 나아가 컴퓨터 파일로 영혼을 기록할 수있는 시대로 성큼 다가가고 있다. 이른바 뉴로피드백neuro feedback이라는 신종 뇌 치료법이다. 이 치료법은 우울증 환자의 뇌를 실시간으로 스캔해 우울증, 불안감을 없애는 뇌 훈련을 통해 병을 고치는 새로운 방법이다. 〈월스트리트저널〉에 따르면 환자에게 기억을 떠올리게 하거나 사진을 쳐다보게 한 뒤 뇌를 스캔하면, 컴퓨터를 통해 뇌의 어떤 부분이 활성화되는지를 찾아낼 수 있다. 우울·불안 증세 때문에 활성화되는 뇌의 특정 기능을 억제하는 게 바로 뉴로피드백 치료법의 핵심이다.

2억 원짜리 냉동인간에 희망을 걸다

사람이 죽지 않고 영원히 사는 방법은 없을까? 영화 〈데몰리션맨〉Demolition Man을 보면 엘리트 형사 존 스파르탄(실베스터 스탤론)이 냉동인간 상태로 잠들었다가 40년 만에 깨어난다. 2032년의 LA에서 깨어난 그는 전에는 볼 수 없었던 놀라운 장면들을 경험한다. 자율주행차량이 활보를 하고 "불 꺼, 텔레비전 켜"라고 말만 하면 스마트홈이 작동한다. 더 놀라운 것은 골목마다 감시 시스템이 설치돼 있어 욕설을 하면 '언어순화법 위반' 혐의로 벌금 딱지가 출력된다. 영화 〈캡틴아메리카〉와 〈이디오크러시〉에서는 각각 인간이 냉동됐다가 70년, 500년 뒤 깨어난 이야기들을 다루고 있다.

영생을 꿈꾸며 죽기 직전의 시신을 냉동 보존하는 사업이 미국에서 인기를 끌고 있다. 미국 경제전문방송 〈CNBC〉는 미국 애리조나주 스코츠데일에 세워진 비영리단체 앨코Alcor 생명연장재단에 현재 죽은 이의 시신 또는 뇌 147개가 냉동 보존되어 있다고 보도했다. 죽으면 시신을 냉동 보존하겠다는 회원만 1,060명, 준회원도 201명에 달한다. 법적으로 사망 선고를 받은 사람들의 시신을 액체 질소를 활용해 냉동으로 보존한다. 먼 훗날 과학기술이 발전하면 죽은 이들의 생명을 복원할 수 있을 것이라는 희망에서다.

서울에서 부산까지 16분이면 갈 수 있다

운송 기술은 어디까지 진화할까? 순식간에 공간을 이동하는 꿈의 기술이 각광을 받고 있다. 이른바 초음속 열차와 초음속 여객기가 등장해 5년 안에 이동 혁명을 안길 전망이다. 서울~부산 16분, 서울~뉴욕 세 시간대에 이동이 가능해진다. 이렇게 되면 지구촌은 말 그대로 운송 혁명을 맞이하게 된다. 미국 회사 하이퍼루프원Hyperloop One이 음속 열차를 개발 중이다. 서울에서 부산까지 이동 시간은 비행기로 55분 걸리지만, 음속 열차가 개발돼 국내에 들어오면 이동 시간을 16분으로 단축할 수 있다. 정전 같은 사고가 나도 멈출 때까지는 열차가 떠 있기 때문에 엄청난 속도에도 불구하고 안전하다는 게 회사 측 설명이다. 이 회사는 최근 미국 라스베이거스 사막에서 기술력을 선보이는 시연회에 성공했다. 시연회에서 하이퍼루프는 1초 만에 시속 100킬로미터를 돌파하고 다시 1초가 더 지나자 시속 480킬로미터의 속도를 냈다. 최고 속도 마하1까지 구현할 수 있게 됨에 따라 이론상 LA에서 샌프란시스코까지 30분 만에 주파할 수 있다.

중국의 시도는 더 놀랍다. 음속의 열 배에 달하는 극초음속 비행체를 개발해 마무리 단계에 들어갔다. 음속의 열 배, 즉 마하10은 1초에 3.4킬로미터를 비행하는 속도다. 이 속도가 실제로 가능해지면 한 시간 안에 지구상 어디든지 갈 수 있게 된다. 중국 언론들은 최근 산시성의 우차이 미사일 시험센터에서 초음속 비행체의 시험 발사에 일곱 번 성공했고 관련 기술을 개선 중이라고 보도했다. 중국에서 개발한 극초음속 비행체 DF-ZF는 시험 비행에서 핵탄두를 탑재하고 대기권 가장자리에서 최고 시속 1만 1,000킬로미터로 비행한 뒤 중국 서부 지역에 착륙하는 데 성공했다.

미국 국방부는 중국의 이 초음속 비행기를 최첨단 방공망을 뚫고 표적을 타격할 수 있는 군사용으로 보고 경고 논평까지 냈다. 2013년 S-51A 극초음속 비행체(미사일) 시험 발사에 성공한 미국도 2020년대까지 극초음속 비행체무기AHW를 실전에 배치할 전망이다.

지구촌의 발달은 속도 혁명에서 비롯됐다. 증기기관차를 비롯해 선박, 열차, 고속철도, 비행기 등의 등장은 글로벌화를 앞당겼고 나아가 유통 혁명을 일으켰다. 철도의 탄생은 산업혁명을 가능하게 했고 지식과 정보가 유통되는 속도를 획기적으로 바꿔놓았다. 초음속 열차와 항공기가 등장한다면 지구촌은 또 한 단계 생활 혁명을 맞이하게 된다.

12

10년 후 각광받는
미래 직업

전에 없던 직업들이 등장한다

유망 직업 1. 의료 코디네이터, 의료 통역사

섬·벽지·원양어선·군대·장애인 등 의료 사각지대에 있거나 거동이 불편한 환자들은 앞으로 병원까지 직접 올 필요가 없다. 영상으로 진료를 받을 수 있고 진료 기록 역시 병원에 가지 않고 받아볼 수 있다. 중복 검사나 중복 처방도 사라진다. 이를 위해 진료 정보를 교환할 표준 정보 교류 시스템이 구축된다. 병원은 모든 환자의 정보를 집대성한 건강 정보 빅데이터(국민건강보험공단, 건강보험심사평가원, 암센터, 질병관리본부 등)를 활용해 최적의 진료 방법을 공유할 수 있다.

개인별 유전 질환이 등록되어 맞춤형으로 질병 관리가 이뤄지고 희귀·난치병 환자를 위해 세포·유전자·조직공학 치료법이 도입된다. 스마트폰으로 환자의 건강 상태를 실시간 모니터링하는 상품도 등장한다. 특히 손상된 조직과 장기를 재생해 바꿔 끼울 수 있는 '줄기세포 재생센터'가 들어서게 된다. 병원과 보건소에서 평생 동안 건강관리 서비스를 받을 수 있는 생애주기별 건강관리 서비스도 생겨난다. 외국인 의료보험이 등장해 해외 환자의 국내 병원 이용이 쉬워지고 원스톱 건강검진 서비스를 받을 수 있다.

이 같은 서비스가 등장하면 헬스케어 코디네이터, 헬스케어 시스템 엔지니어, 의료 빅데이터 분석가, 의료 관광 마케터, 의료 통역사 같은 새로운 직업이 생겨나게 된다.

유망 직업 2. 프리미엄 가이드, 1인 여행자

한 해 동안 한국을 방문하는 외국인은 1,400만여 명에 달한다. 그에 걸맞게 국적별 특화상품을 개발한다. 한류-의료-전통문화가 결합된 여행 상품을 만들고 동·서·남해안과 비무장지대를 잇는 4,500킬로미터의 '코리아 둘레길'을 만든다. 특히 뷰티-헬스-한방 등을 결합한 '웰니스 관광' 상품이 등장한다. 제작사-지자체-관광공사가 제2의 〈태양의 후예〉 같은 드라마나 영화를 만들어 제작 단계부터 관광 상품화를 계획한다. 소규모, 아이디어 창업을 활성화하기 위해 국내 여행업 등록 기준을 자본금 1,500만 원으로 낮춘다. 고소득층을 겨냥해 VIP 관광 상품을 만들고 입국부터 출국까지 전 일정을 도와주는 컨시어지 서비스가 등장한다. 대중교통, 관광지, 숙박·음식점 등을 통합해 할인·이용할 수 있는 지역관광 패스가 도입된다.

관광산업이 활성화되면 관광 빅데이터 분석가, 지역 관광 기획가, 관광 스토리텔러, 프리미엄 가이드, 1인 여행사가 각광을 받게 된다.

유망 직업 3. 스토리 에이전트, 가상현실 전문가

부모가 원할 경우 청소년 게임 이용 시간을 제한할 수 있다. 가상현실 기기를 활용해 여행지 사전 체험이 가능해지고 자동차 부품의 마모·잔여수명을 감지해 운전자에게 알려주는 서비스가 등장한다. 이야기·시나리오 산업, 캐릭터, 전자출판, 기능성 게임 등을 집중 육성한다. 게임 콘텐츠 개발에 관심 있는 사람은 2018년부터 판교 게임부스트센터에서 게임을 만들고 테스트할 수 있다. 영화·영화·드라마·애니메이션 등 우수 콘텐츠를 수출할 때는 해당 국가 언어로 번역해준다. 장차 콘텐츠 전문가를 꿈꾸는 이들은 콘텐츠진흥원 문화창조 아카데미에서 교육을 받을 수 있다.

이에 따라 가상현실 전문가, 캐릭터 개발자, 게임·영상등급 분류 책임자, 게임 품질 관리자, 특수효과 책임자, 스토리 에이전트 등의 직업이 급부상하게 된다.

유망 직업 4. 이러닝 설계자, 기획자

정보통신기술을 활용한 개인 맞춤형 이러닝 산업이 뜬다. 인공지능·증강현실·가상현실 등을 활용한 첨단 미래 학교가 등장한다. 종이 교과서가 사라지고 디지털 교과서가 등장해 스마트폰으로 책을 볼 수 있다. 초중고교 어디에서든 무선인터넷을 사용할 수 있고 한국형 온라인 공개강좌K-MOOC가 확대 운영되며, 전자출판 산업이 활성화된다. 해외 한국교육원이 외국인 유학생 유치센터로 바뀌고 국내 대학이 글로벌 대학으로 탈바꿈한다.

이러닝 기획자, 이러닝 콘텐츠 개발자, 이러닝 솔루션 개발자, 이러닝 학습 설계자, 교육 컨설턴트, 해외 학습 컨설턴트 등의 직업이 생겨나게 된다.

유망 직업 5. 핀테크 액셀러레이터, 독립투자 컨설턴트

금융이 정보통신기술과 결합해 다양한 맞춤형 금융서비스가 등장한다. 은행 지점을 방문하지 않고 거의 대부분의 금융 업무를 스마트폰 하나로 해결할 수 있다. 온라인 상에서 자산을 가장 효율적으로 관리할 수 있게 된다. 사업 아이디어만 제시하면 온라인으로 투자금을 모집할 수 있는 크라우드펀딩이 더 활성화되고, 스마트폰 페이 서비스가 보편화된다.

이에 따라 핀테크 액셀러레이터, 빅데이터 분석가, 금융보안 전문가, 금융클라우드 컨설턴트, 기술신용 평가사, 독립투자 자문업자 등의 새로운 직업이 생겨난다.

유망 직업 6. 클라우드 전문가, 시스템 엔지니어

민간 또한 클라우드를 안전하게 이용할 수 있도록 보안 시스템을 강화한다. 산업단지 입주 중소기업은 클라우드 이용 컨설팅을 받을 수 있고 이용료까지 지원 받을 수 있다. 특히 의료·법률·특허 등 전문 정보 DB는 물론 언어·시각·공간·감성지능 등 인공지능 소프트웨어 연구 결과를 종합 제공하는 지능정보 공동 활용 시스템이 만들어진다. 기업에서는 이를 활용해 정밀 의료 서비스, 헬스케어, 투자 자문, 구난 드론, 무인 공장, 돌보미 로봇 등의 새로운 비즈니스를 만들 수 있다.

소프트웨어 엔지니어, 지능형 소프트웨어 개발자, 클라우드 전문가 등 새로운 일자리도 등장한다.

유망 직업 7. 물류 컨설턴트, 드론 컨트롤러

미래의 택배는 드론이 담당한다. 산간, 벽지, 섬 등을 대상으로 우선적으로 드론 택배가 시작된다. 사물인터넷을 활용해 실시간으로 배송 제품을 추적할 수 있다. 물류센터에서는 로봇이 배송에 필요한 물건을 찾아서 포장까지 해주고 화물을 자동·고속으로 반입·반출해주는 셔틀 로봇이 상용화된다.

물류 컨설턴트, 물류 빅데이터 전문가, 물류 공급망 관리자, 드론 컨트롤러 등이 새 직업으로 각광을 받게 된다.

13

삼성이 예측한
100년 후 미래

삼성이 '2116년 미래 보고서'SmartThings Future Living Report를 펴냈다. 이 보고서에 따르면 앞으로 100년 뒤, 2116년 도시 인구의 폭발로 지구인들은 새로운 살 곳을 찾아 나선다. 하늘과 지하에 이어 물속, 우주로 삶의 공간이 확대된다. 건축 기술이 발달하고 혁신을 거듭해 하늘 높이 치솟는 구름 속 슈퍼 마천루Super-skyscraper가 등장하고 수상도시, 수중도시, 반수중도시가 등장한다. 삼성의 보고서 작성에는 영국의 유명한 우주 과학자 매기 애더린포콕, 프랑스의 건축가 아서 마모마니, 건축 디자이너 토비 버지스, 도시설계 전문가 린다 에이트켄, 도시 디자이너 엘스르클레르 등이 참여했다.

미래 도시의 모습이 달라진다

수중도시는 물에 뜨기 때문에 날씨가 가장 좋은 곳을 찾아 1년 내내 이동이 가능하다. 태양열을 이용해 증발하는 수분을 모아 소금기가 제거된 식수를 만드는 워터콘Watercone 기술이 이용된다. 미래 주택은 이동식이 대세가 되고 트럭이나 드론으로 쉽게 옮길 수 있다. 휴가 때는 드론이 원하는 휴양지로 카라반 형태의 주택을 통째로 옮겨준다. 불편하게 짐을 꾸리며 여행 준비를 하거나 비행기 표를 예약할 필요도 없다. 가고자 하는 목적지 주소를 드론에 입력만 하면 정확히 원하는 장소로 집과 사람을 옮겨준다.

비트코인이 현재의 화폐를 대신하고 홀로그램으로 가상 미팅을 하게 됨에 따라 출장 필요성이 없어진다. 근무도 주 3일만 하면 된다. 개인 드론 카가 개발돼 하늘을 날아다니고 드론이 택배를 대신함에 따라 인간 택배가 완전히 사라진다.

빌딩 건축에서는 소재 혁신이 이루어진다. 신소재인 탄소 나노튜브로 만들어진 시멘트 복합소재는 시멘트의 강도를 열여섯 배 이상 강하게 만든다. 게다가 머리카락보다 가는 다이아몬드 나노 실이 기존 강철 케이블을 대체한다. 나노 실은 무게가 기존 케이블의 6분의 1에 불과하지만 강도와 저항력은 100배 이상 강하다.

미래 건축에서는 노동자와 크레인도 사라지고 대부분 자동으로 이뤄진다. 정보를 입력 받은 모바일 로봇 팔이 공사를 하고 리모컨으로 원격제어를 받는 드론이 고층 건물 공사를 맡는다. 이 같은 혁신으로 땅속으로 파고들어가거나 구름 위로 치솟는 초고층 빌딩이 태어난다. 지금 사우디아라비아에서 건설 중인 세계 첫 1,006미터 킹덤타워 같은 초고층 빌딩이 즐비하게 들어선다.

고층 빌딩은 지하 세계 또한 뚫고 들어간다. 멕시코 건축회사 BNKR이 구상 중인 지하 300미터 깊이로 65층이 파고들어가는 지천루earth-scraper가 현실이 된다. 모든 벽에 특수 유리를 적용해 300미터 지하층까지 자연광이 들어오도록 설계됐다. 지하 25층짜리 땅속 빌딩은 아주 흔한 건물이 된다. 자체적으로 전기와 산소를 생산하고 건물 안에서 모든 활동이 가능한 자족 도시 역할을 할 전망이다.

미래의 건물 벽은 철저히 가상현실과 증강현실이 적용된다. 집 안 벽은 외부인에게는 평범해 보이지만 거주자는 대형 스크린으로 바꿀 수도 있고 화려한 입체 조각품에서 바로크 시대의 꿈같은 풍경, 대자연의 광활함에 이르기까지 원하는 장면을 수시로 연출할 수 있다.

건물 벽이 영화 스크린이 되고 텔레비전이 된다. 자연스럽게 텔레비전이 사라진다. 인공지능 컴퓨터가 내장돼 있어 말만 하면 원하는 정보를 벽면에 보여주거나 음성으로 찾는 정보를 알려준다. LED로 된 벽면은 사용하지 않을 때는 거주자의 분위기에 맞도록 홈 인테리어를 연출한다.

미래형 신기술 웨어러블 테크놀로지의 발달로 두 사람이 같은 방을 공유하더라도 완전히 다른 공간에서 사는 느낌을 갖게 된다. 심지어 스마트 벽은 형태를 수시로 바꿀 수 있는 플렉시블스킨flexible skin으로 만들어져 원할 때는 임시 의자나 선반도 만들 수 있다.

누구나 원하는 제품을 스스로 만든다

3D프린팅 기술이 삶을 획기적으로 바꾼다. 각 가정마다 소형 3D프린터를 이용해 원하는 디자인의 제품을 마음대로 만들어 사용할 수 있게 된다. 대형 제품은 집 근처 3D프린트 가게에 의뢰해 맞춤형 제품을 생산할 수 있다. 나아가 3D프린터로 가구를 만들 수 있고 집도 지을 수 있다. 알고리즘이 입력된 3D프린팅 드론 수십 대로 원하는 형태의 집을 자동으로 지을 수 있다.

물고기와 식물을 키우는 아쿠아포닉Aquaponic 농장에서는 생체재료 Bio-Materials를 생산하고 이를 활용해 3D프린터가 가구를 자유자재로 만든다.

일류 요리사의 레시피를 입력해 몇 분 안에 고급 요리를 해 먹을 수도 있고 원하는 물건은 주문만 하면 드론이 집 안까지 배달해준다. 음식은 개개인의 신체 상태를 고려한 최상의 건강식으로 꾸려진다. 미래의 집은 드론 출입을 위해 자동으로 문이 열렸다 닫히는 기능을 갖게 된다. 각 가정은 스스로 에너지와 산소, 음식을 생산하는 자족 기능을 갖춘 공간으로 탈바꿈한다. 수경재배 기술로 흙 없이 야채를 재배하고 부엌에 설치된 폐루프 시스템Closed-loop System이 신선한 생선과 조개류는 물론 과일을 공급한다. 이 시스템은 3D프린터에 사용될 바이오플라스틱을 만드는 데 필요한 재료로 쓰인다.

손쉽게 우주여행을 가고 가상여행을 떠난다

인간의 생활 공간이 우주로 확대된다. 지구와 유사한 행성이나 달, 화성으로 우주여행을 떠나고 이곳이 식민지로 개척되어 거주 가능성에 대한 테스트를 거친 뒤 이주가 일어난다. 소행성에서 우주 자원을 개발하는 영리기업이 활기를 띠게 된다. 화성에서는 지하 생수가 발견되고 웜홀 같은 새로운 발견이 일어난다. 웜홀은 아인슈타인이 주창한 이론으로 시간 여행이 가능한 통로란 뜻이다. 블랙홀과 화이트홀을 연결하는 우주의 시간과 공간 벽에 뚫린 구멍으로 짧은 시간 안에 우주의 한쪽에서 다른 쪽으로 도달할 수 있게 된다.

삼성전자 기어VR 같은 장비의 도움을 받아 가상 휴가도 떠날 수 있다. 애인을 찾는 사람은 홀로그램 데이트 사이트에서 실전 만남을 체험할 수 있다. 첨단 기기의 도움을 받아 질병을 정교하게 진단할 수 있고 발견한 질병은 원격으로 처방 받을 수 있다. 남은 수명도 미리 예측할 수 있다.

제5장

앞으로 10년, 새로운 비즈니스 모델이 탄생한다

초지능, 초연결, 초산업으로 요약되는 제4의 혁신이 4차 산업혁명 시대의 비즈니스 모델 자체를 바꾸고 있다. 가장 대표적인 비즈니스 모델이 플랫폼 경제와 공유경제, 온디맨드 경제, 긱 경제의 부상이다. 인공지능, 빅데이터, 사물인터넷 등 첨단 디지털 기술을 앞세워 플랫폼을 만든 기업들이 막대한 부를 창출했다. 아마존, 알리바바, 우버, 에어비앤비 등은 플랫폼을 만들어 이곳을 수많은 사람의 경제 활동 본거지로 만들었다. 한번 생산된 제품을 여러 사람이 공유함으로써 효용성을 높이는 공유경제가 전통 산업의 가치관을 깨뜨리고 있다. 택시 대신 자동차를 공유하고 호텔 대신 집을 공유한다.

기업가치 1조 원이 넘는 상위 열세 개 기업 중 열두 개가 공유경제를 구현한 기업들이다. 소유가 아닌 공유의 새로운 시대가 열리고 있는 것이다. 주문형 서비스인 온디맨드 경제도 제4의 혁신 모델 중 하나다. 이용자의 요구에 따라 상품이나 서비스가 바로 제공되는 특화된 서비스가 뜨고 있다. 차를 부르면 차가 오고 가사도우미를 부르면 도우미가 온다. 수많은 노동자가 플랫폼 위에서 임시로 계약을 맺고 일하는 긱 경제, 즉 임시직 경제가 열린다. 우버나 에어비앤비처럼 임시로 계약을 맺고 일하는 비정규직 세상이 더 확산되는 것이다.

이 밖에 어떤 비즈니스 모델이 앞으로 떠오르게 될까?

01

플랫폼 경제

새로운 비즈니스 플랫폼으로 강자가 되다

제4의 혁신은 플랫폼 기업 전성시대를 만든다. 제4의 혁신을 앞세워 기차를 타고 내리는 것처럼 수많은 사람이 드나드는 거대한 플랫폼을 만든 기업이 새로운 챔피언이 된다. 전통적으로 기업들은 파이프라인 pipeline 비즈니스 모델을 통해 부를 창출했다. 파이프라인은 생산자와 소비자를 잇는 선형적 가치 사슬에서 가치를 창출하는 구조다. 회사는 가장 먼저 제품이나 서비스를 디자인하고 이를 제조해서 소비자에게 판매한다. 이와 달리 플랫폼 기업은 모든 것을 공유하고 자신만이 잘할 수 있는 일을 찾아내 부를 창출한다. 예를 들어 에어비앤비는 객실을 한

개도 소유하고 있지 않지만 힐튼이나 메리어트와 똑같은 숙박업을 하고 있다. 정교한 가격 책정과 예약 시스템이라는 플랫폼으로 특별한 서비스를 제공하는 비즈니스 모델을 만들었다.

구글, 애플, 페이스북, 아마존, IBM, 알리바바 등은 스스로 구축한 비즈니스 플랫폼을 앞세워 해당 영역에서 절대 강자로 부상했다. 플랫폼을 만들지 못한 기업은 이 플랫폼에 참여해 각자의 비즈니스 모델로 수익을 창출하는 공유경제를 만들고 있다. 구글 회장 에릭 슈미트는 애플, 구글, 아마존, 페이스북의 성공 비결을 자기만의 강력한 플랫폼이라고 갈파했다. 이들 네 기업은 마이크로소프트, 인텔, 시스코, 델이 만들었던 플랫폼을 무너뜨리고 새로운 플랫폼을 구축함으로써 강자의 자리를 차지했다.

그런데 제4의 혁신 시대에는 플랫폼 현상이 더욱 위력적인 영향력을 발휘한다. 인공지능, 빅데이터, 사물인터넷 등의 제4의 혁신 기술이 플랫폼 위에서 결합해 가치를 창출하면서 플랫폼이 경제 활동의 본거지가 되기 때문이다.

스스로 플랫폼을 만드는 기업들

플랫폼 경제에서는 플랫폼을 만든 기업과 플랫폼에 종속된 기업으로 나뉜다. 왓슨이나 알파고 같은 인공지능 허브 기술을 가진 기업과 이 기술을 활용하는 기업, 아마존이나 알리바바 같은 거대 전자상거래 쇼핑몰을 갖고 있는 기업과 이곳을 활용하는 기업, 사이버 결제망을 만든 기업과 이 결제망을 활용하는 기업 등으로 나뉜다.

글로벌 탑15에 드는 플랫폼 기업들의 기업가치 총합은 약 2조 6,000억 달러에 달하며 플랫폼을 확보하기 위한 투자가 전방위적으로 이뤄지고 있다. 또 이 같은 플랫폼 확보 전략에 따라 약 140개의 유니콘 기업이 이미 탄생했고, 이들의 기업가치는 약 5,000억 달러에 이른다.

플랫폼 기업 중에는 아마존, 알리바바 같은 전자상거래 관련 기업이 가장 많다. 그다음으로 핀테크기업과 인터넷기업 등이 뒤를 잇고 있다. 아마존, 알리바바 같은 전자상거래회사들이 대표적인 플랫폼기업으로서 갈수록 강력한 권력을 행사하고 있다. 또 핀테크 플랫폼, 인터넷 소프트웨어 거래 플랫폼, 앱 마켓플레이스, 카카오 플랫폼, 우버 플랫폼 등 다양한 플랫폼이 위력을 발휘하고 있다.

1999년 창업한 중국 전자상거래기업 알리바바는 전 세계 기업들이 제품을 팔 수 있는 판매망 네트워크를 구축했다. 상장 첫날 시가총액이 241조 6,000원에 달할 정도로 위력을 과시했다.

02

공유경제

새로운 개념이 경제를 지배하다

에어비앤비와 우버가 새로운 비즈니스 모델 공유경제 세상을 열고 있다. 플랫폼 경제의 등장이 공유경제를 가능하게 만들었다. 공유경제는 사용하지 않는 자동차, 배, 주택, 책, 장난감, 심지어 잔디 깎는 기계 등을 공유함으로써 자원의 낭비를 줄이고 궁극적으로 사회 공동의 이익을 높이는 경제 활동을 뜻한다. 플랫폼의 출현으로 수요자와 공급자가 실시간으로 연결됨에 따라 공유서비스를 제공하는 기업들이 폭발적으로 성장하고 있다.

가장 대표적인 공유서비스 기업은 우버와 에어비앤비다. 에어비앤비는 자신이 사는 주택이나 아파트 등의 숙박처를 공유하는 플랫폼을 만들어 집을 임대하는 상품으로 공유하는 모델을 만들었다.

릴레이라이즈RelayRides는 해외로 떠나는 여행객들의 자동차를 공항에 도착하는 여행객들에게 빌려준다. 소유주가 여행하는 동안에는 주차장에 그대로 주차되어 있을 수밖에 없는 차량을 필요한 사람과 공유할 수 있도록 한 것이다. 그 결과 빈 차를 세워두느라 주차비를 지불해야 했던 사람들이 이제는 돈을 받고 있다. 릴레이라이즈는 자동차 보험에 가입해 소유주 외에 다른 사람들도 해당 자동차를 사용할 수 있도록 함으로써 기존 렌터카 업체와 새로운 경쟁 구도를 만들었다.

제4의 혁신이 완성될 때쯤 우리는 자동차를 사는 게 좋을까, 빌려 타는 게 좋을까? 앞으로는 불편하게 자동차를 살 필요가 사라지게 된다. 자동차를 사는 것보다 공유하는 게 더 저렴하고 편리하기 때문이다. 공유를 하면 보험에 들 필요도, 세금을 낼 필요도, 자동차 검사를 받을 필요도, 고장이 나서 수리를 갈 필요도, 자동차에 기름을 넣을 필요도 없다. 그냥 필요한 시간에 스마트폰으로 호출하면 자율주행차가 원하는 시간에 원하는 장소에 데려다 준다.

미국의 미래학자 제러미 리프킨은 자신의 저서 《소유의 종말》을 통해 "머지않아 소유의 시대가 막을 내리고 '접근'이 경제 활동의 중심이 되는 시대가 열릴 것"이라고 주장했다. 여기서 접근이란 소유하지 않은 사람도 모든 재화를 이용할 수 있게 되는 범용성을 뜻한다. 리프킨은 "소유권ownership은 시간이 흐를수록 제한적이면서 구시대적인 개념으로 전락하게 될 것"이라고 예견했다.

하버드 대학 로런스 레식Lawrence Lessig 교수는 공유경제를 일컬어 '한 번 생산된 제품을 여럿이 공유해 쓰는 협업 소비를 기본으로 한 경제 방식'이라고 정의했다. 소유권을 거래하는 것이 아닌 '접근권'을 공유하는 것, 쉽게 말해 자동차를 한 사람이 소유하지 않고 여러 사람이 필요에 따라 공유하는 것이 바로 공유경제다.

디지털 기술이 공유경제를 앞당긴다

공유경제는 클라우드 컴퓨팅, 소셜미디어, 스마트폰, 빅데이터, 인공지능 기술의 발전에 따른 산물이다. 초연결성 사회가 도래하면서 자원을 공유하고 싶은 사람을 쉽게 찾을 수 있고, 이를 활용하고 싶은 이용자 역시 쉽게 찾을 수 있다. 비싼 값을 치르고 자원을 소유하는 대신 저비용으로 자원을 활용하는 게 더 이익인 세상이 열린 것이다. 이로써 각자가 소유하고 있는 자원을 공유해 새로운 가치를 창출할 수 있다.

공유 대상은 물건뿐 아니라 서비스까지 다양해지고 있다. 빨래를 대신해주는 와시오Washio, 요리를 대신해주는 스프리그Sprig와 스푼로켓 SpoonRocket, 우체국 볼일을 대신해주는 십Shyp, 안마사를 불러주는 질 Zeel, 의사를 보내주는 힐Heal, 술을 배달해주는 소시Saucey, 짐가방을 싸주는 더플Dufl, 주차를 대행해주는 럭스Luxe 등 무엇이든지 공유가 가능하다. 동시에 공유할 아이템만 있으면 돈을 벌 수 있는 세상이 됐다.

03

온디맨드 경제

수요자 주도의 시장이 열린다

제4의 혁신은 소비자가 원하는 대로 서비스와 물품이 제공되는 온디맨드 경제on-demand economy, 즉 주문형 경제를 가능하게 해준다. 모바일 기술과 IT 인프라를 통해 소비자의 수요에 따라 즉각 제품·서비스를 제공하는 경제 활동이 1인 맞춤 시대를 연다. 3D프린터를 활용해 세상에 하나밖에 없는 나만의 신발·자동차·오토바이 등을 생산할 수 있다. 과거와 달리 공급자가 주도하는 시장이 아니라 수요자가 중심이 되는 시장이 도래한 것이다. 자연스럽게 과거 제3의 혁신 시대에 각광을 받았던 대량 생산-대량 공급 시스템은 제4의 혁신 시대에는 경쟁력을 잃는다.

우버나 카카오택시가 온디맨드 경제의 대표적인 사례다. 콜택시 앱 우버는 스마트폰을 통해 프리랜서 택시기사와 고객을 연결해준다. 고객이 원하는 대로 기사가 찾아가 원하는 서비스를 제공한다. 모바일 결제 시스템과 같은 IT 기술의 발달, 거래비용의 감소, 초연결성이 가져다준 제4의 혁신이 창출한 비즈니스 모델이다.

온디맨드 경제는 개인과 기업 등 서비스 수요자가 서비스를 원할 때만 사용할 수 있기 때문에 비용을 대폭 줄일 수 있다. 이는 기업의 경영 방식에도 전면적인 변화를 촉발해 온디맨드로 해결할 수 있는 분야는 채용의 필요성이 사라지고, 기업과 개인 간의 경계는 허물어진다.

2007년 설립된 가사노동 서비스업체 핸디Handy는 가사노동 전문가를 필요로 하는 고객들에게 주문형으로 인력을 공급한다. 렌딩클럽Lending Club은 P2P 금융 중개업체로 자금 여유가 있는 사람과 돈이 필요한 사람을 연결하는 은행 같은 역할을 한다. 법률 자문서비스업체 악시옴Axiom은 변호사를 필요로 하는 사람에게 맞춤형 변호사를 연결해준다. 개인은 굳이 로펌에 연락할 필요가 없다. 이는 개인이 온디맨드로 활동하게 되지만, 개인 법률사무소와 같은 역할을 하기 때문에 기업과 개인의 경계가 이미 허물어졌다고 할 수 있다.

긱 경제

평생 직장의 개념이 사라진다

온디맨드 경제는 필요할 때만 서비스를 이용하기 때문에 이 플랫폼 위에 수많은 비정규직 노동자가 활동하게 된다. 긱 경제Gig Economy는 기업이 노동자를 고용하지 않고 필요할 때마다 노동자와 계약해 일을 맡기는 고용 형태로 제4의 혁신은 이 같은 비정규직 일자리를 대거 탄생시킨다. 이른바 '독립형 일자리 경제'가 대표적인 직업 형태로 자리 잡게 되는 것이다. 긱은 원래 1920년대 미국 재즈 공연장 주변에서 연주자가 필요할 때마다 구해서 단기로 공연 계약을 맺던 것을 뜻하는 말에서 유래했다.

가령 우버는 기존 택시회사처럼 기사들과 고용 계약을 맺지 않는다. 우버와 기사들은 스마트폰을 통해 기사가 일하고 싶은 시간에 승객의 콜택시 요청이 있는 때만 서비스를 제공한다는 계약만 맺을 뿐이다. 우버의 '파트너'로 불리는 기사들은 우버가 고용한 직원은 아니지만 우버의 직원처럼 일한다.

온라인 플랫폼을 매개로 오프라인의 사람들을 연결해주는 플랫폼 비즈니스 모델, 온디맨드 서비스는 고용이 아닌 계약의 형태로 업무가 이뤄진다. 서비스 제공자가 여러 고용주와 계약을 맺는다는 면에서 복수 계약 비정규직으로, 일종의 프리랜서라고 할 수 있다. 퓨인터넷리서치에 따르면 미국 성인 가운데 8퍼센트가 독립형 일자리 경제로 수입을 창출하고 있다. 소프트웨어 코딩, 온라인 설문, 데이터 입력 대행, 승차 공유, 쇼핑 대행 등 다양한 온라인 중개 기반 직업들이 새로운 수입원을 올리는 직업으로 이미 자리 잡았다.

배달의민족, 요기요 등에서 일하는 사람들이 바로 플랫폼 노동자들이다. 배달주문 앱으로 고객이 음식점에 주문하면, 이 주문 내역은 배달위탁계약을 맺은 배민라이더스, 바로고 등 배달대행업체 소속 배달기사에게 자동으로 전송된다. 배달기사는 음식을 배달해주고 배달 건수에 따라 보수를 받는다. 대리운전 서비스, 오토바이 퀵서비스 등도 수요자와 공급자를 직접 연결하고, 개인이 공급자로서 시장에 참여하는 것이다.

이들 플랫폼 노동자나 프리랜서 또는 프로슈머는 고용주가 없는 노동자인 동시에 1인 사업자이며, 한 노동자가 여러 고용주와 계약을 맺고 일을 하는 새로운 형태의 노동자라고 할 수 있다. 문제는 이들이 정부 정책에서 소외되고 법의 사각지대에 놓일 가능성이 높다는 점이다.

대니얼 핑크는 저서 《프리 에이전트의 시대》Free Agent Nation에서 "21세기는 자영업자, 독립계약자, 임시직 종사자 등이 세상을 이끄는 프리 에이전트의 시대가 된다"고 단언했다. 실제 미국은 '프리랜서 국가'가 되고 있다. 현재 미국 노동자의 34퍼센트에 달하는 자영업자, 프리랜서, 계약직 같은 비정규직 종사자가 2019년까지 40퍼센트까지 늘어날 전망이다. 미국 인구 3억 2,000만 명 가운데 1억 2,800만 명이 자유계약직 노동자로 일하게 된다는 계산이다.

05

한계비용 제로 경제

돈 없이 아이디어만으로 사업을 할 수 있는 세상

제4의 혁신은 한계비용 제로 사회The Zero Marginal Cost Society를 만들고 있다. 경제학에서 생산비용은 고정비용setup cost과 한계비용marginal cost 두 가지로 나뉜다. 고정비용은 생산에 필요한 인력과 도구를 의미하며, 한계비용은 한 단위 생산을 늘렸을 때 증가하는 생산비용을 의미한다. 그동안 대부분의 기업은 한계비용을 줄여 생산성을 높이고, 더욱 낮은 가격에 상품과 서비스를 소비자에게 공급함으로써 경쟁사를 앞서려는 전략을 세웠다.

그러나 제4의 혁신은 한계비용 제로 사회를 만들고 있다. 예를 들어

택시회사는 사업을 확장하기 위해 차량을 사고 택시기사를 고용해야 하지만 우버는 기존에 누군가 갖고 있던 차량을 모바일로 공유하기만 하면 된다. 택시를 추가하는 한계비용은 거의 제로인 셈이다. 이것은 놀라운 경쟁력이라고 할 수 있고 누구나 특별한 아이디어만 있으면 적은 자본으로 손쉽게 사업을 할 수 있는 세상이 됐다는 뜻이다. 특히 수많은 특허가 공개되어 있고 오픈 하드웨어와 오픈 소프트웨어까지 마음대로 사용할 수 있기 때문에 과거에는 기업이 모든 것을 개발해야 가능했던 시절과 완전히 차원이 다른 세상이 됐다. 이러한 세상을 세계적인 석학 제러미 리프킨은 한계비용 제로 사회라고 규정했다.

한계비용 제로 사회에서 기업이 생존하는 길은 무엇일까? 기업은 더 적게 소유하는 길을 선택해야 한다. 대신에 공유경제 서비스를 활용해야 한다. 회사 차량을 사지 않고 공유한다면 기업은 차량 구입비를 대폭 줄일 수 있다. 직접 개발하지 않고 공짜로 쓰거나 빌려 쓸 수 있는 기술을 이용한다면 기업은 핵심 역량 개발에 집중할 수 있어 더 큰 경쟁력을 끌어낼 수 있다. 바로 나보다 더 잘하는 기업과 협업collaboration할 때 상품이나 서비스의 생산비용을 현저하게 줄일 수 있다. 한계비용 제로 경제에서 살아남으려면 기업들은 더 많이 공개하고 더 많이 협력해야 한다. 과거처럼 독점적인 소프트웨어를 개발·유통하는 것은 죽음의 무덤을 파는 것과 같다. 호환성의 세상을 열어야 한다.

06

빅브라더 세상

24시간 당신을 엿보고 있다

영국의 소설가 조지 오웰은 1946년, 30여 년 뒤 미래를 예견하는 소설 《1984》 집필을 시작해 2년 뒤 완성작을 내놓았다. 이 책에서 조지 오웰은 빅브라더 시대의 도래를 예견했다. 소설에서 빅브라더는 음향과 영상까지 전달되는 텔레스크린을 거리와 가정에 설치해 여기서 수집한 정보로 사회를 끊임없이 감시하고 개인들의 사생활을 침해한다. 겉보기에 사회를 돌보는 보호적 감시를 하는 것처럼 보이지만, 빅브라더는 사회를 통제하는 강력한 수단으로 텔레스크린을 활용한다. 빅브라더가 텔레스크린을 통해 행동과 목소리까지 포착하자 당원인 주인공 윈스턴

스미스는 자유를 완전히 잃게 된다.

제4의 혁신은 초연결의 네트워크 세상 속에 개인과 기업, 조직을 노출시킨다. 개인의 사생활과 기업 정보는 물론 국가 기밀까지 모두 정보망에 노출되어 있다. 스미스가 당에 감시를 당했듯이 개인은 국가 권력과 거대 정보통신기업의 감시망에 노출되어 있다. 우리가 그저 무감각하게 생활하고 있을 뿐이다.

대한민국 국가를 빅브라더로 상정했을 때, 국민을 감시하고 통제하는 텔레스크린은 무엇일까? 가장 강력한 수단 중 하나가 바로 주민등록번호다. 국세청, 검찰청, 경찰청, 금융회사, 대법원, 통신사 등에 주민등록번호만 입력하면 개인의 삶 대부분을 들여다볼 수 있다.

곳곳에 설치된 CCTV와 블랙박스도 우리 삶을 들여다보고 있다. 고속도로 요금소를 통과할 때마다, 터널을 통과할 때마다, 과속을 할 때마다, 관공서 건물을 들어설 때마다, 주차장에 주차할 때마다, 우범 지역을 지날 때마다, 경찰서나 검찰청에 들어설 때마다, 버스나 전철을 탈 때마다, 대형 쇼핑센터를 방문할 때마다 어김없이 개인의 사생활을 촬영한다.

게다가 몰카 범죄까지 극성을 부리면서 스마트폰을 가진 국민 모두가 빅브라더가 됐다. 스마트폰이 대중화하면서 수많은 사람이 휴대폰으로 사진을 찍고 SNS를 이용한다. 사진을 찍어 올리는 순간 개인의 신상과 사적 활동 정보들이 SNS에 기록된다. 개인은 블로그와 카페에 글을 남기고, 언론사의 기사에 댓글을 남기고, 유명 인사들은 언론사와 인터뷰를 통해 자신의 소신을 밝힌다. 신용카드로 결제하는 즉시 결제 정보가 휴대폰으로 전달되고 특정 기관이나 웹페이지에 로그인을 하는 순간 개인의 이용 기록이 자동으로 남는다.

이렇게 온라인 활동을 하면서 남긴 흔적을 디지털 발자국Digital Foot-print이라고 한다. 이 디지털 발자국이 개인의 삶을 기록하는 자화상이 되고 있다. 다른 한편으로 개인정보 유출로 사회적 피해를 낳는 무서운 흉기가 되고 있다.

중요한 것은 빅브라더가 지배하는 세상을 거부할 수 없다는 점이다. 개인도, 기업도, 국가도 다가오는 소름 끼치는 빅브라더 세상에서 살아남는 생존법을 고민해야 한다.

07

디지털 식스 센스 세상

디지털 식스 센스가 새로운 미래를 연다

사람이 가진 오감은 시각, 후각, 미각, 촉각, 청각 다섯 가지를 일컫는다. 이 오감을 뛰어넘는 새로운 여섯 번째 감각을 디지털이 대체하고 있다. 이른바 '디지털 식스 센스'가 새로운 감각으로 떠오르고 있는 것이다. 디지털 식스 센스는 보고, 듣고, 말하고, 만지는 등 오감을 3차원 또는 공감각적으로 전환해 현실 세계에서 경험할 수 없는 새로운 가상현실과 증강현실 세계를 만들고 있다.

실제 상황을 가상 세상에서 체험할 수 있도록 해주는 가상현실, 현실 세계를 3차원 입체 영상으로 볼 수 있도록 증강현실은 보고 듣고 만지는 등의 다양한 즐거움을 극대화해준다는 점에서 폭발적인 인기를 끌고 있다.

소리로 잠을 깨우는 기존 알람 대신 향기로 잠을 깨워주는 모바일용 향기 알람 앱이 등장했다. 미국 육가공 브랜드인 오스카마이어는 모바일 어댑터를 스마트폰에 연결해 알람 앱을 아침 기상시간에 맞춰놓으면 정해진 시간에 베이컨 굽는 소리와 냄새를 맡고 일어날 수 있도록 했다. 알람 소리가 아닌 입맛을 돋우는 베이컨 냄새를 맡으며 하루를 시작하는 것이다. 그렇다면 커피 향기가 깨워준다면 어떨까? 센서웨이크Sensor-Wake는 원하는 향기를 알람으로 이용할 수 있도록 하고 있다. 복숭아, 생강, 페퍼민트 등 식품 향은 물론 해변 냄새나 정글 냄새, 심지어 지폐 냄새까지 나오도록 설계됐다.

목적지를 정확하게 알려주는 내비게이션 신발까지 등장했다. 산악인은 오르고 싶은 봉우리를 목적지로 입력해 길을 잃지 않고 산을 오를 수 있다. 시각장애인도 타인의 도움 없이 원하는 곳 어디든지 갈 수 있다. 리첼LeChal이라는 이름이 붙은 이 신발에는 작은 회로판과 각종 센서, 진동 장치와 GPS가 장착돼 있어 진동을 통해 오른쪽으로 가야 할지 왼쪽으로 가야 할지, 몇 도 정도 방향을 틀어야 할지, 직진해야 할지를 자세히 안내해준다. 신발을 스마트폰과 동기화해 목적지를 입력하면 된다. 신발로 바닥을 두 번 치면 미리 입력된 목적지와 현재 위치를 비교해 최단 거리를 알려준다. 뒤꿈치를 5초 동안 들고 있으면 평소 즐겨 찾는 경로도 불러올 수 있다.

기능은 여기서 끝나지 않는다. 운동량과 칼로리 소비량까지 계산해준다. 퀄컴 CEO 폴 제이콥스는 "이제는 오감을 넘어 디지털 식스 센스가 지배하는 세상이 곧 다가온다"며 "육감과 함께하는 모바일 세상이 열릴 것이다"고 예견한다.

08

제4의 미디어,
디지털 사이니지

쌍방향 커뮤니케이션 디지털 사이니지가 뜬다

IT 기술은 어디까지 진화할까? 톰 크루즈 주연의 영화 〈마이너리티 리포트〉에는 2054년을 배경으로 한 꿈같은 이야기가 나온다. 우선 살인을 예측해 범인을 미리 체포하는 놀라운 IT기술이 등장한다. 이른바 프리크라임 시스템이 예지자의 뇌에 있는 이미지를 정확히 읽어 영상으로 전환해준다. 미래에 발생할 살인 범죄를 볼 수 있는 능력을 가진 세 명의 예지자가 예언을 하면 시스템은 범죄자의 이미지를 정확히 만들어내고 경찰은 이 사진을 토대로 범죄자를 체포한다.

2050년대에 등장할 옥외광고판도 눈길을 끈다. 이 기술은 LCD나

LED, PDP 같은 디지털 정보 디스플레이Digital Information Display, DID를 이용한 옥외광고로 관제센터에서 통신망을 통해 광고 내용을 제어할 수 있는 진화된 형태의 광고판을 말한다. 행인의 홍채를 전광판이 인식해 신원을 확인한 뒤 행인이 좋아하는 광고를 볼 수 있도록 맞춤형 광고를 내보낸다. 휴대폰 구입을 고민하고 있는 행인에게는 유행하는 최신 휴대폰 광고를 볼 수 있도록 해준다. 컴퓨터를 만지지 않고도 손동작만으로 마우스를 움직이고 허공의 화면에 영상을 펼쳐 보인다.

말 그대로 영화 속 이야기다. 하지만 벌써 이를 구현할 수 있는 기술이 등장하고 있다. 디지털 사이니지digital signage라는 기술이다. 한마디로 기존의 아날로그형 광고판인 포스터나 간판, 안내 표시 등의 광고를 디지털 모니터로 전환해 보여주는 디지털 광고판, 디지털 간판이라고 이해하면 된다. 초기에는 맨 처음 입력된 정보만 전해주는 수준에 그쳤지만 지금은 전광판이 사용자의 특성을 분석해 그에 맞춰 정보를 제공하는 쌍방향 커뮤니케이션 수단으로 발전하고 있다.

따라서 디지털 사이니지는 텔레비전이나 PC, 휴대폰에 이은 제4의 미디어라고 불린다. 21세기 넥스트 패러다임은 이처럼 양방향을 기본으로 한다. 한쪽이 일방적으로 정보를 제공하고 한쪽은 받기만 하던 20세기까지의 일방형은 이제 설 자리를 잃고 있다.

패시브 인컴 사회

직접 일하지 않아도 수익을 창출한다

제4의 혁신은 부를 창조하는 모델로 패시브 인컴Passive income 사회를 탄생시켰다. 20세기 노동자들은 자신의 노동력을 팔아 부를 창조했다. 하루 여덟시간 이상 일해야 했다. 심지어 밤샘 노동도 감수해야 했다. 일하지 않으면 보상이 뒤따르지 않았다. 이처럼 사람이 일을 해서, 즉 직접 행동act을 해서 창출한 소득을 액티브 인컴Active income이라고 한다. 액티브 인컴에 의존해 생활하는 대표적인 사람이 바로 월급쟁이, 샐러리맨이다.

반면에 21세기 들어 일을 하지 않아도 창출할 수 있는 소득이 생겨나기 시작했다. 사람이 일을 하지 않고 창출하는 소득을 패시브 인컴이라고 한다. 내가 직접 일을 해서 돈을 버는 게 아니라 나를 대신할 수 있는 분신, 즉 아바타가 일을 하도록 하는 방식이다. 대표적인 것이 돈과 시스템, 아이디어, 지식이다. 이것이 나를 대신해서 일할 수 있는 메커니즘, 즉 머니 워킹 메커니즘을 만들면 누구든지 일을 하지 않고 고소득을 창출할 수 있다.

대표적인 방법이 바로 투자다. 주식, 채권 같은 금융상품, 부동산에 투자하거나 적금, 예금, 보험, 연금, 펀드 등에 가입해 돈이 돈을 벌도록 하는 방식이다. 돈이 나를 위해 일을 하는 아바타가 된다. 2013년 10월쯤 아모레퍼시픽 주식 1억 원어치를 샀다면 현재 5억 원이 됐고, 1997년 외환위기 때 삼성전자 주식을 1억 원어치 샀다면 70억 원 정도 가치로 변해 있을 것이다. 내가 투자한 돈이 나 대신 일해서 돈을 벌어다준다면 엄청난 부가치를 창출할 수 있다.

부동산에 투자해 건물을 소유할 경우 건물은 매달 임대소득을 가져다준다. 내가 일하지 않고 내가 투자한 돈, 즉 건물이 나를 위해 일한다. 글 쓰는 사람도 마찬가지다. 소설가나 작가가 책을 저술하면 책이 저자의 아바타가 된다. 저자는 일을 하지 않아도 저자를 대신하는 아바타, 즉 책이 팔리면 저자는 패시브 인컴에 해당하는 인세를 받게 된다. 따라서 21세기에는 나는 열심히 일을 해서 액티브 인컴을 창출하면서 삶의 보람, 성취감을 느끼고, 이러는 사이 돈은 여러 곳에 투자되어 부를 창출할 수 있도록 해야 한다.

10년 후 당신의 승리를 응원한다

2008년 아이폰 3G가 한국에 처음 상륙하면서 새로운 스마트폰 시대가 열렸다. 10년이 지난 지금 누구나 스마트폰과 함께 생활하고 있다. 언제 어디서나 정보를 검색하고, 모르는 길을 찾고, 음악과 영상을 즐기며 손안의 인터넷을 쉽게 편하게 즐기고 있다. 은행에 갈 필요도 없고 지도를 들고 다닐 필요도 없다. 10년 전에는 상상도 할 수 없었던 모습이다.

그렇다면 앞으로 10년 뒤는 또 어떻게 변화할까? 말 그대로 지금까지와는 차원이 다른 새로운 미래가 될 전망이다. 200년간 경험했던 1~3차 산업혁명과는 변화의 폭과 깊이가 다른 새로운 혁신을 요구하고 있기 때문이다.

역사는 말한다. 변화에 능동적이고 적극적으로 대응한 사람만이 성공 신화의 주역이 됐음을 말이다. 지난 1~3차 산업혁명이라는 변화를 활용해 철도왕 밴더빌트, 석유왕 록펠러, 철강왕 카네기, 자동차왕 헨리 포드, IT제왕 빌 게이츠, 온라인몰 황제 제프 베조스와 마윈은 자신의 운명을 뉴챔피언으로 바꿨다.

이제 역사는 뉴챔피언의 탄생을 기다리고 있다. 뉴챔피언은 지금 이 책을 읽고 새로운 변화에 앞장서는 사람의 몫이 될 것이다. 변화에 맞서 적극적으로 도전하는 사람은 새로운 기회를 잡게 된다. 누구도 4차 산업혁명에서 자유로울 수 없다. 따라서 개인과 기업, 국가는 어떤 변화의 물결이 펼쳐지고 있는지, 정확한 대변혁의 실체를 이해해야 한다.

앞으로의 세상은 돈이 없어도 아이디어만으로도 엄청난 부를 일궈낼 수 있으며, 새로운 직업을 만들어내고 있다. 당장 당신의 일자리가 사라질 수도 있지만, 또 다른 의미에서는 당신이 새로운 트렌드를 이끌며 부의 새로운 창조자가 될 수 있다는 뜻이다.

자, 그렇다면 당신은 패자로 남을 것인가 아니면 승자로 거듭나 시장을 이끌어나갈 것인가. 이 차이를 만들어내는 것은 바로 당신의 몫이다. 제4의 혁신의 모든 것을 담고 있는 이 책을 통해 당신이 수많은 기회와 부를 만들어낼 수 있기를 응원한다!

| 참고문헌 |

과학기술정보통신부, 2017. 3. 31., '2017년 3D프린팅산업 진흥 시행계획'.

과학기술정보통신부·한국과학기술기획평가원, 2017. 3. 31., '기술이 세상을 바꾸는 순간'.

국토교통부, 2017. 8., '2017년 대한민국 드론 정책포럼 자료'.

국토교통부, www.molit.go.kr

권준화, 2016, '독일 스마트공장 현황과 시사점', IBK경제연구소.

기획재정부·과학기술정보통신부·문화체육관광부·산업통상자원부 외, 2016, '가상현실 산업 육성 추진 현황 및 향후계획'.

김기선, 2016, '디지털화와 노동: 디지털 시대 노동의 과제', 한국노동연구원, 기술변화와 노동의 미래, 개원 28주년 기념세미나, 2016. 9. 30.

김동규, 2012, '우리나라의 직업구조 변동: 한국직업사전 '03년판과 '12년판의 비교를 중심으로', 〈고용이슈〉, 제5권 제2호, 한국고용정보원.

김동규 외, 2016, 《2017 한국직업전망》, 한국고용정보원.

김민식·최주한, 2017, '산업혁신의 관점에서 바라보는 제4차 산업혁명에 대한 이해', 정보통신정책연구원.

김병도, 2016, 《경영학 두뇌: 비즈니스 세상으로 나아가는 이들이 꼭 알아야 할 경영개념》, 해냄.

김성혁·이문호·백승렬·김장호·이태영, 2017, '디지털 시대 노동의 대응: 4차 산업혁명 바로보기', 전국금속노동조합 노동연구원.

김영훈, 2016, '전통 제조업 부활의 Key, 스마트 유연생산', 포스코경영연구원.

김윤경, 2017, '제4차 산업혁명 시대의 국내환경 점검과 정책 방향', 한국경제연구원.

김중진 외, 2016, '2016 국내외 직업 비교 분석을 통한 신직업 연구', 한국고용정보원.

김한준, 2016, '4차 산업혁명이 직업세계에 미치는 영향: 4차 산업혁명에 대한 재직장 인식 조사', 한국고용정보원.

김한준, 2016, '4차 산업혁명이 직업세계에 미치는 영향', 〈고용이슈〉, 한국고용정보원.

김한준 외, 2017, '2017 신직업 연구: 4차 산업혁명 시대의 신직업', 한국고용정보원.

대한무역투자진흥공사 KOTRA, '2018 한국이 열광할 세계 트렌드'.

더현대닷컴, www.thehyundai.com

박기한, 2016. 1. 27., '국내외 로봇산업의 정책 및 산업 동향', 한국로봇산업진흥원.

박영숙·제롬 글렌, 2017, 《일자리혁명 2030》, 비즈니스북스

박진한, 2016, 《21세기 혁명의 공통분모 O2O》, 커뮤니케이션북스.

박푸르뫼, 2017, '국내·외 동향을 통해 살펴본 국내 자율주행차 산업의 개선점', 정보통신산업진흥원.

박한구·송형권·장원중·이순열·임채성, 2017, 《4차 산업혁명, 새로운 제조업의 시대》, 호이테북스.

방상진, 2017, '4차 산업혁명 시대, 좋은 일자리 만들기', 〈POSRI 이슈리포트〉, 포스코경영연구원.

〈블룸버그〉, 2016. 9. 23., '글로벌 주요국, 3D프린터 산업 육성… 가속페달'.

〈비즈니스인사이트〉, 2017. 9, 18., '2002 〈마이너리티 리포트〉 속 미래 기술, 2017년 현재 어디까지 왔나?'.

〈비즈트리뷴〉, 2017. 10. 13., '중국 유통 혁명 주목하라… '무인편의점 시대' 본격화'.

사무엘 그래프, 2017. 4. 6., '노동 4.0을 위한 새로운 노동정책: 독일의 정책 대응'.

산업연구원, 2017, '제4차 산업혁명이 한국 제조업에 미치는 영향과 시사점'.

산업연구원 · 한국산업기술진흥원, 2016. 1., '미래 유망 신산업의 시장 및 인력수요 전망'.

삼성전자 뉴스, https://news.samsung.com

신지나 · 조성배 · 차두원 · 최민선 · 한상기, 2016, 《인공지능은 어떻게 산업의 미래를 바꾸는가》, 한스 미디어.

아모레퍼시픽, www.amorepacific.co.kr

아산나눔재단 · 구글캠퍼스서울, 2017, '4차 산업혁명을 주도하기 위한 스타트업코리아'.

여인국, 2017, '4차 산업혁명과 주요핵심기술', 한국기술진흥원.

연경남 · 김윤정 · 서지연 · 유소연 · 정상채 · 김도희, 2017, '미래 사회 변화 대응 과학기술인재 육성 방 안 연구', 한국과학창의재단 · 미래창조과학부.

유니클로, www.uniqlo.kr

유진투자증권, 2017, '신정부출범과 4차 산업혁명: 자율주행차'.

윤문섭 · 조현대, 2014, '선진국 진입에 따른 제조업 일자리 감소 현상 및 대응방안', 〈STEPI INSIGHT〉.

윤범진, 2016, '[친디아 플러스]싱가포르 스마트시티 프로젝트 '스마트 네이션', 국가 비전 선포 미래 형 도시국가 건설에 착수', 포스코경영연구원.

이강윤, '신성장 인공지능(AI)의 기술과 발전 방향', 2017, ICT 산업전망컨퍼런스 자료

이백진 · 김광호 · 박종일, 2017, '첨단인프라 기술발전과 국토교통분야의 과제: 자율주행 자동차를 중 심으로', 국토연구원.

이재원, 2016, '제4차 산업혁명: 주요국의 대응현황을 중심으로', 〈국제경제리뷰〉, 제2016-24호, 한 국은행.

이재원, 2017, 〈국제 경제 리뷰: 글로벌 로봇산업의 현황과 과제〉, 한국은행 국제경제부 아태경제팀.

이종호, 2017, 《4차 산업혁명과 미래직업》, 북카라반.

인천광역시 도시계획국 도시계획 상임기획단, 2010, '컴팩시티Compact City & 스마트시티Smart City'.

임일, 2017, 《4차 산업혁명 인사이트》, 더메이커.

장병렬, 2015, '제조업의 서비스화 R&D 혁신전략', 〈STEPI INSIGHT〉 제174호, 과학기술정책연구 원.

장윤종 외, 2017, '주요 제조강국의 4차 산업혁명 추진동향 연구', 경제 · 인문사회연구회.

전기영, 2016, '3D프린팅 산업현황 및 시장동향', 〈KEIT PD Issue Report〉, 한국산업기술평가관리 원.

정민, 2017, '한국형 4차 산업혁명을 통한 경제강국 도약', 〈VIP리포트〉, 현대경제연구원.

정민, 2017, '4차 산업혁명에 대한 기업인식과 시사점', 〈VIP리포트〉, 현대경제연구원.

정보통신정책연구원, 2016. 4. 16., '가상현실(VR) 생태계 현황과 시사점', 〈정보통신방송정책〉, 28권

7호(통권 621호).

정제호, 2017, 'Office에 부는 4차 산업혁명 바람', 〈POSRI 이슈리포트〉, 포스코경영연구원.

지능정보사회추진단, 2016, '제4차 산업혁명에 대응한 지능정보사회 중장기 종합대책', 미래창조과
    학부등 관계부처 합동 정부발표자료.

차두원, 2016, '자동화 수준과 인간 일자리',《인공지능은 어떻게 산업의 미래를 바꾸는가》, 한스미디
    어.

최강식 · 조윤애, 2013, '숙련편향적 기술진보와 고용', 산업연구원.

최병삼 · 양희태 · 이제영, 2017, '제4차 산업혁명의 도전과 국가전략의 주요 의제', 〈STEPI Insight〉,
    제215호, 과학기술정책연구원.

최석현, 2017, '제4차 산업혁명시대, 일자리 전략은?', 〈이슈&진단〉, 경기연구원.

'최은수 박사의 뭡니까' http://post.naver.com/mk9501

최재웅, 2017, '4차 산업혁명 참여기업별 주요 전략', 삼성전자 뉴스룸(http://news.samsung.com).

최해옥 · 최병삼 · 김석관, 2017, '일본의 제4차 산업혁명 대응정책과 시사점', 〈동향과 이슈〉, 제30호,
    과학기술정책연구원.

프로스트 앤 설리번, 2017, '의료 사물인터넷Internet of Medical Things 분석 보고서'.

하원규 · 최남희, 2015,《제4차 산업혁명》, 콘텐츠하다.

한국방송통신전파진흥원, 2017, '두바이, 인공지능 로봇 경찰관 세계 첫 도입'.

한국보건산업진흥원, 2014, '보건산업 연관 분석 보고서'.

한국산업기술진흥원, 2015, '국내 스마트팩토리 공급산업 및 수요산업의 연계 및 발전방안'.

한국전자통신연구원, 2015, 'ECOsight 3.0: 미래사회 전망', 〈Insight Report〉, 2015. 2.

한국전자통신연구원 미래사회연구실, 2015. 6. 30., 'ECOsight 3.0: 미래사회 전망'.

한국정보문화콘텐츠기술원 블로그, http://blog.naver.com/2icct/220903566551

한국정보통신기술협회, 〈IT용어사전〉.

한국표준협회, 2016, '4차 산업혁명을 리드하는 일본 정부의 추진전략과 정책시사점', 〈KSA Policy
    Study〉.

한국표준협회, 2016. 11., '4차 산업혁명을 리드하는 일본 정부의 추진전략과 정책 시사점', 〈글로벌
    동향분석〉.

한승희, 2016, '중국 BAT 투자현황 분석 보고서', Platum.

한화테크윈, http://www.hanwhatechwin.co.kr/

허재준, 2017, '4차 산업혁명이 일자리에 미치는 변화와 대응', 〈월간노동리뷰〉.

현대자동차, http://www.hyundai.com/kr/showroom.do?carCd1=RD030

SKT Insight, 2017. 9. 1., '4차 산업혁명 시대 '시험 보는 기계'는 필요 없다'.

SKT Insight, 2017. 9. 15., '프로젝트 중심 교육(PBL)으로 키우는 4차 산업혁명 시대 리더'.

SKT Insight, 2017. 9. 22., 'N모작 시대 대비해 평생학습 계획 세워라'.

SPRI, 2015, '컴퓨터 기술진보와 미래 일자리 변화'.

Adidas Speed Factory, https://www.adidas.com/us/speedfactory

Amazon press release, 2012, http://phx.corporate-ir.net/phoenix.zhtml?/c=176060&p=irol-

newsArticle&ID=1674133&highlight

Amazon press release, 2017, http://phx.corporate-ir.net/phoenix.zhtml?c=97664&p=irolnewsArticle&ID=2241835

Amazon, https://www.amazon.com/Amazon-Prime-Air/b?node=8037720011

Alipay, www.alipay.com

Advanced Manufacturing Partnership Steering Committee, 2012, 'Capturing. Domestic Competitive Advantage in Advanced Manufacturing'.

AeroMobil, https://www.aeromobil.com

Allied Market Research, 2017, 'Small Drones Market by Size (Mini and Micro), Type (Fixed Wing and Rotary Wing), and Application (Commercial and Defense): Global Opportunity Analysis and Industry Forecast, 2017~2023'.

Alphr, 2017. 10. 11., 'SpaceX, Blue Origin, Virgin Galactic: Who's who in private space travel?'.

Apis Cor., http://apis-cor.com/en/

Arntz, M., T. Gregory and U. Zierahn, 2016, 'The Risk of Automation for Jobs in OECD Countries: A Comparative Analysis', OECD Social, Employment and Migration Working Papers.

Audi, 2016, Dialogue Smart Factory, LEGO Professional.

Autor, 2015, 'Why are there still so many jobs? The History and Future of Workplace Automation', Journal of Economic Perspectives, vol. 29, no. 3, summer.

BBC Bitesize, http://www.bbc.co.uk/bitesize/ks3/history/industrial_era/

BBC, 2017. 9. 26., 'Dubai tests drone taxi service'.

Bloomberg Technology, 2014, 'Meet Amazon's New Robot Army Shipping Out Your Products'.

BMAS, 2015, Forschungsbericht 455/ZEW, Kurzexpertise Nr. 57; Ubertragung der Studie von Frey/Osborne(2013) auf Deutschland.

BMW, https://www.bmwgroup.com/en/brands-and-services/bmw/bmwi.html

BMWi, 2016, INDUSTRIE 4.0-WEGWEISER.

Boom, https://boomsupersonic.com

Boston Consulting Group, 2015, 'Man and Machine in Industry 4.0: How Will Technology Transform the Industrial Workforce Through 2025?'

Bowles, Jeremy, 2015, 'The Computerisation of European Jobs: Who Will Win and Who Will Lose from the Impact of New Technology onto Old Areas of Employment?'

Brown, Millward, 2015, 'Top 100 most valuable global brands 2015'.

Business Insider, 2016. 6. 15., 'Amazon's $775 million deal for robotics company Kiva is starting to look really smart'.

Cardio Buddy, https://www.azumio.com/blog/azumio/new-mobile-heart-ratemonitoring-app-detects-pulse-via-smartphones-camera

CEPR, 2017, 'The rise of robots in the German labour market'.

CNN, 2017. 4. 27., 'Real books are back. E-book sales plunge nearly 20%'.

CNN, 2014. 12. 1., 'See Amazon's new robot army'.

Control Engineering Europe, 2017, 'Integrated industry and the future of smart factories'.

Cybathlon, http://www.cybathlon.ethz.ch

Deepmind, https://deepmind.com/blog/alphago-zero-learning-scratch

Deloitte, 2015, 'Technology and People: The Great Job-creating Machine'.

DICardiology, 2009. 4. 22., 'Corventis Launches AVIVO Mobile Patient Management System'.

Domino's Pizza, https://www.dominos.com.au/inside-dominos/media/november-2016-
pizza-by-drone-a-reality-with-world-first-customer-deliveries-in-new-zealand

DoNotPay, https://donotpay-search-master.herokuapp.com

eBay, www.ebay.com

Ehang184, http://www.ehang.com/ehang184

Financial Times, 2015. 9. 17., "Made in Japan' is back in vogue'.

Foodink, http://foodink.io

Frey, Carl Benedikt and Michael A. Osborne, 2013, 'The Future of Employment: How
Susceptible Are Jobs to Computerization, Oxford.

Gartner, 2016, 'Gartner Says Almost 3 Million Personal and Commercial Drones Will Be
Shipped in 2017'.

GE, 'Origin Australia Pacific LNG Goes from Reactive to Proactive Maintenance'.

GE, 'Weathering The Storm: This Tech Will Help Utilities Keep The Lights On'.

GEM, 2017, 'GEM 2016/2017 Global Report'.

The Guardian, 2011. 8. 30., 'How the 'internet of things' could radically change local
government'.

The Guardian, 2016. 3. 22., 'Karim the AI delivers psychological support to Syrian refugees'.

Hirata, http://www.hirata.co.jp

Hartmut Hirsch-Kreinsen, 2015, 'Digitization of Industrial Work: Development Paths and
Prospects'.

Hyperloop One, https://hyperloop-one.com

IBM, https://www.ibm.com/watson/health/oncology-and-genomics/oncology

IDC, 2016, 'Worldwide Semiannual Big Data and Analytics Spending Guide'.

IFR, 2016, 'Executive Summary World Robotics 2016 Industrial Robots', Sept. 2016.

IG Metall, 2017, Zu Besuch in der digitalen Fabrik,

IKEA, www.ikea.com/kr

ILO, 2006, 'Changing Patterns in The World of Work', International Labour Conference 95th
Session 2006.

ILO, 2016, 'ASEAN in Transformation: How Technology is Changing Jobs and Enterprises'.

ING DiBa 'Die Roboter Kommen: Folgen der Automatisierung fur den Deutschen

Arbeitsmarkt'.

IR4 pulse today, 2017. 4. 6.

Kitty Hawk, https://kittyhawk.aero

Klein's survey in baum et al, 2011.

KPMG, 2016, 'Leading Global Fintech Innovation Report 2016'.

Kurz, Constanze, 2015, 'Industrie 4.0: Veranderungen der Arbeit und Handlungsfelder der IG Metall, ZdA IG Metall'.

Livescience, 2014. 6. 24., "Neural Bypass' Reconnects Brain to Muscles in Paralyzed Man'.

Local Motors, https://launchforth.io/localmotors/strati-the-worlds-first-3d-printedcar/ latest

Lockheed Martin, https://www.lockheedmartin.com/us/ssc/orion.html

Lorenz, Markus, 2015, 'Man and Machine in Industry 4.0: How Will Technology Transform the Industrial Workforce Through 2025?', Boston Consulting Group.

Martin School, September.

McKinsey & Company, 2012, 'Big Data: The Next Frontier for Innovation, Competition, and Productivity'.

MIT Technology Review, 'Memory Implants. A maverick neuroscientist believes he has deciphered the code by which the brain forms long-term memories'.

Neurallink, https://www.neuralink.com

Newelectronics, 2016. 1. 12., 'Sierra Wireless' Emmanuel Walckanaer talks connectivity'.

NHTSA, https://www.nhtsa.gov

Nike Fuel Band, https://www.nike.com/us/en_us/c/size-fit-guide/nike-plus-fuelband sizing-chart

Nikkei Asian Review, 2017. 8. 17., 'Japan's Kirin taps AI for beer making'.

NVIDIA, http://blogs.nvidia.co.kr/2017/05/11/toyota-collaborate-autonomouscar

Oborne, Michael, 2010, 'The Bioeconomy to 2030: Designing a Policy Agenda', OECD Observer, no. 278, 2010

Ohio State University, https://wexnermedical.osu.edu/blog/new-tech-helps-paralyzed man-move-hand-with-mind

PAL-V, https://www.pal-v.com

Pfeiffer, Sabine, 2016, 'Soziale Technikgestaltung in der Industrie 4.0, in: BMAS, Digitalisierung der Arbeit-Werkeft 01'.

PwC, 2017, 'UK Economic Outlook 4: Will robots steal our jobs? The potential impact of automation on the UK and other major economies'.

Ramirez, Vanessa Bates, 2017, 'How Robots Helped Create 100,000 Jobs at Amazon. Singularity Hub'.

Reuters, 2017. 8. 5., 'As shootings soar, Chicago police use technology to predict crime'.

Ross, http://rossintelligence.com

SAE, 'AUTOMATED DRIVING'.

Samsung SmartThings, 'SmartThings Future Living Report'.

Shake-on, https://www.shake-on.com

Simplifier, https://www.itizzimo.com/en/simplifier

Singularity Hub, 2017. 2. 17., 'How Robots Helped Create 100,000 Jobs at Amazon'.

Skype, http://skype.daesung.com/service_intro/introMain.asp#none

Spath, D. Ganschar, O. Gerlach, S. Hammerle, M. Krause, T. Schlund, S.(Hg. 2013): Produktionsarbeit der Zukunft: Industrie 4.0. Stuttgart.

Starbucks, https://news.starbucks.com/press-releases/starbucks-debuts-voiceordering

Tech Crunch, 2017. 1. 5., 'Honda's NeuV is a mini electric concept car with emotional intelligence'.

Terrafugia, https://www.terrafugia.com/about-terrafugia

Toyota, http://www.toyota.co.jp/jpn/tech/smart_mobility_society/concept-i

UPS, https://www.pressroom.ups.com/pressroom/ContentDetailsViewer.page?ConceptType=PressReleases&id=1476387513855-624

Volkswagen, 2016, 'Die Aukunft der Volkswagengrouppe'.

Walmart, https://corporate.walmart.com

WeChat, www.wechat.com/en

World Bank, 2017, 'The Future of Jobs and the Fourth Industrial Revolution: Business as Usual for Unusual Business'.

World Economic Forum, 2016, 'The Future of Jobs'.

23andMe, https://www.23andme.com/en-int

産業構造審議会, 2017, '新産業構造ビジョン 一人ひとりの, 世界の課題を解決する日本の未来', 経済産業省.

経済産業省, 2016, '新産業構造ビジョン: 第4次産業革命をリードする日本の戦略', http://www.meti.go.jp/committee/sankoushin/shin_sangyoukouzou/pdf/008_05_01.pdf

国务院, 国务院关于印发, 2015. 5. 8., 〈中国制造 2025〉的通知, 国发〔2015〕28号(강지연, 〈중국제조 2025〉 발표에 관한 국무원 통지 내부용 번역본).

熊本日日新聞, 2017. 8. 14., '仮想現実で業務改善'.

熊本日日新聞, 2017. 9. 9., '夢広がるVRの活用'.

47News, 2017. 8. 14., '業務改善にVR導入 熊本市の平田機工'.